INMIGRACIÓN
LAS NUEVAS REGLAS

Armando A. Olmedo y Jorge Cancino

INMIGRACIÓN
LAS NUEVAS REGLAS

Lo que debes saber para vivir y
permanecer legalmente en Estados Unidos

UNA GUÍA INFORMATIVA DE  UNIVISION®

AGUILAR

El contenido comprendido en estas páginas ha sido concebido únicamente para efectos informativos y no debe confiarse en el mismo para cualquier acto u omisión. Dicho contenido no debe ser tomado como una asesoría, instrucción o recomendación legal con respecto a cualquier asunto, cuestión, situación o individuo. Cuando discutimos leyes y reglamentos en estas páginas, y los derechos conforme a dichas leyes y reglamentos, lo hacemos para darle únicamente una noción básica de cómo operan las leyes en Estados Unidos de América. No tratamos de darle una solución a un problema legal en particular que pudiera tener. De conformidad con lo anterior, usted no debe actuar o confiar en ningún contenido comprendido en estas páginas sin buscar la asesoría de un abogado. Asimismo, nunca deberá descartar la asesoría legal de un abogado ni demorar su búsqueda en virtud de algo que ha leído en estas páginas. Los autores, el editor y Univision Communications Inc. no se responsabilizan por los sitios web (o su contenido) mencionados en el libro que no son de su propiedad.

Apreciado lector:

Por más de 60 años, Univision no solo ha representado a los hispanos en Estados Unidos sino que también ha proveído acceso a información y recursos para guiar a la comunidad en temas de importancia. Como empresa impulsada por una misión, estamos centrados en informar, entretener y empoderar, además de velar por los intereses de la comunidad hispana, a través de varios recursos, entre ellos este libro.

Con la publicación de *Inmigración. Las nuevas reglas*, Univision desea dar acceso a todas aquellas personas que necesiten una guía práctica y accesible al proceso de inmigración en los Estados Unidos. Hemos consolidado, organizado y graficado la terminología, esquemas de fraude, puntos clave y procesos con la intención de facilitar el entendimiento de las diversas temáticas que se despliegan del complejo tema de inmigración.

El libro provee información útil para todo tipo de público; para personas recién llegadas a Estados Unidos; para aquellos que reúnen los requisitos para optar por un estatus distinto; para personas que no cuentan con un estatus legal; e incluso para aquellos que han sufrido algún tipo de fraude por parte de personas o instituciones que prometen arreglar el estatus migratorio de sus clientes.

Inmigración. Las nuevas reglas demuestra cómo nuestros valores de integridad, colaboración, innovación, diversidad, servicio y excelencia se hacen realidad para proveer un recurso que pueda guiar a los hispanos en este tema de suma importancia.

Estamos conscientes de la responsabilidad que tenemos con nuestra comunidad y agradecemos la confianza que depositan en nosotros.

UNIVISION COMMUNICATIONS INC.

ÍNDICE

PRÓLOGO

ESTADOS UNIDOS SIGUE SIENDO
UNA NACIÓN DE INMIGRANTES

El personaje central de este libro es la ley de Inmigración y Nacionalidad de 1965 (*Inmigration and Nationality Act of 1965*, INA) que regula la entrada y permanencia de extranjeros en Estados Unidos. Es la herramienta que modernizó, a partir del 1 de julio de 1968, las desorganizadas leyes de inmigración —algunas de comienzos del siglo 19—, ampliando los sistemas de cuotas para la entrada de inmigrantes y facilitando la reunificación familiar.

Esta ley transformó al país. Abrió las puertas de la nación a personas provenientes de zonas fuera de Europa, modificando la composición étnica de los Estados Unidos. A las inmigraciones del Viejo Continente y Asia, se sumaron las de América Central y América del Sur, que le dieron a la patria un nuevo rostro, una nueva identidad. Estos inmigrantes se han convertido en parte de su historia, sus sueños, anhelos y aspiraciones.

Eso sí, cada cambio a la INA ha impactado la amalgama cultural y étnica del país. Por ejemplo, cuando en 1986 se aprobó una amnistía que permitió regularizar la permanencia de unos 2.7 millones de inmigrantes indocumentados, la mayoría de los beneficiarios eran provenientes de América Latina. No solamente ayudó a millones de mexicanos que se encontraban sin estatus de permanencia en territorio estadounidense; también favoreció a miles de inmigrantes centroamericanos que huían de la guerra en sus países, al igual que a sudamericanos que escaparon de dictaduras militares.

Tras esa amnistía, muchos pensaron que el problema de la inmigración indocumentada se había acabado. Pero no fue así. La legalización de los casi tres millones de extranjeros sin papeles de estadía legal atrajo a otros. La inestabilidad política, económica y social en América Latina también continuó sirviendo como propulsor de la inmigración indocumentada a Estados Unidos, la cual hoy supera los 11 millones, muchos con la esperanza de poder legalizar pronto su permanencia.

Otros cambios han tratado de frenar o, por lo menos, desacelerar dramáticamente, esa migración. En 1996, el Congreso aprobó modificaciones a la INA que impusieron restricciones y sanciones a la permanencia indocumentada. Estas modificaciones, entre ellas la Ley del Castigo que sanciona al indocumentado con hasta 10 años fuera del país, aumentaron las penas por presencia no autorizada, permitieron las deportaciones aceleradas y ampliaron las razones o motivos de inadmisibilidad o permanencia en Estados Unidos. Sin embargo, el flujo siguió.

Cinco años más tarde, cuando terroristas atacaron Estados Unidos el 11 de septiembre de 2001, el gobierno se vio obligado a revisar y reestructurar su sistema migratorio para prevenir nuevos atentados. Bajo el enfoque de la seguridad nacional, las autoridades federales implementaron cambios adicionales, varios de ellos sustanciales. El sistema migratorio, cuya ejecución dependía del Servicio de Inmigración y Naturalización (INS), que a su vez dependía del Departamento de Justicia, pasó a formar parte del nuevo Departamento de Seguridad Nacional (DHS) y sus funciones fueron divididas en tres: una que brinda servicios y administra beneficios a los extranjeros (Oficina de Ciudadanía y Servicios de Inmigración, USCIS), otra que vigila las fronteras (Oficina de Aduanas y Control Fronterizo, CBP) y otra que ejecuta la ley de inmigración y tiene bajo su mando las deportaciones (Oficina de Inmigración y Aduanas, ICE). Estas tres agencias, más otras áreas del gobierno federal para ciertos casos de inmigración, como los departamentos de Estado y de Trabajo, tienen bajo su cargo hoy en día la implementación de la INA.

Entre el año 2009 y principios de 2017, diversos sectores de la nación propusieron cambios a la INA, que iban desde medidas para volver a restringir la inmigración, hasta proyectos que contemplaron concederles a los 11 millones de indocumentados en Estados Unidos una vía para legalizar sus permanencias. Fallaron todos los esfuerzos en ambas cámaras del Congreso, y la INA se fue quedando tal y como fue redactada en 1965, y modificada en parte en 1996.

A partir del 20 de enero de 2017, la política de inmigración ha pasado a tener un enfoque estricto con una rígida interpretación de la INA, y ha alterado el comportamiento de la comunidad inmigrante en general, con o sin papeles, la cual expresa preocupación y ansiedad. Esos pronunciamientos también han puesto la inmigración como tema principal de cobertura del actual gobierno. Esto ha dado lugar a que fluya mucha información, frecuentemente incorrecta, en redes sociales y medios de comunicación sobre este importante tema, y con ello se agrave el estado de inquietud existente. Peor aún, en muchos casos el conocimiento falso o erróneo es peor que la misma ignorancia.

Con este libro tratamos de contrarrestar este fenómeno. Utilizamos un lenguaje accesible y usamos gráficos y tablas para explicar la INA y también cómo hemos llegado a la situación actual. Explicamos algunas vías legales que se encontraban vigentes y permitían el ingreso y/o la permanencia de extranjeros con o sin autorización de estadía, o que fueron cerradas, y cómo acciones ejecutivas han dejado a cientos de miles de personas, o bien a la deriva o bien en espera de un mejor escenario donde sea posible levantar restricciones y abrir puertas. Exploramos y explicamos cuál es el papel que desempeñan las agencias gubernamentales, y cuáles son sus atribuciones y responsabilidades. Aclaramos las vías de inmigración para entrar y permanecer en Estados Unidos como inmigrantes o no inmigrantes, qué requisitos hay que cumplir para los más de 60 tipos de visa disponibles, y cómo se navega por el sistema de inmigración vigente.

Creemos que un conocimiento práctico de la INA puede calmar a quien esté abrumado por la ansiedad generada por el clima actual. Tomamos la posición de que la INA sigue vigente y que su esquema actual sigue siendo, a pesar del desgaste sufrido, generoso. Cada año, Estados Unidos registra más de 170 millones de ingresos, otorga más de un millón de residencias legales permanentes, aprueba miles de visas para trabajadores profesionales y no profesionales, sortea 50 mil *green cards* o tarjetas verdes (conocidas oficialmente como Tarjetas de Residente Permanente), concede miles de asilos y recibe a miles de refugiados provenientes de los cinco continentes.

Este libro que tiene en sus manos, *Inmigración, las nuevas reglas*, es una guía que le muestra un poco de historia, los diversos caminos de entrada al país, y sirve como una herramienta informativa útil para conocer los recovecos de la INA.

Esperamos que le facilite la vida a quien desee inmigrar a los Estados Unidos.

ARMANDO A. OLMEDO Y JORGE CANCINO

INTRODUCCIÓN

En la primera reunión que sostuvimos con Penguin Random House Grupo Editorial, nos hicieron dos preguntas: la primera, ¿por qué queríamos hacer un libro para explicar cómo funciona el sistema migratorio estadounidense?; la segunda, ¿por qué *Inmigración, las nuevas reglas, guía de Univision* será diferente a los demás libros que se han publicado sobre el tema?

Esas mismas preguntas nos las hicimos varias veces antes de acudir a aquella cita, y sabíamos que la respuesta no solo debía «sonar bien», sino que además teníamos que demostrar que estábamos apostando por algo grande, exclusivo, original y útil, a la manera de Univision.

Desde hace mucho tiempo existe un interés bipartidista en reformar y mejorar el sistema de inmigración, tanto para abordar la entrada legal como la indocumentada. Por ejemplo, el presidente Ronald Reagan firmó reformas amplias en 1986 que reforzaron los controles fronterizos y también otorgaron amnistía a casi tres millones de trabajadores indocumentados. En ese momento, Reagan declaró: «Creo en la idea de la amnistía para aquellos que han echado raíces y vivido aquí, aunque en algún momento pueden haber entrado ilegalmente». En 2013, el Senado aprobó la reforma bipartidista de inmigración, pero esta murió en la Cámara, dejando el futuro de 11 millones de indocumentados y la seguridad fronteriza en la incertidumbre.

Durante las elecciones presidenciales más recientes, la inmigración se convirtió en un tema candente. Donald Trump —que hizo de la necesidad de controles de inmigración más fuertes una parte central de su campaña— ganó la presidencia y ha tomado medidas en los primeros meses de su gestión para incrementar las deportaciones, anunciar la necesidad de un muro fronterizo, crear una Fuerza de Trabajo de Inmigración (*Immigration Task Force*) y poner en marcha una orden ejecutiva que prohíbe la entrada de refugiados de varios países de mayoría musulmana, entre otras acciones.

Estas medidas establecen incertidumbre, temor y preocupación entre los inmigrantes. Fue esto lo que nos llevó a reflexionar y analizar nuestro sistema de inmigración. Al igual que muchos en nuestro país, estamos seguros de que podemos tener una mejor idea de qué esperar de la Ley de Inmigración si conocemos el sistema y navegamos a través de él compartiendo nuestros conocimientos con los lectores.

Estados Unidos es un país diverso, compuesto por ciudadanos de todas las razas, originarios de todos los continentes. Este libro reconoce la historia compleja de esta nación y cómo los inmigrantes han contribuido y siguen contribuyendo a los Estados Unidos. También expone las reglas, el régimen regulatorio y los procesos del sistema inmigratorio que continúan vigentes, a pesar de las recientes acciones inmigratorias que para muchos resultan espantosas.

Es precisamente esta serie de circunstancias la que nos permite explicar por qué este libro en español es diferente al resto publicado hasta ahora. La información nos empodera, nos da claridad, nos da recursos para luchar por nuestros derechos. Pero, principalmente, nos hace fuertes y nos coloca en ventaja frente al miedo.

Para entender qué tenemos y dónde estamos, en este libro revisamos brevemente lo que ha sucedido en los últimos años con los procesos de asilo y refugio, explicamos los fracasos en la discusión sobre la reforma migratoria, analizamos las nuevas prioridades de deportación, respondemos interrogantes y miedos y, sobre todo, explicamos cómo funciona el sistema según distintas visas de entrada al país, tanto para no inmigrantes como inmigrantes.

También agregamos puntos clave para entender procesos, y explicamos qué cosas debe evitar un extranjero para que no le nieguen un trámite ni pierda sus derechos de permanencia en Estados Unidos.

Adicionalmente, enseñamos a nuestra comunidad cómo protegerse de un fraude y dedicamos un capítulo a consejos sobre qué hacer en caso de una redada de inmigración, o cómo comportarse en una cita con un agente federal. Además, indicamos qué se debe hacer cuando alguien es arrestado y colocado en proceso de deportación, y cómo ejercer sus derechos, incluso bajo situaciones extremas.

No pretendemos darle al lector una respuesta a su caso particular de inmigración. Tampoco tratamos de abarcar todos los posibles temas del derecho migratorio, ya que son muchos y, en algunos casos, demasiado detallados para los propósitos de este libro. Nuestro objetivo es simple: responder preguntas, aclarar dudas y brindar a nuestra comunidad información útil sobre un sistema complejo.

Estados Unidos es una nación de inmigrantes y lo seguirá siendo. Sus leyes, aunque rigurosas, son amplias, llenas de requisitos y reglamentos, pero también con espacios para la discrecionalidad de los agentes y funcionarios que las aplican. Quizás no sea un sistema adaptado a los tiempos actuales; tal vez se tenga que modernizar, pero por ahora es lo que tenemos y sabemos que funciona. Y creemos que mientras más conozcamos este sistema, más argumentos tendremos para defender la necesidad de una reforma migratoria que dé la bienvenida a los millones de indocumentados que aguardan una oportunidad para legalizar su permanencia en Estados Unidos.

ASÍ COMIENZA EL PROCESO MIGRATORIO

Cuáles son las oficinas federales que intervienen

Cuando se habla de inmigración, Estados Unidos es el país más generoso del mundo. Se trata de la nación que más inmigrantes recibe y acoge cada año.[1] Sin embargo, su proceso inmigratorio algunas veces es complejo. Y no debería sorprender que, en ciertos pasos y momentos, las responsabilidades y obligaciones que deben cumplir los ciudadanos extranjeros que entran al país no sean tan claras como muchos puedan imaginar. Toda acción en esta rama de derecho generalmente encuentra su fundamento en la complicada y extensa Ley de Inmigración y Naturalización[2] (Immigration and Nationality Act, INA), la fuente legal de la cual dependen los distintos organismos gubernamentales al aplicar el derecho inmigratorio al proceso de entrada legal, residencia, y ciudadanía. Cuando hablamos de la «Ley de Inmigración» nos referimos a esta, la principal fuente legal para asuntos inmigratorios en el país.

PUNTOS CLAVE

En este capítulo encontrarás información útil sobre:

- Terminología.
- Oficinas federales y tribunales.
- El proceso de visa de no inmigrante.
- El proceso con la Oficina de Ciudadanía y Servicios de Inmigración (USCIS, por sus siglas en inglés).
- El proceso consular.
- Detalles generales del proceso (formularios, entrevista, costos).
- El proceso de admisión a Estados Unidos.
- Una vez que se ha admitido la entrada del inmigrante a Estados Unidos.
- Obligaciones referentes a la dirección o domicilio donde se quedará el inmigrante en Estados Unidos.
- Exenciones, negaciones y apelaciones.

Desde que fue creada, hace más de medio siglo,[3] esta ley federal ha sufrido cambios, adiciones y modificaciones que la han extendido y ampliado a tal grado que hoy en día dominarla no es tarea fácil. Las oficinas federales —parte de la rama ejecutiva del gobierno federal— son responsables de su implementación y aplicación, y los tribunales federales se encargan de interpretar su contenido.

A los políticos estatales y federales —sobre todo en épocas de campaña electoral— les conviene usar la INA o Ley de inmigración como trampolín para llegar a Washington, D.C. Ellos aseguran que el sistema migratorio está «roto» y que hay que cambiarlo para corregir los errores que tiene y genera. Según afirman, el sistema inmigratorio es el culpable de muchos de los problemas sociales y económicos del país, y han usado este argumento populista para ganar votos en campañas electorales para el Congreso y la Presidencia.

Sin embargo, esas «denuncias» de campaña casi nunca llevan a una reforma completa del sistema y de vez en cuando resultan en enmiendas que, en el curso del más de medio siglo en que ha estado vigente y principalmente en las últimas dos décadas, ha creado más complicaciones. En verdad, no ha existido la voluntad política necesaria para cambiar los elementos fundamentales de esta ley, o sustituirla por otra que, una vez aprobada por el Congreso, satisfaga las exigencias y demandas de los distintos sectores políticos y sociales.

Los defensores y detractores del sistema vigente coinciden en que la única manera de repararlo es por medio de una reforma migratoria.[4] Pero no se ha creado una oportunidad bipartidista firme para que el Congreso la apruebe y el presidente la promulgue.

En este capítulo, hablaremos sobre las distintas oficinas del gobierno federal que se involucran en el proceso de inmigración. También definimos los términos migratorios clave que deben conocer los extranjeros que ingresan al país, ya sea con una visa de inmigrante o de no inmigrante, para trabajar y residir, o como turista.

¿SABÍAS QUE...?

El derecho inmigratorio es responsabilidad exclusiva del gobierno federal, y los estados por separado tienen prohibido crear leyes que estén por encima de su jurisdicción.

LA IMPORTANCIA DE LA TERMINOLOGÍA

Uno de los principales objetivos de este libro es ofrecer explicaciones sencillas sobre el proceso de inmigración a Estados Unidos. Para alcanzar esta meta es importante reconocer y entender los distintos términos utilizados comúnmente cuando se trata de resolver las dificultades de los trámites migratorios.

Es común el uso de términos como *visa, estatus migratorio, indocumentado, refugiado, asilado, residente o amnistía*, entre otros, y muy frecuentemente se les malinterpreta, dificultando así el entendimiento cabal de la Ley de Inmigración. Para propósitos de este libro, hay varios términos que vas a necesitar entender, ya que se van a usar frecuentemente en los siguientes capítulos:

Visa. Permiso aprobado generalmente en forma de documento sellado o estampado en un pasaporte que autoriza la entrada al país bajo dos categorías: inmigrante o no inmigrante.

Inmigrante. Persona que viaja para vivir permanentemente en otro país.

No inmigrante. Persona que viaja a otro país con intención de permanecer de manera temporal.

Estatus inmigratorio. Situación inmigratoria de un ciudadano extranjero en el país. Lo determina el tipo de admisión y el período autorizado de permanencia otorgado por un agente federal de inmigración en un puerto de entrada (aéreo, marítimo o terrestre). Las personas que no cumplen con el criterio de la visa de admisión, o se quedan más allá del tiempo de permanencia autorizado, son consideradas *fuera de estatus.*

Presencia no autorizada. También llamada «presencia ilícita», se define como la presencia después de la expiración del período de estancia autorizado por un agente de inmigración (perteneciente al Departamento de Seguridad Nacional (DHS, por sus siglas en inglés). Generalmente, se determina por la fecha de admisión registrada en un formulario I-94,[5] o cualquier presencia sin ser admitido o le hayan otorgado libertad condicional[6] (*parole*).

Indocumentado. Persona que ha ingresado sin autorización o permanece en el país después de que ha expirado la autorización de entrada y permanencia concedida por el gobierno federal en el puerto de entrada.

Al final de este libro encontrarás un «Glosario de términos» y un «Índice temático». Te recomendamos que los utilices mientras lo lees, especialmente si no entiendes o no recuerdas el significado de un término legal. El objetivo de ambas secciones es ayudarte a entender el contenido de cada capítulo y comprender así el proceso que al final te permita ingresar, visitar o permanecer legalmente en Estados Unidos.

Como parte de este glosario también encontrarás una lista de las distintas oficinas federales asociadas al proceso de inmigración. Y también notarás que el término «migra» o «la migra», comúnmente utilizado para describir situaciones o hechos que afectan a uno o varios inmigrantes, no es una expresión apropiada debido a que, como verás abajo, no es una sino muchas las oficinas federales y organismos que participan en el proceso, y todas ellas tienen el deber de servir bajo el estricto cumplimiento de la ley.

OFICINAS Y TRIBUNALES FEDERALES

Las oficinas ejecutivas

Con excepción de los viajeros que pueden ingresar al país sin una visa —por ejemplo, mediante el Programa de Visa *Waiver*[7] (Visa Waiver Program, VWP)[8]— y las personas que piden asilo en un puerto de entrada, la mayoría de los extranjeros que entran a Estados Unidos lo hacen como inmigrante o como no inmigrante,[9] y tienen que acudir a una embajada o a un consulado[10] estadounidense para tramitar un permiso (visa) y que los entreviste un funcionario.

En Estados Unidos, el presidente, la rama ejecutiva del gobierno federal, se responsabiliza de las agencias responsables del proceso migratorio.

A diferencia de otros países, donde un ministerio (departamento), organismo u oficina se encarga de todo el proceso de inmigración, en Estados Unidos depende de dónde viva la persona al momento de tramitar una visa, ya sea dentro o fuera del país, y del tipo de visa que está solicitando. Si el peticionario de la visa se encuentra en el extranjero, para ingresar, tarde o temprano, tendrá que lidiar con el Departamento de Estado, ministerio del gobierno federal que tiene poderes casi absolutos sobre toda solicitud recibida para aceptarla o rechazarla, casi siempre sin oportunidad de apelar sus fallos o decisiones.

Con pocas excepciones, al comenzar el trámite para obtener una visa para viajar a Estados Unidos, pronto te darás cuenta de que varias otras oficinas federales también participan en el proceso de solicitud de visa, tienen niveles de importancia parecidos, y trabajan para gestionar y responder a la solicitud. Por ejemplo, en muchos casos de inmigración, primero necesitarás la aprobación de una «Petición de familiar extranjero» (formulario I-130)[11] o una «Petición de un trabajador inmigrante extranjero» (formulario I-140)[12] por medio de un empleador ante la Oficina de Ciudadanía y Servicios de Inmigración (US Citizenship and Immigration Services, USCIS)[13] del Departamento de Seguridad Nacional (Department of Homeland Security, DHS),[14] para que te autoricen la emisión de una visa y el ingreso a Estados Unidos.

Dependiendo de la petición inmigratoria que vayas a necesitar para obtener una visa, es posible que requieras un tipo de certificación laboral por parte del Departamento de Trabajo (Department of Labor, DOL)[15] para que el Departamento de Seguridad Nacional (DHS) apruebe tu solicitud. Si te otorgan una visa, tu ingreso al territorio estadounidense tendrá que ser autorizado por un agente federal de la Oficina de Aduanas y Protección Fronteriza (US Customs and Border Protection, CBP),[16] oficina del DHS que puede autorizar o negar una entrada al país, aun si tienes una visa emitida por un consulado. Por lo tanto, es un proceso en el que las distintas oficinas trabajan en conjunto para autorizar la admisión de una persona y mantener la seguridad nacional.

Si vienes con propósito no permanente de trabajo, puede que necesites la aprobación de una «Petición de visa no inmigrante» (formulario I-129)[17] por medio de la USCIS, o simplemente tengas que llenar un formulario para solicitar una visa de negocios o turismo B1/B2, la cual se hace directamente en el consulado o la embajada que te corresponda.

Se cree que la visa impresa en un pasaporte garantiza la entrada a Estados Unidos, pero no es así. Un funcionario de un puerto de entrada puede autorizar o negar el ingreso.

Si vives en el territorio nacional, dos ministerios ejercen la autoridad de regular la Ley de Inmigración. El primero es el DHS, el cual comprende tres importantes oficinas responsables del control de extranjeros en el país:

- La Oficina de Ciudadanía y Servicios de Inmigración (USCIS, por sus siglas en inglés), la cual decide peticiones de beneficios inmigratorios.

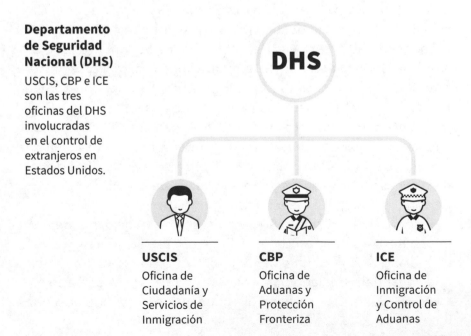

Departamento de Seguridad Nacional (DHS)

USCIS, CBP e ICE son las tres oficinas del DHS involucradas en el control de extranjeros en Estados Unidos.

DHS

USCIS
Oficina de Ciudadanía y Servicios de Inmigración

CBP
Oficina de Aduanas y Protección Fronteriza

ICE
Oficina de Inmigración y Control de Aduanas

- La Oficina de Aduanas y Protección Fronteriza (CBP, por sus siglas en inglés), la cual regula la admisión de personas al país en todos los puertos de entrada, sea marítimo, aéreo o terrestre.
- La Oficina de Inmigración y Control de Aduanas (ICE, por sus siglas en inglés), que actúa como órgano policial para asuntos inmigratorios, encargada además de llevar a cabo las deportaciones.

El segundo departamento que ejerce autoridad migratoria dentro del territorio nacional es el Departamento de Justicia (DOJ, por sus siglas en inglés), ya que las cortes de inmigración (y los jueces que la integran) operan bajo su mando. Además, del DOJ depende también la Junta de Apelaciones de Inmigración (Board of Immigration Appeals, BIA),[18] que se encarga de revisar no solo

Órdenes ejecutivas

El presidente de Estados Unidos tiene el poder de emitir órdenes ejecutivas para asistir a empleados y oficinas de la rama ejecutiva federal, y administrar sus operaciones. Esas órdenes tienen el poder de ley cuando son autorizadas por la Constitución, o son delegadas por el Congreso al presidente para que se pueda ejercer discrecionalidad en la aplicación de la ley.

Dichas órdenes están sujetas a revisión judicial y un tribunal las puede cancelar si las considera inconstitucionales o en violación de ley establecida.[19] Estas órdenes, sin embargo, son muy útiles ya que ayudan a determinar cómo está aplicada la legislación, facilitan trámites gubernamentales en épocas de crisis o emergencia, facilitan el uso de las fuerzas armadas y enfocan a las oficinas pertinentes para que puedan usar sus recursos limitados de mejor manera.

las decisiones de los jueces de inmigración, sino también las decisiones de los agentes de inmigración que son parte de la USCIS.

El sistema judicial administrativo

El Departamento de Justicia, a través de su Oficina Ejecutiva para la Revisión Inmigratoria (Executive Office for Immigration Review, EOIR) es responsable del sistema judicial de inmigración. Debes entender que este proceso no empieza en el sistema judicial sino a través de la misma oficina ejecutiva. Es decir, los tribunales federales no se involucran en el proceso y operan solo como una corte de apelación una vez que el proceso administrativo haya finalizado. Se trata de un proceso administrativo civil, no de un proceso criminal, y tiene sus propias reglas administrativas y de corte.

La EOIR determina si las personas nacidas en el exterior, que han sido acusadas por el DHS de violaciones de derecho migratorio —principalmente la Ley de Inmigración (INA)—, reúnen los requisitos para algún beneficio migratorio. También decide, entre otras cosas, si un extranjero debe ser deportado del país o si debe recibir protección gubernamental y permanecer en Estados Unidos.

Bajo la EOIR se encuentra la Oficina del Juez Jefe de Inmigración (Office of the Chief Immigration Judge, OCIJ), la cual supervisa a cientos de jueces de inmigración que llevan a cabo audiencias administrativas (*removal proceedings)* en decenas de cortes administrativas en todo el país. Bajo la EOIR también opera la Junta de Apelaciones de Inmigración (Board of Immigration Appeals, BIA), la cual decide las apelaciones de decisiones tomadas por los jueces de inmigración. La BIA es el máximo tribunal administrativo en la interpretación y aplicación de derecho migratorio. Ciertas decisiones administrativas pueden apelarse ante un tribunal federal. Ese proceso de apelación puede llegar hasta el Tribunal Supremo del país (U.S. Supreme Court).

El tercer componente de la EOIR es la Oficina del Oficial Jefe para Audiencias Administrativas (Office of the Chief Administrative Hearing Officer, OCAHO), la cual recibe casos no relacionados con deportaciones. Esta oficina se enfoca en sanciones contra empleadores que hayan contratado a personas indocumentadas, fraude y prácticas de negocio injustas que estén relacionadas con la inmigración.

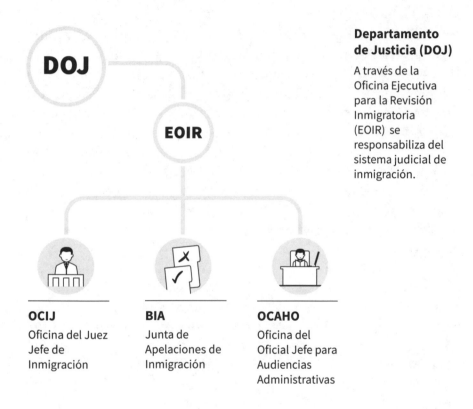

Departamento de Justicia (DOJ)

A través de la Oficina Ejecutiva para la Revisión Inmigratoria (EOIR) se responsabiliza del sistema judicial de inmigración.

OCIJ
Oficina del Juez Jefe de Inmigración

BIA
Junta de Apelaciones de Inmigración

OCAHO
Oficina del Oficial Jefe para Audiencias Administrativas

EL PROCESO PARA OBTENER EL INGRESO

El proceso con la USCIS

Si necesitas una aprobación gubernamental para poder obtener una visa, ya sea como inmigrante o no inmigrante, por lo general tendrás que lidiar con la Oficina de Ciudadanía y Servicios de Inmigración (US Citizenship and Immigration Services, USCIS), la cual determinará si cumples con los requisitos para obtener ese beneficio.[20] Cada solicitud de visa de no inmigrante, al igual que el proceso de inmigrante, tiene sus particulares criterios legales, y será esta oficina la que determinará si cumples con los requisitos de la Ley de Inmigración para que te aprueben (o rechacen) la solicitud o gestión de una visa.

Para obtener una aprobación de la USCIS, tendrás que completar un formulario asociado a tu pedido, pagar un monto —de acuerdo con las tarifas vigentes—[21] y respaldar el formulario con documentación particularmente asociada al beneficio que estás tratando de obtener.[22] Cuando entregas tu solicitud de visa (o cualquier otro beneficio), la oficina que la recibe te da una constancia, que contiene tu información personal, la fecha de recibo, el tipo de solicitud y el número particular de caso. Por lo general, estas solicitudes toman meses en procesarse, aunque en el caso de ciertas solicitudes o trámites no inmigratorios se puede pagar una cantidad extra para que el gobierno lo revise y tramite de manera expedita.

En el caso de visas de categoría no inmigrante, si la USCIS aprueba la solicitud te enviará una aprobación a través de un formulario I-797 nuevo. Si estás en el exterior, o por algún otro motivo pides que un consulado o embajada sea notificado de dicha aprobación, la oficina se encargará de actualizar el sistema electrónico utilizado por el Departamento de Estado (DOS, por sus siglas en inglés) para confirmar que has sido aprobado para tal beneficio.[23]

En el caso de las visas de categoría inmigrante, la oficina te hará llegar, a través del Centro Nacional de Visas (National Visa Center)[24] del Departamento de Estado, la información de la aprobación de tu solicitud. El DOS, a su vez, se comunicará contigo para pedirte información y documentación adicional para poder finalizar el proceso y conceder la visa de inmigrante, documento que te permitirá ingresar al país como residente legal permanente.

Si la USCIS niega tu solicitud, inmigratoria o no inmigratoria, te enviará un documento describiendo las razones por las cuales la solicitud no cumplió con los requisitos establecidos. Dependiendo de

Proceso para visa a través de la aprobación de la USCIS

(Para personas fuera del país)

01
Llenar el formulario asociado a tu pedido.

02
Adjuntar el pago de la tarifa correspondiente.

03
Adjuntar las pruebas que la categoría exige.

USCIS
La agencia recibe la petición y te envía el **formulario I-797** con la información de tu caso.

No inmigrante

Recepción del **formulario I-797** nuevo con la aprobación.

Asistir a cita con la embajada o consulado de Estados Unidos.

Entrevista con un funcionario.

Emisión de visa.

Inmigrante

Recepción de aprobación a través del **Centro Nacional de Visas.**

Envío de **información adicional** al Departamento de Estado.

Asistir a cita con la embajada o consulado de Estados Unidos.

Entrevista con un funcionario.

Emisión de visa de inmigrante.

INGRESO EN EL PAÍS

la solicitud, también te informará de cómo apelar, en caso de que creas que el gobierno ha cometido un error en su determinación.

EL PROCESO CONSULAR

El proceso consular para el no inmigrante

Una vez que recibes el formulario I-797[25] con la noticia de que aprobaron tu solicitud de beneficio no inmigratorio, estarás listo para poder solicitar una visa en una embajada o un consulado estadounidense. El primer paso que debes dar es solicitar una cita con la embajada, la cual puede requerir que visites un centro de atención al solicitante para que te tomen las huellas digitales biométricas y una fotografía. Esta información será procesada para asegurar que no seas una persona con antecedentes migratorios o criminales que impidan que te concedan una visa. También tendrás que encargarte de pagar todos los trámites relacionados con la aplicación antes de atender la cita.

Una visa es un sello estampado en un pasaporte que indica la categoría de ingreso con la que el portador es autorizado a entrar a un país. La visa sellada en un pasaporte no refleja el período de tiempo autorizado al viajero al entrar en el territorio nacional, y no tiene efecto en el estatus no inmigratorio del individuo en Estados Unidos, si fuese a expirar durante su estadía o permanencia.

Después de la cita tienes que ir a la embajada para que te entrevisten, tras lo cual un funcionario determinará si cumples con los requisitos de la solicitud aprobados por la USCIS. Por lo general, una solicitud de visa presentada en una embajada o un consulado de Estados Unidos debe incluir los siguientes documentos:

- Prueba de la solicitud de visa de no inmigrante. Vas a tener que completar el formulario DS-160[26] electrónicamente (*online nonimmigrant visa application*).
- Aviso original de aprobación, formulario I-797 (recomendado).
- Pasaporte en buenas condiciones con dos páginas en blanco, válido por lo menos por seis meses antes de la fecha propuesta de entrada a Estados Unidos.
- Fotocopia de la petición o solicitud aprobada por la USCIS.
- Prueba del pago de la cuota del trámite (varía dependiendo de la nacionalidad, tipo de visa, etcétera).

Los consulados y las embajadas de Estados Unidos pueden tardar para conceder entrevistas, y también para estampar el sello de visa en el pasaporte. Algunos tienen criterios adicionales para la emisión de una visa. Siempre visita la página web del consulado o la embajada que te corresponda para asegurarte de que estés cumpliendo con los requisitos para la emisión de una visa.

Después de la entrevista, el consulado o la embajada puede tardar un par de días o poco más de una semana para emitir la visa, dependiendo del tiempo normal de procesamiento y del tiempo requerido para obtener una confirmación electrónica a través de la base de datos de la Oficina de Ciudadanía y Servicios de

Inmigración (USCIS). No debes hacer ningún arreglo de viaje no reembolsable mientras no recibas la visa.

Considera que también existen tiempos de espera extraordinarios para extranjeros, que están sujetos a autorización adicional de nombre o seguridad, un tema del cual hablaremos más adelante. Pero te anticipamos que si esto te ocurre, el procesamiento completo de tu visa puede demorar varias semanas, tal vez meses.

El concepto de intención

Todo proceso de inmigración a Estados Unidos se basa casi exclusivamente en el *concepto de intención*. En esencia, será importante para el consulado o la embajada diferenciar si tienes una intención inmigratoria o no inmigratoria para viajar a Estados Unidos. De este concepto depende si cumples con los requisitos para el beneficio que pides, y si la visa es otorgada o rechazada. Asimismo, ten en cuenta que el ingreso al país con esa visa también depende de que lo autoricen en el puerto de entrada.

MUY IMPORTANTE

Cuando hablamos de una intención inmigratoria nos referimos al interés de la persona de mudarse al país y residir de manera permanente en este.

* * *

Y cuando hablamos del proceso no inmigratorio nos referimos al visitante, al que viene a Estados Unidos con un propósito muy específico, por un período de tiempo limitado.

La Ley de Inmigración establece una posible intención inmigratoria de todo solicitante interesado en visitar Estados Unidos, lo cual significa que todo peticionario de una visa no inmigrante tiene que cumplir con requisitos estrictos para que le aprueben la petición. Por lo tanto, todo solicitante de una visa no inmigrante tiene que demostrarle al cónsul que cumple con los requisitos para la visa y, en la mayoría de los casos, tiene que demostrar que no tiene la intención de quedarse a vivir en Estados Unidos. Esto incluye las visas de turista (B2), de negocio (B1), varias de las visas de trabajo y las relacionadas con empleados de gobiernos extranjeros, entre toda la gama de visas incluida en el código federal.

A algunas categorías de visa de no inmigrante, como la H-1B (trabajadores profesionales extranjeros con trabajos especializados),[27] y la L-1 (transferencia de ejecutivos o gerentes dentro de una misma empresa),[28] se les da doble intención, es decir, puedes obtener un cambio de calidad migratoria aun cuando no hayas demostrado un interés en residir permanentemente en Estados Unidos; pero es solo una excepción a la regla. Muchas de estas categorías las discutiremos en los siguientes capítulos.

RAZONES CONSULARES PARA LA NEGACIÓN DE UNA VISA

El Departamento de Estado (DOS) explica que las principales cancelaciones de solicitudes de visa están previstas por los artículos 221(g), 214(b), 212(a)(4), 212(a)(6)(C)(i), y 212(a)(9)(B)(i) de la Ley de Inmigración.[29] Estos artículos incluyen las siguientes razones:

- La solicitud o petición está incompleta.
- Hay que cumplir con requisitos adicionales, tales como aranceles, que son específicos del caso, o el consulado necesita más explicación del propósito de tu viaje a Estados Unidos.

- El consulado necesita más respuestas a ciertas preguntas (o necesita ciertas pruebas).
- No contestaste alguna pregunta del formulario para solicitar la visa.
- Existe indicio de fraude o mala representación.
- Viviste de manera ilegal (indocumentado) en Estados Unidos.

Los rechazos bajo el artículo 221(g)

Si un cónsul te indica que la solicitud de visa ha sido negada bajo el artículo 221(g) de la Ley de Inmigración, recibirás una carta informándote que tu solicitud está incompleta, y a causa de esto necesitas enviar documentos adicionales, o se requiere un procesamiento suplementario por parte del gobierno federal estadounidense.

Si rechazan tu solicitud de visa porque necesitan información o documentación adicional, tendrás la oportunidad de presentar la información o documentación que falta (que te indicaron en la carta) y, si lo haces dentro del plazo de un año desde la fecha de tu entrevista, no tendrás que pagar por una solicitud nueva.

Una vez que el consulado recibe la nueva información, revisa el expediente y toma una decisión final.

Si presentas información o documentación dentro del año desde la fecha de tu solicitud, no tendrás que pagar nuevamente por el trámite.

Si te rechazan la solicitud por razones administrativas, recibirás una carta indicando los pasos que tendrás que tomar una vez que el procesamiento administrativo concluya. Este proceso puede tomar semanas y hasta meses, aunque por lo general no demora más de 60 días después de la entrevista consular.

Los rechazos bajo el artículo 214(b)

Si el gobierno rechaza tu petición de visa bajo el artículo 214(b), significa lo siguiente:

- No cumples con los requisitos para obtener la visa que solicitas, o
- No lograste superar la presunción legal de que utilizarás una visa de visitante para «inmigrar o trabajar ilegalmente en los Estados Unidos».

De ser así, es importante que puedas presentar documentos que demuestren los fuertes lazos que te unen a tu país de origen o residencia. Tienes que entregar, a través de una nueva aplicación, nuevas pruebas para convencer al cónsul de que utilizarás la visa apropiadamente, y probar que tienes una residencia fija fuera de Estados Unidos, adonde regresarás luego de una visita temporal.

Las pruebas de lazos fuertes con tu país de origen o de residencia pueden, por ejemplo, ser cartas u otros documentos que demuestren que tienes un empleo fijo, tus relaciones con familiares o amigos y pruebas de tus propiedades. Si te rechazan la visa por falta de pruebas sobre tus lazos, puedes entonces realizar una nueva solicitud cuando puedas demostrar que las condiciones han cambiado desde la fecha de rechazo de tu solicitud, y ahora cumples con los requisitos de la visa. El consulado revisará la nueva

La cuota que pagas corresponde al trámite de la visa. Este arancel cubre todos los costos de adjudicación y no es reembolsable independientemente de si te otorgan o no la visa. Si vuelves a solicitar una visa, deberás pagar nuevamente los costos del proceso.

documentación y considerará tus lazos (ataduras a tu país o donde tienes una residencia legal) nuevamente.

Los rechazos bajo el artículo 212(a)(4)

Si el consulado te niega la solicitud de visa bajo el artículo 212(a) (4), se debe a que, tras revisar todas las pruebas aportadas antes, durante y después de la entrevista, un cónsul ha determinado que no tienes el suficiente apoyo financiero en Estados Unidos para sostener o mantener tu estadía. El cónsul, al negar la visa por esta razón, ha llegado a la conclusión de que serás una carga pública,[30] es decir, que serás o te convertirás en un dependiente del gobierno de Estados Unidos.

Este tipo de negación ocurre principalmente si estás solicitando una visa de inmigrante, o sea, la residencia legal permanente (*green card* o tarjeta verde) en Estados Unidos. Por lo general, si tu solicitud de residencia es a través de una petición familiar,[31] vas a tener que presentar una declaración jurada (*affidavit*) (formulario I-864,[32] formulario I-864(A),[33] formulario I-864W[34] o formulario I-864EZ)[35] para demostrar que tienes a alguien en Estados Unidos que va a asumir la responsabilidad económica de tu presencia.[36] Si solicitas una residencia a través de un empleador, no vas a necesitar el *affidavit*. Basta con las pruebas de tus ingresos laborales o recursos personales y una oferta de empleo en Estados Unidos para cumplir con estos requisitos.

Las negaciones en el caso de solicitudes de visas no inmigrantes, que son mucho más raras, ocurren en situaciones donde la persona, por ejemplo, busca tratamiento médico en Estados Unidos y no tiene los recursos necesarios para cubrir esos gastos.[37]

Los rechazos bajo el artículo 212(a)(6)(C)(i)

Los cónsules utilizan este artículo solo cuando determinan, de acuerdo con las pruebas obtenidas, que estás tratando de conseguir la visa o has tratado de entrar a Estados Unidos a través de un fraude, o las pruebas que presentaste con la solicitud son incongruentes (mala representación). Este tipo de determinación consular es permanente y queda para siempre en tus archivos. Si ocurre en tu caso, será muy difícil recobrar el derecho a solicitar cualquier tipo de visa para entrar a Estados Unidos.

En algunos casos, el cónsul te puede avisar para que hagas una solicitud de una renuncia de derechos (*waiver*).[38] Si la aprueban, podrás entonces solicitar una visa en el futuro.

Es importante que no incluyas información incorrecta y que no omitas información importante en una solicitud de visa. El fraude o mala representación conlleva un castigo permanente.

Los rechazos bajo el artículo 212(a)(9)(B)(i)

Si te rechazan una solicitud bajo esta categoría, se debe a que el cónsul ha determinado que, en algún momento, viviste ilegalmente en Estados Unidos (indocumentado). Esto ocurre cuando te quedas en el territorio estadounidense más allá del período autorizado por el gobierno federal, o si entraste y permaneciste en el país sin que un agente de la Oficina de Aduanas y Protección Fronteriza haya aprobado tu entrada.

Generalmente, la presencia legal en Estados Unidos es determinada por el formulario I-94 (registro de llegada o salida de no inmigrante). Si el ingreso es por un puerto de entrada terrestre, recibirás un formulario que indica la categoría de ingreso y el período de admisión. Sin embargo, en la mayoría de los casos, el gobierno federal no emite un formulario I-94, ya que este documento es accesible electrónicamente (vía internet). Esto lo explicaremos detalladamente más adelante.

El gobierno mantiene un archivo de todos los formularios I-94 (base de datos de entradas y salidas) y lo usa para analizar tu historial de viajes al país. Si te quedas más allá del período autorizado, acumulas presencia ilegal, que comienza el día después que termina tu período autorizado. Debes tener en cuenta que la presencia ilegal te afectará en futuras peticiones y aplicaciones. Y en caso de que un cónsul te niegue una petición de visa debido a tal violación a la ley federal de inmigración, ya no podrás solicitar una nueva visa.

La Ley de Inmigración estipula que toda persona que haya violado su estatus inmigratorio dentro de Estados Unidos (quien haya permanecido de manera ilegal en el país) no podrá arreglar su estatus legal dentro del país. Según la ley, para arreglar su calidad migratoria el infractor tiene que salir del país. Una vez fuera y cumplidos los castigos legales, puede en algunos casos gestionar un perdón para poder solicitar una nueva visa y poder reingresar. Pero nada garantiza que se consiga el perdón con este trámite.

Cabe recordar que cuando un inmigrante indocumentado sale del país después de haber permanecido en este por más de 180 días, le aplican la denominada Ley del Castigo.[39]

Al igual que una negación bajo el artículo 212(a)(6)(C)(i), vas a necesitar una renuncia de derechos (*waiver*) si deseas solicitar un nuevo permiso de entrada en el futuro.

MUY IMPORTANTE

Te recomendamos que, si al ingresar a Estados Unidos por un puerto de entrada no te dieron un formulario I-94, pidas una copia de este lo antes posible a través del sitio web del Servicio de Aduanas y Control Fronterizo (CBP, por sus siglas en inglés)[40] para confirmar que tu entrada con la visa que utilizaste esté correcta, y para que sepas cuál es el período autorizado de visita.[41]

Otras razones para que una visa sea negada

Es importante notar que el gobierno puede negar una visa por otras razones, por ejemplo asuntos de salud (dependencia a sustancias ilegales, ciertas enfermedades contagiosas y desórdenes mentales, entre otros), haber sido convicto por un delito, tráfico de drogas, vicios, prostitución, propósitos de seguridad nacional, haber proclamado ciudadanía americana, abuso de alcohol, actividades terroristas y membresía a partidos totalitarios. Toda solicitud es procesada según las distintas bases de datos de las numerosas oficinas federales, para determinar si una persona reúne los requisitos de acuerdo con estos criterios adicionales.

Renuncias de derechos (*waivers*)

En caso de una negación bajo las secciones 212 (a)(6)C (i) y 212(a)(9)(B)(i), ciertos solicitantes necesitarán obtener una renuncia al derecho del trámite inmigratorio antes de poder solicitar nuevamente una visa. Pero no todas las personas que reciben una prohibición de visa tienen derecho a una renuncia legal. Un cónsul, al negar una visa, le informa al solicitante si puede hacer una solicitud de una renuncia a su derecho,[42] el cual es discrecional y es procesado por el Departamento de Seguridad Nacional (DHS) y se completa a través del formulario I-601[43] (Application for Waiver of Grounds de Inadmissibility).

Hasta hace poco era necesario que una persona estuviera fuera de Estados Unidos para poder solicitar una renuncia de derechos. Sin embargo, esta regla fue enmendada durante el gobierno del presidente Barack Obama y ahora se permite que ciertas personas que permanecen indocumentadas soliciten la renuncia sin tener que salir del territorio nacional. Aunque estas personas todavía tendrán que viajar a sus países para procesar sus visas, no tendrán que permanecer mucho tiempo separadas de sus familiares. Esta medida ha sido muy bien recibida ya que facilita la unión familiar y reduce el impacto negativo que pueda tener la larga espera de una decisión sobre la renuncia en el exterior. En otras palabras, anula temporalmente, en determinados casos, la Ley del Castigo.

El proceso consular para el inmigrante

Como ya hemos mencionado, los consulados también procesan los trámites de personas con intención migratoria. Para recibir este beneficio, solo cumplen con los requisitos aquellos a quienes la USCIS les ha aprobado la petición de familiar extranjero (formulario I-130),[44] la petición de trabajador inmigrante extranjero (formulario I-140)[45] o una petición para personas americanas de origen asiático, viudos o inmigrantes especiales (formulario I-360).[46]

Hay otro grupo de inmigrantes que no necesitan una aprobación previa por parte de la USCIS porque cumplen con los criterios establecidos para recibir la residencia legal permanente por razones humanitarias, entre los cuales están los refugiados y ciertas personas víctimas de maltrato o de tráfico humano. Cada una de estas posibilidades de inmigración es discutida con mayor profundidad en los siguientes capítulos.

Con excepción de los casos humanitarios, es obligatorio obtener una solicitud aprobada por la USCIS. Si te niegan la petición inmigratoria, te informarán del proceso de apelación para que sigas intentando por esta vía, para que te aprueben la solicitud de la visa. Sin embargo, si la USCIS aprueba tu solicitud, recibirás una notificación por escrito en la cual te indicarán que tu caso ha sido enviado al Centro Nacional de Visas del Departamento de Estado (National Visa Center)[47] La aprobación de la USCIS permanecerá en esta oficina hasta que haya un cupo de visa disponible.[48]

Una vez que tu número de visa esté disponible, el Centro Nacional de Visas se comunicará contigo para informarte sobre los documentos que vas a necesitar para finalizar la solicitud y enviarla al consulado estadounidense que te corresponda. También te informarán sobre los pagos (*fees*) que tendrás que enviarle al gobierno federal estadounidense para completar el trámite consular. Una vez que la documentación esté completa y hayas pagado el monto establecido por el Departamento de Estado, el consulado te dará una cita para ser entrevistado y completar el proceso. Si el cónsul determina que cumples con los requisitos (y tienes derecho a ese beneficio), te sellarán el pasaporte con una visa de inmigrante. Tendrás un plazo de hasta 90 días (tres meses) para presentarte en un puerto de entrada (terrestre, aéreo o marítimo) de Estados Unidos para procesar la visa y que un agente federal te autorice finalmente el ingreso al país.

Disponibilidad de visas

La Ley de Inmigración establece el número de visas de inmigrante que pueden ser otorgadas anualmente. Las peticiones familiares y de empleadores están divididas en categorías de preferencia y se concede un número limitado de ellas. Nada ni nadie garantiza que una visa de inmigrante esté disponible inmediatamente, ya que la demanda en alguna de sus categorías puede superar la cuota anual permitida por una ley del Congreso federal.

El Departamento de Estado (DOS), la entidad responsable de otorgar estas visas, establece que la cuota de visas para peticiones familiares es de 226,000 al año, y la de peticiones de empleadores, de 140,000.[49] Cada una de estas categorías está subdividida y, a su vez, cada una de esas subcategorías recibe un cierto porcentaje del número total autorizado por ley. También hay límites adicionales para personas de ciertos países en los cuales la demanda es muy grande. Entre ellos están México, India, China comunista y Filipinas.

Cuando la demanda excede la cantidad de visas que se conceden, se forma una cola. Para distribuir el número de visas disponibles, el Centro Nacional de Visas se encarga de entregar la cuota de visas de inmigrante teniendo en cuenta el país de origen, la categoría de preferencia y la fecha de prioridad.

La fecha de prioridad se usa para determinar tu lugar en la cola, o sea, si tu visa de inmigrante está disponible. Si lo está, el DOS te contactará para finalizar el proceso consular.

En el caso de peticiones inmigratorias (residencia legal permanente) para familiares inmediatos de ciudadanos, no hay límite de visas

La fecha de prioridad la hallarás en la aprobación del formulario I-797[50] de la USCIS. Tu período de espera dependerá de la demanda de visas de inmigrante, las limitaciones por país y el número de visas asignadas a tu categoría de preferencia.

y la disponibilidad es inmediata. El término *familiares inmediatos* incluye:

- Esposos de ciudadanos estadounidenses.
- Hijos de ciudadanos menores de veintiún años de edad.
- Padres de ciudadanos que tengan veintiún años o más.
- Viudos de ciudadanos, siempre y cuando la petición haya sido sometida antes de la muerte del cónyuge.

En el caso de peticiones migratorias basadas en el empleo, que caen bajo la primera categoría de visa (la EB-1), siempre están disponibles. La categoría EB-1 está reservada para personas que la USCIS ha determinado que son de una cualificación extraordinaria en los negocios o son ejecutivos o gerentes que han sido trasladados a Estados Unidos. Los que cumplen con los requisitos de la EB-5 tienen que hacer una inversión de por lo menos medio millón de dólares para poder recibir una residencia condicional. (Discutiremos estas opciones en más detalle en el capítulo referente a la inmigración a través de empleo).

El proceso de admisión

Una vez que recibes la visa, sea de no inmigrante o de inmigrante, estás autorizado para viajar y solicitar el ingreso en un puerto de entrada o admisión de ingreso a Estados Unidos (terrestre, aéreo o marítimo), amparado en la visa que te concedió el consulado. La Oficina de Aduanas y Protección Fronteriza (CBP), que se encarga de la protección de las fronteras y la integridad de los puertos de entrada al país, determinará tu ingreso.[51]

Cuando llegas a un puerto de entrada, te recibirá un agente federal de la CBP, que tiene la importante responsabilidad de confirmar tu identidad, el propósito de tu solicitud de ingreso al país y la validez de tu visa, y asegurar que no eres un riesgo para la seguridad nacional o para la población en general. Recuerda que la visa estampada en tu pasaporte no garantiza tu ingreso a Estados Unidos.

La CBP usará la información de llegada recopilada por la línea aérea (o el transporte que utilizaste para llegar hasta el puerto de entrada) y los registros electrónicos, por ejemplo la visa, para determinar el tipo de admisión que te puede otorgar. Con esta información, un agente federal sellará tu pasaporte y anotará la fecha de tu admisión, el tipo de admisión y la fecha en que expira tu estadía o el permiso autorizado.

Si el agente de la CBP no está satisfecho con la información y documentación al momento de tu entrada, te enviará a una oficina de inspección secundaria (a la que denominan «el cuartito»). Allí otros agentes llevarán a cabo una investigación mucho más profunda, que incluye tus antecedentes y la emisión de tu visa. Luego de revisar el caso, un agente de inspección secundaria determinará si otorga o no la entrada al país. Si la respuesta es negativa, serás regresado inmediatamente al país del que saliste rumbo a Estados Unidos.

Proceso para el no inmigrante

Si te aprueban el ingreso con una visa de no inmigrante y entras por un puerto fronterizo, te otorgarán un formulario I-94,[52] que confirma no solo tu estatus inmigratorio, sino también el tiempo de duración de dicho estatus.

La página digital de la CBP está disponible las 24 horas del día, los siete días de la semana. Si necesitas una copia del formulario

Si entras por un aeropuerto, deberás visitar la página digital de la Oficina de Aduanas y Protección Fronteriza (CBP) para imprimir el formulario I-94.[53]

I-94 (que incluye la tarjeta I-94), puedes obtenerla en cualquier momento siguiendo las instrucciones en esa página web. La oficina federal explica que también puedes acceder a tu historial de estadía en el país a través de su portal. Y advierte que el sello que te estampan en el pasaporte al ingresar al país no contiene el número único[54] del formulario I-94.

Al solicitar ingreso a Estados Unidos debes presentar al agente de la CBP el aviso original de aprobación registrado en el formulario I-797,[55] tu pasaporte válido y una visa vigente. Si tienes un formulario I-797 es importante que lo presentes en cada entrada, ya que, con algunas excepciones notables, el período de autorización en el país debe ser igual al incluido en ese documento.[56]

A menudo, los agentes de la CBP emiten incorrectamente autorizaciones de entrada hasta la fecha de expiración de la visa y no la fecha indicada en el formulario I-797. Sin embargo, si tienes un formulario I-797, la fecha indicada en este debe predominar como fecha de expiración. Si tienes un formulario I-797 y no lo muestras en el puerto de entrada, el agente de la CBP te otorgará un período de estadía que no va a superar la fecha de la visa en tu pasaporte. Esa fecha puede ser mucho menor que el período autorizado por el formulario I-797.

Si notas un error en la emisión del formulario I-94,[58] es muy importante que se lo indiques al agente federal que te recibe en el puerto de entrada. Si después de indicarle al agente el error, este no es corregido, acepta la decisión y toma nota de que vas a tener que visitar una oficina local de la Oficina de Aduanas y Protección Fronteriza (CBP) para que corrijan el documento.

MUY IMPORTANTE

El estatus no inmigratorio de todo viajero que ingresa al país está determinado por el formulario I-94, el cual es otorgado en un cruce fronterizo. Si la persona entra por un aeropuerto, puede conseguirlo en la página web de la CBP.[57]

Además de demostrar la situación legal de permanencia en el país de un extranjero, el formulario I-94 prueba que la persona entró después de ser inspeccionada por el gobierno federal e indica el período de estadía autorizado por la CBP.

También es clave que siempre mantengas tu estatus inmigratorio vigente y trates de no quedar indocumentado (no permanecer en el país cuando el formulario I-94 expire). Hay que evitar permanecer en Estados Unidos después del período autorizado en el formulario I-94 ya que conlleva castigos muy serios.[59]

El proceso para el inmigrante

Si llegas al territorio estadounidense con una visa de inmigrante, pasarás por el mismo proceso de admisión. La diferencia está en que el agente federal que te recibe, una vez que ha verificado tu identidad y tus antecedentes, procederá a procesar tu información personal y te cobrará por la emisión de una tarjeta de residencia legal permanente (el formulario I-551),[60] comúnmente conocida como *green card* o tarjeta verde (provisional). Esta será enviada luego a la dirección que entregues en el puerto de entrada.

¿Te pueden revisar el teléfono cuando entras a Estados Unidos?

La respuesta es sí, un agente de la Oficina de Aduanas y Protección Fronteriza (US Customs and Border Protection, CBP) puede revisar tu teléfono cuando entras a Estados Unidos. Puede hacer lo mismo con cualquier otro dispositivo electrónico, por ejemplo tu computadora. Las dudas surgieron después del 25 de enero de 2017, cuando el presidente Donald Trump firmó varias órdenes ejecutivas[61] que endurecieron la aplicación de partes y secciones de la Ley de Inmigración, sobre todo aquellas que tienen que ver con la admisión de personas en los puertos fronterizos. Las revisiones no solo afectan a residentes legales permanentes y extranjeros con visas de inmigrante y no inmigrante, sino también a ciudadanos estadounidenses.

Pero la medida no es nueva ni tampoco fue establecida por Trump. La revisión de dispositivos móviles viene desde el 15 de agosto de 1972 y se fundamenta en la sección 162.6 del Código Federal para la Regulación de Electrónicos (Electronic Code of Federal Regulations, CFR), y fue actualizada el 17 de agosto de 2016 durante el gobierno del presidente Barack Obama.

Qué dice la sección 162.6

La sección 162.6, titulada «Búsqueda de personas, equipaje y mercancías», señala lo siguiente:

> Todas las personas, equipajes y mercancías que lleguen o pasen por la Aduana de Estados Unidos desde lugares fuera del mismo estarán sujetos a inspección y revisión por un agente de aduanas. Los directores de puertos (de entrada) y los agentes especiales a cargo están autorizados para inspeccionar, examinar y efectuar la revisión de personas, equipaje o mercancías de conformidad con la sección 467 de la Ley de Aranceles de 1930, y según la enmienda (19 USC 1467) sobre equipaje o mercancía que fueron inspeccionados, examinados o tomados a bordo de un buque en otro puerto o lugar en Estados Unidos o las Islas Vírgenes, si se considera necesario o apropiado.

El 16 de marzo de 2017, la CBP publicó en su página de internet una actualización de la sección 162.6, y señaló que las únicas excepciones a las revisiones de personas, equipajes y mercancías en los puertos de entrada son aquellos que acrediten una condición diplomática.[62] Y subraya que incluso los ciudadanos estadounidenses «están sujetos a inspección y revisión» por parte de los agentes federales.

Según el gobierno federal, las normas tienen como objetivo:

- Facilitar la entrada de ciudadanos estadounidenses y extranjeros que establezcan fácilmente su admisibilidad a Estados Unidos.
- Determinar (por medio de los agentes de la CBP) la nacionalidad y admisibilidad de cada solicitante que desee entrar a Estados Unidos.
- Detectar si un ciudadano o extranjero ha participado en actividades ilícitas.[63]

Advierte la CBP, sin embargo, que la inspección y revisión de personas, equipajes y mercancías en los puertos de entrada están a su discreción, que en algunos casos puede que sus juicios sean infundados y que confía en que las líneas aéreas transmitan la información a los viajeros a través del Sistema de Información Avanzada de Pasajeros (APIS).

Las inspecciones en los puertos de entrada se llevan a cabo utilizando la base de datos del Sistema Interinstitucional de Inspección Fronteriza (IBIS, por sus siglas en inglés), que comparte información con al menos 20 oficinas, entre ellas (todas las siglas corresponden al inglés):

- Oficina Federal de Investigaciones (FBI)
- Administración para el Control de Drogas (DEA)
- Agencia de Alcohol, Tabaco, Armas de Fuego y Explosivos (ATF)
- Servicio de Rentas Internas (IRS)
- Guardia Costera
- Administración Federal de Aviación (FAA)
- Servicio Secreto

- Departamento de Agricultura (USDA)
- Departamento de Estado (DOS)
- Embajadas y consulados de Estados Unidos
- Interpol
- Centro Nacional de Información sobre Delitos (National Crime Information Center, NCIC)[64]

La base de datos de la CBP permite a usuarios acceder desde cualquiera de los 50 estados con más de 24,000 terminales computarizadas, y permanece activa las 24 horas del día, los siete días de la semana, en todos los puertos de entrada al país.[65]

La CBP dice, además, que «tiene autoridad para recolectar información de registro de nombres de pasajeros de todos los viajeros que entran o salen de Estados Unidos», y asegura que la información recopilada «se utiliza estrictamente para prevenir y combatir el terrorismo y los delitos graves».[66]

Cómo proteger la información en un dispositivo móvil

Desde 2009, los agentes de la CBP usan la discrecionalidad que les otorga la sección 162.6 del CFR para revisar los equipos electrónicos de los viajeros que ingresan a Estados Unidos, tales como teléfonos inteligentes, tabletas, computadoras portátiles (*laptops*). Pero no pueden obligarte a que les entregues tus claves de acceso, tanto a los aparatos electrónicos como a tus cuentas en redes sociales. Pero, si decides no entregar tus claves de acceso para que el gobierno desbloquee tus dispositivos móviles y tus cuentas, el agente que te somete a inspección y revisión puede decomisar tu equipo.

Si tus aparatos móviles son requisados por la CBP, el gobierno puede tener la manera de desbloquearlos, leer tus archivos, copiarlos e incluso borrarlos o cerrar tus cuentas en las redes sociales. El Departamento de Seguridad Nacional (DHS, por sus siglas en inglés) ha advertido que, incluso si el viajero colabora con las autoridades, puede negarle su ingreso a Estados Unidos.

Tras la firma de la orden ejecutiva 13769 del presidente Trump sobre el veto a siete países de mayoría islámica,[67] emitida el 27 de enero de 2017, el jefe de la seguridad nacional de Estados Unidos, general John Kelly, dijo ante una comisión del Congreso que el acceso del gobierno a los dispositivos móviles era requisito para poder entrar a Estados Unidos.[68]

Se le recomienda al viajero que, si no quiere proporcionar las claves de acceso a su teléfono, computadora o redes sociales, opte por alternativas tales como:

- Proteger la información encriptando la información almacenada en sus dispositivos móviles.
- Cerrar las sesiones de redes sociales en sus dispositivos móviles.
- Retirar de sus dispositivos móviles las aplicaciones de ingreso a redes sociales y mensajerías.
- No llevar en sus dispositivos móviles información que consideren o estimen delicada.
- Si tiene información delicada que llevar de un lugar a otro, envíela por otro medio, pero no la traslade en su dispositivo móvil. Esta recomendación es útil para periodistas, por ejemplo.
- No despierte sospechas cuando viaje.

Claves para entender el proceso de inmigración a Estados Unidos

- La Ley de Inmigración la ejecutan no una sino varias oficinas federales.

- Existen dos categorías de visas: de inmigrante y de no inmigrante.

- Una visa impresa en el pasaporte no garantiza la entrada a Estados Unidos.

- La USCIS es la oficina encargada de otorgar beneficios inmigratorios en Estados Unidos.

- Que te otorguen una cita en el consulado para que te den una visa puede demorar meses.

- El agente federal de la Oficina de Aduanas y Protección Fronteriza (CBP) es quien te autoriza el ingreso a Estados Unidos.

- El formulario I-94 es el documento que demuestra la entrada legal a Estados Unidos e indica el tiempo de permanencia.

LAS PRINCIPALES VISAS PARA ENTRAR A ESTADOS UNIDOS

Cada permiso de entrada y permanencia tiene sus propias regulaciones

«...todos los aspectos de la economía estadounidense se han beneficiado de la contribución de los inmigrantes.»
John F. Kennedy, *Una nación de inmigrantes*, 1958.

Casi todos los extranjeros, con excepción de aquellos cuyas naciones participan en el Programa de Visa *Waiver*[1] (Visa Waiver Program, VWP)[2] —del cual hablaremos en el capítulo 3—, necesitan visa para ingresar y permanecer en Estados Unidos. A diferencia de las visas de la categoría de inmigrante, que conducen a la residencia legal permanente —de la que hablaremos en el capítulo 4—, las visas de no inmigrante se utilizan para facilitar el comercio internacional, en la mayoría de los casos.

PUNTOS CLAVE

En este capítulo encontrarás:

- Una lista de las principales visas de no inmigrante para entrar y permanecer en Estados Unidos de manera temporal.
- Los requisitos para las visas más comunes.
- Las visas menos utilizadas.
- La visa estampada en el pasaporte no garantiza la entrada a Estados Unidos.
- Las visas más populares y que más personas de todo el mundo utilizan para entrar a Estados Unidos.

Existen cerca de 65 clases de visa que utilizan los distintos tipos de visitantes, desde empleados domésticos y turistas hasta hombres de negocios, trabajadores agrícolas, profesionales, estudiantes, ejecutivos e inversores. Cada visa tiene características propias, dispone de un reglamento único y se usa con fines distintos, en algunos casos con períodos de validez que van desde unos cuantos días hasta varios años, dependiendo de la nacionalidad de la persona.

Es importante notar que el período de validez de una visa puede ser distinto al período de admisión al país autorizado por un agente de inmigración en un puerto de entrada.

MUY IMPORTANTE

En caso de duda durante un trámite, busca el consejo legal de un especialista en el tema. Si no tienes abogado, contacta a un grupo de ayuda a inmigrantes, o bien visita la página de Noticias Univision en la sección «Inmigración», donde hallarás información para encontrar asesoría legal [3] cerca de donde vives.[4]

En esta sección hablaremos de manera general del gran número de visas que existen bajo la Ley de Inmigración. Muchas de estas requieren un proceso o solicitud a través de la Oficina de Ciudadanía y Servicios de Inmigración (US Citizenship and Immigration Services, USCIS), la oficina que primero tiene que otorgar una aprobación. Una vez autorizada la solicitud, puedes pedir una visa en un consulado o una embajada estadounidense (más información en el capítulo 3).

En cuanto a las visas para agentes o funcionarios de gobiernos extranjeros, tal como las visas A, G y NATO, estas se obtienen, al igual que las visas B1/B2, directamente en el consulado o la embajada y no requieren una aprobación previa por parte de la USCIS. El mismo procedimiento se extiende para otros tipos de visas, entre ellas la TN y la I.[5]

El universo de las visas

Casi todos los extranjeros, excepto los que provienen de países que participan en el Programa de Visa Waiver, necesitan visa para ingresar y permanecer en Estados Unidos. Este cuadro recoge las más populares.

VISA	TIPO	CATEGORÍAS
A	Diplomática	A-1 | A-2 | A-3
B	Negocios/tránsito	B-1 | B-2
C	Tránsito	C-1 | C-2 | C-3
D	Tripulante	-
E	Trabajo	E-1 | E-2
F	Estudios	F-1 | F-2
G	Trabajo	G-1 | G-2 | G-3 | G-4 | G-5
H	Trabajo	H-1B | H-1C | H-2A | H-2B | H-3 | H-4
I	Corresponsales prensa	-
J	Estudios/intercambio	J-1 | J-2
K	Prometidos	K-1 | K-2
L	Trabajo	L-1A | L-1B | L-2
M	Estudios	M-1 | M-2
O	Trabajo	O-1A | O-1B | O-2 | O-3
P	Trabajo	P-1 | P-2 | P-3 | P-4
Q	Intercambio	Q-1 | Q-2
R	Trabajo	R-1 | R-2
TN	Trabajo	-

Primero nos enfocaremos en las principales visas de empleo, varias de las cuales son parte de la actual discusión política de inmigración, entre ellas las visas E, H, L, O y TN. En la segunda parte de este capítulo incluimos un resumen del resto de visas de la categoría de no inmigrante.

VISA E

La visa E fue creada para uso de inversionistas o comerciantes de países que han firmado tratados comerciales con Estados Unidos.[6] Su objetivo es facilitar la interacción comercial y económica, se solicita directamente en un consulado o embajada, y está dividida en dos subgrupos:

- **Visa E-1.** La usa el personal de empresas que desarrollen actividades comerciales de importación y exportación entre Estados Unidos y el país con el que existe un acuerdo comercial. Esta categoría depende más bien de la exportación de productos del país de origen hacia Estados Unidos.
- **Visa E-2.** Es una visa de inversionista y no depende del comercio entre naciones. Es la más común en esta categoría. Más bien depende de la cantidad de dinero invertida en una empresa comercial.

En el año fiscal 2015, el Departamento de Seguridad Nacional (DHS) registró 414,331 entradas legales[7] de extranjeros con visas E1 y E2.

FUENTE: https://www.dhs.gov/immigration-statistics/yearbook/2015

Los cónyuges dependientes pueden obtener autorización de empleo. A los hijos dependientes no se les autoriza empleo pero pueden asistir a la escuela bajo la categoría E.

Requisitos para la visa E

- Que exista un tratado de amistad, comercio y navegación (*Treaty of Friendship, Commerce and Navigation*, FCN) entre tu país y Estados Unidos.
- Que existan tratados de cierta inversión bilateral (*Bilateral Investment Treaties*, BIT). Estos acuerdos son considerados equivalentes a los FCN y sirven como requisito para la visa E. (En el apéndice 2 encontrarás una lista de los tratados existentes con países de habla hispana).

Si existe un tratado vigente, tú y la empresa para la cual trabajas tienen que poseer la nacionalidad del país del tratado. En el caso de un negocio, este criterio se puede cumplir cuando al menos 50 por ciento de la propiedad (o acciones) pertenezcan a inversionistas originarios del país del tratado. En estructuras corporativas más complejas, la nacionalidad de los accionistas se analiza para determinar si cumplen con esta norma. Y presta atención: el país de incorporación no es determinante.[8] La nacionalidad de la persona, de la empresa o de los dueños de la compañía es suficiente para cumplir con este requisito.

Entre aquellos que no son inversionistas, solo cumplen con los requisitos para una visa E-1 o E-2 los empleados que tengan calidad de ejecutivos, supervisores o posean habilidades especiales.

Para determinar si eres un ejecutivo o supervisor, tendrás que demostrar tu nivel de empleo al gobierno federal estadounidense:

- Mostrar pruebas de tu experiencia laboral como ejecutivo o supervisor.
- Demostrar cuál es tu cargo en la empresa, incluyendo salario y responsabilidades.

- Explicar las funciones de tu cargo y demostrar que supervisas personal de alto nivel.

A su vez, para calificar como empleado con *habilidades especiales*, debes poseer y demostrar conocimientos necesarios para la operación de la compañía. El Departamento de Estado (DOS), que controla las embajadas y consulados, requiere ver pruebas tales como:

- Tu nivel de experiencia.
- Títulos o certificados de estudio.
- Tiempo de entrenamiento para obtener esa habilidad.
- El valor de tu habilidad dentro de la compañía y los procesos en los que estarás involucrado.
- Tu salario.
- Declarar si la habilidad está disponible en Estados Unidos.

Requisitos para comerciantes de países que tienen tratados con Estados Unidos (E-1)

La visa E-1 permite al portador llevar a cabo operaciones comerciales específicas entre Estados Unidos y un país con el que tenga nexos comerciales. Para ello:

- La actividad comercial debe constituir un intercambio, ser de carácter internacional y ser importante.
- El comercio entre ambos países debe ser recíproco, donde más de 50 por ciento del volumen total del comercio

---

¿SABÍAS QUE...?

La actividad de la inversión se mide por el volumen de comercio y el valor monetario de las transacciones entre ambos países.

llevado a cabo por el E-1 debe ser entre Estados Unidos y el país del tratado.[9]

Requisitos para inversionistas de países que tienen tratados con Estados Unidos (E-2)

Las visas E-2 son más comunes que las visas E-1. A diferencia de la mayoría de visas de trabajo, se trata de un visado más personal y particular, ya que no requiere comprobar intercambio internacional y permite a personas de altos ingresos establecer negocios en Estados Unidos.[10]

Además de tener que calificar como ejecutivo, supervisor o empleado esencial, también vas a tener que cumplir con los siguientes requisitos como inversionista:

- Debes demostrar que has invertido o estás invirtiendo una cantidad de capital sustancial en Estados Unidos.[11]
- Como parte de esa inversión, tienes que demostrar que desarrollarás y dirigirás esa inversión, generalmente creando una empresa.[12]
- Para demostrar tu inversión el gobierno va a requerir que pruebes:
    ◊ Tu posesión y control de los fondos invertidos.
    ◊ Que tus fondos están en riesgo.
    ◊ Que tus fondos han sido irrevocablemente comprometidos en la inversión.[13]

También es importante que demuestres que la inversión, generalmente en la forma de una empresa, es real, activa y que opera comercialmente. No puede tratarse de una inversión especulativa, y tampoco puede ser marginal.[14] El gobierno de Estados Unidos no te va a indicar cuánto dinero tienes que invertir o poner en riesgo, y utiliza una prueba de proporcionalidad para comparar el monto de los fondos invertidos con el costo del negocio establecido. En el caso de un negocio nuevo, tomará en cuenta cuánto es el costo para el establecimiento de esa nueva empresa.[15]

Comprar una propiedad, sea un apartamento, una casa o una oficina, no basta para obtener la E-2, ya que eso, para propósitos de esta visa, no se considera una inversión.

Asimismo, vas a tener que demostrar al gobierno que eres responsable de la dirección y desarrollo de la inversión controlando por lo menos 50 por ciento del negocio, ejerciendo control operacional y ocupando un puesto de control ejecutivo en la empresa.

Procedimiento y duración de la estadía

A diferencia del resto de categorías, la visa E se puede solicitar directamente en el consulado de Estados Unidos sin una aprobación previa por parte de la USCIS. Por lo general, esta visa se concede por un período inicial de dos años, y puede ser renovada indefinidamente. Si estás en Estados Unidos, puedes cambiar tu estatus migratorio al de visa E. Para ello debes llenar el formulario I-129, adjuntar las pruebas requeridas por el gobierno y enviarlo a la USCIS.

VISA H

La visa H, una de las principales visas de trabajo usadas por la comunidad latina en Estados Unidos, está dividida en varias categorías.

Visa H-1B

Una de las categorías más polémicas en el contexto de una reforma migratoria corresponde a la visa H-1B, creada para trabajadores especializados, también llamados trabajadores profesionales.[16] Estados Unidos otorga, cada año fiscal, 65,000 de estas visas.[17] Y a partir del año fiscal 2005, el Congreso autorizó una cuota adicional de 20,000 cupos para profesionales extranjeros graduados con una maestría en universidades estadounidenses.[18]

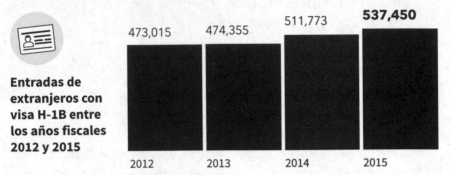

Entradas de extranjeros con visa H-1B entre los años fiscales 2012 y 2015

473,015   474,355   511,773   **537,450**

2012   2013   2014   2015

FUENTE: https://www.dhs.gov/immigration-statistics/yearbook/2015

Los criterios para la H-1B

La categoría H-1B es la principal visa de trabajo profesional. Tiene el objetivo de satisfacer la necesidad de las empresas de contratar trabajadores especializados. Para poder obtenerla, basta con que un empleador en Estados Unidos solicite tu traslado y que el puesto que te ofrece cumpla con uno de los siguientes requisitos establecidos por la Ley de Inmigración:

- La posición particular tiene un requisito mínimo de un título universitario o licenciatura, o un equivalente del mismo.
- El puesto tiene un requisito de *título de grado* que es común en la industria para puestos paralelos en organizaciones similares o, en caso contrario, el puesto es tan complejo y único que requiere un título de grado.
- Tu empleador normalmente exige un título de grado o su equivalente para el puesto.
- El trabajo es tan especializado y complejo que el conocimiento requerido para llevar a cabo los deberes laborales está típicamente asociado con la obtención de, como mínimo, un título universitario o licenciatura, o su equivalente.[19]

Para cumplir con los requisitos, tendrás que demostrar que eres profesional, lo cual se alcanza con solamente uno de los siguientes criterios:

- Posees un título universitario en la especialidad de la posición que te ofrece la empresa estadounidense.
- Tienes la licencia estatal requerida para ejercer tu profesión.[20]
- Tienes experiencia en la especialidad que equivale a un título universitario.[21]

Históricamente, la categoría H-1B ha incluido a contadores públicos, analistas financieros, ingenieros, profesores universitarios y profesiones en la industria de computación y programación informática, entre otros.

Los dependientes de personas con visa H-1B cumplen con los requisitos de la visa H-4, la cual no autoriza empleo en Estados Unidos, excepto en circunstancias en las cuales, por ejemplo, un proceso de residencia legal permanente se encuentre avanzado.

Procedimiento y duración de la estadía

Para presentar una petición de visa H-1B, tu empleador primero tiene que enviar una solicitud de condición laboral (*labor condition application*, LCA) al Departamento de Trabajo (US Department of Labor, DOL).[22] Esta solicitud, que se envía electrónicamente, fue ideada para proteger a los trabajadores estadounidenses y asegura que:

- Tu empleador te va a pagar un sueldo por encima del salario promedio de otras personas en posiciones parecidas en el área.
- Tus condiciones laborales no afectarán las condiciones laborales de trabajadores estadounidenses empleados en puestos similares.

- No estás reemplazando a un trabajador estadounidense que esté en huelga, participando en un cierre patronal o un cese de trabajo.
- Se le ha avisado a los empleados de tu empleador sobre el puesto que te ofrece.[23]

Tu empleador enviará a la USCIS la LCA con la petición de trabajador no inmigrante[24] (*petition for a nonimmigrant worker*) por medio del formulario I-129.

La clasificación H-1B se puede otorgar hasta por un máximo de seis años, en dos períodos de tres años cada uno. El último puede ser extendido si, antes del cumplimiento del quinto año de estadía, tu empleador inicia un proceso de residencia legal permanente (*green card* o tarjeta verde).

Específicamente, se extiende si antes de la expiración del quinto año con el estatus H-1B el individuo obtiene una fecha de prioridad, la cual puede ser otorgada a través de la entrega al gobierno de una certificación laboral o una petición inmigratoria. Si no, el individuo tendrá que obtener una fecha de prioridad a través de una petición inmigratoria. (En el capítulo 4 hablaremos más en detalle sobre este proceso).

¿SABÍAS QUE...?

El 18 de abril el presidente Trump emitió una orden ejecutiva titulada «Comprar Americano y Emplear Americanos» (Buy American and Hire American) en la cual requiere que el Procurador General, el Secretario del DOL y el Secretario del DHS promuevan reformas a la categoría H-1B para asegurar que se otorguen a los más calificados o los beneficiarios que sean mejor pagados.[25]

Tratados de libre comercio con Singapur y Chile

En 2004, Estados Unidos alcanzó acuerdos de libre comercio con Singapur y Chile. Como resultado de estas alianzas económicas, ciudadanos de ambos países pueden solicitar visas H-IB directamente en el consulado sin tener que presentar una petición ante la USCIS. Estos acuerdos reservan una cuota anual de 1,400 visas para profesionales chilenos y 5,400 para profesionales de Singapur, montos que son deducidos de la cuota anual total de visas H-1B.[26]

LCA, requisitos de mantenimiento de registro

Tanto los empleadores como los trabajadores extranjeros dentro de la categoría H-1B tienen que mantener ciertos registros con acceso público, los que además deben estar disponibles para el Departamento de Trabajo en caso de una auditoría. Los documentos requeridos en estos expedientes son aquellos que comprueban que el empleador está cumpliendo con los requisitos de la LCA.

Es importante que tu empleador se asesore bien con un abogado de inmigración, ya que si no cumple con estos requisitos puede ser multado, excluido del uso del programa H-1B e incluso quedar sujeto a penas criminales.

Visa H-1C

La clasificación de H-1C era para enfermeras extranjeras que venían a Estados Unidos temporalmente para prestar servicios como enfermeras registradas en un área de escasez de profesionales de la salud, según determinó el Departamento de Trabajo.[27] Esta categoría expiró en 2009; las últimas visas H-1C fueron otorgadas en 2012.

Visa H-2A

El programa H-2A permite a los empleadores de Estados Unidos o agentes estadounidenses contratar a trabajadores agrícolas.[28] Entre los requisitos para traer a un trabajador agrícola a Estados Unidos están los siguientes:

- Ofrecer un empleo de naturaleza temporal o estacional.
- Demostrar que no hay suficientes trabajadores estadounidenses capaces, dispuestos, cualificados y disponibles para realizar el trabajo temporal.
- Demostrar que la contratación de empleados mediante la visa H-2A no afectará los sueldos y las condiciones de trabajo de los empleados estadounidenses en tareas similares.
- Presentar una sola certificación de trabajo temporal válida emitida por el Departamento del Trabajo (Department of Labor) junto con la petición de visa H-2A.
- Ser ciudadano de uno de los países seleccionados por el DHS.

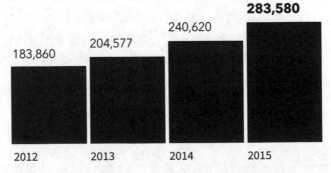

Entradas de extranjeros con visa H-2A entre los años fiscales 2012 y 2015

183,860 — 2012
204,577 — 2013
240,620 — 2014
283,580 — 2015

FUENTE: https://www.dhs.gov/immigration-statistics/yearbook/2015

Los empleadores o reclutadores de empleados agrícolas estadounidenses que cumplen con estos requisitos reglamentarios pueden traer un gran número de trabajadores extranjeros a Estados Unidos con el propósito de llenar puestos de empleos temporales en el rubro de la agricultura. Para hacerlo, deben llenar el formulario I-129 («Petición de trabajador no inmigrante») a nombre del posible empleado.

El reglamento de las visas H-2A señala que un trabajador agrícola que ha vivido en Estados Unidos con ese estatus migratorio por un período de hasta tres años (con renovaciones anuales), debe salir y permanecer fuera del país por un período ininterrumpido de tres meses antes de solicitar una autorización para poder entrar de nuevo como trabajador temporal no inmigrante H-2A.

Visa H-2B

El programa H-2B permite a empleadores estadounidenses o agentes de Estados Unidos que cumplen con ciertos requisitos reglamentarios contratar a trabajadores extranjeros de ciertos países en puestos temporales no agrícolas. Incluye trabajadores temporales no profesionales tales como obreros que vienen a Estados Unidos a laborar en carnavales, circos, industria forestal, balnearios y ciertas actividades agrícolas como pastoreo, entrenadores y atletas.[29] También la utilizan trabajadores domésticos y jardineros.

Para cumplir con los requisitos, el empleador tiene que comprobar que no hay suficientes trabajadores estadounidenses que estén capacitados, dispuestos, calificados y disponibles para realizar el trabajo temporal. También tiene que demostrar que el empleo de trabajadores H-2B no afectará negativamente los salarios y las condiciones de trabajo de los trabajadores estadounidenses. Por último, el empleador va a tener que demostrar que la necesidad de servicios o mano de obra del trabajador potencial es temporal.

La visa H2B puede durar hasta un año y pueden solicitarse dos extensiones con un máximo total de tres años. Cuando se cumplen tres años de estadía, el obrero debe salir del país y esperar por lo menos tres meses antes de hacer una nueva solicitud bajo esta categoría.

La ley requiere que el empleador solicite una certificación laboral, trámite que puede llevarse a cabo en línea a través de la página digital del Departamento de Trabajo de Estados Unidos[30] (US Department of Labor, DOL). El reglamento también indica que el portador de la visa H-2B puede traer a su cónyuge e hijos menores de 21 años solteros, quienes reciben la visa H4. Con ese documento pueden permanecer legalmente en Estados Unidos, pero no tienen permiso para trabajar en el país.

Entradas de extranjeros con visa H-2B entre los años fiscales 2012 y 2015

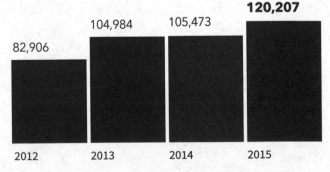

FUENTE: https://www.dhs.gov/immigration-statistics/yearbook/2015

Al igual que con la H-1B, se concede un número limitado de visas durante un año fiscal. El límite de visas H-2B es 66,000 por año

Contexto histórico

El programa fue creado por el Congreso en 1943 para permitir la llegada de trabajadores para cubrir la falta de campesinos estadounidenses en la industria de la caña de azúcar. En los ochenta, el programa se dividió en las dos categorías que hoy conocemos.

---

fiscal, con 33,000 para los trabajadores que comienzan a trabajar en la primera mitad del año fiscal (del 1 de octubre al 31 de marzo) y 33,000 para los trabajadores que comienzan el empleo en la segunda mitad del año fiscal (del 1 de abril al 30 de septiembre). Si el número de trabajadores con la H-2B contratados en la primera mitad del año fiscal es menor de 33,000, la diferencia estará disponible para los empleadores que buscan contratar trabajadores H-2B durante la segunda mitad del año fiscal.

Visa H-3

La visa H-3 permite a ciudadanos extranjeros recibir capacitación en cualquier campo de trabajo, siempre y cuando no sea una educación médica o capacitación de postgrado. También la pueden usar visitantes de intercambio para participar en un programa de entrenamiento que da capacitación práctica y experiencia en la educación de niños con discapacidades físicas, mentales o emocionales.[31]

VISA L

La visa L se usa para transferencia internacional de ejecutivos o empleados con conocimiento especializado de compañías extranjeras con presencia en Estados Unidos y en el exterior.[32] Solo califican aquellos que llevan al menos un año de los últimos tres trabajando

Entradas de extranjeros con visas L entre los años fiscales 2012 y 2015

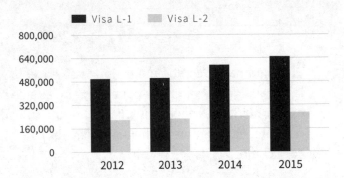

FUENTE: https://www.dhs.gov/immigration-statistics/yearbook/2015

para la empresa internacional, siempre y cuando demuestren que serán contratados por una empresa relacionada en territorio estadounidense, donde desempeñarán un puesto gerencial, ejecutivo o que requiera conocimiento especializado.[33]

Los dependientes cumplen los requisitos de la categoría L-2 y a los cónyuges se les puede conceder autorización de empleo.

Criterio básico para la categoría L-1

La disponibilidad de la clasificación L-1 para un caso en particular depende de los siguientes criterios:

- La relación entre la compañía extranjera que transfiere al empleado y la empresa o sucursal a la que el individuo extranjero será transferido.
- El período de tiempo por el cual la persona transferida ha trabajado en la compañía extranjera.
- Las obligaciones laborales de la persona transferida tanto en Estados Unidos como en el exterior.[34]

Puedes ser elegido para la clasificación L-1 si cumples con los siguientes requisitos:

- Dentro de los tres años anteriores a la presentación de la solicitud, has estado trabajado en el extranjero continuamente por un año en una empresa hermana de la compañía estadounidense.

- Vienes a Estados Unidos para ser empleado por una casa matriz, sucursal, filial o subsidiaria de tu empleador en el exterior.
- Tu empleo consistirá en un puesto gerencial o ejecutivo, o en una posición que requiere conocimiento especializado.[35]

Procedimiento y duración de la estadía

Con la excepción de las visas de la categoría *L Blanket,* de las que hablaremos más adelante, la petición inicial de la visa L se presenta ante la USCIS. Una vez que se recibe la aprobación, tendrás que solicitar una visa en un consulado de Estados Unidos.[36]

Un gerente o ejecutivo con visa L-1A puede permanecer en Estados Unidos por un período de siete años, mientras que el personal con «conocimiento especializado» (visa L-1B) puede permanecer solo por cinco años.

La visa L-1 se concede por un período inicial de tres años, a menos que la persona venga a ocupar una «oficina nueva». El reglamento señala que una oficina nueva es aquella que ha estado realizando negocios en Estados Unidos por menos de un año.[37] En ese caso, la visa se concede por un año. De ahí en adelante, el beneficiario podrá gozar de extensiones de dos años hasta alcanzar el máximo número de años permitido según ese tipo de visa, siempre y cuando continúe ejerciendo la misma capacidad y pueda demostrar que la empresa que lo contrató sigue vigente.

Una vez que alcance el máximo número de años permitido, la persona extranjera deberá salir de Estados Unidos durante por lo menos un año antes de poder ser elegido para una nueva visa L-1.

Actualmente no hay límite para la emisión de visas L. De todos modos, el gobierno estadounidense ha indicado que impondrá mayores restricciones a esta clasificación, por ejemplo un tope potencial.

Contexto actual

Recientemente ha surgido una discusión referente al potencial abuso de las visas tipo H-1B y L-1 por parte de compañías de consultoría, la mayoría de ellas con domicilio en la India. Esas compañías han ido incrementando el número de solicitudes tipo H-1B, consumiendo la mayoría de las 85,000 visas otorgadas anualmente por el gobierno estadounidense. También han estado utilizando la visa L-1 para traer a trabajadores del exterior y satisfacer la demanda de sus clientes, generalmente con sueldos por debajo de lo que reciben los trabajadores estadounidenses.[38] En los últimos años, estas visas han sido fuente de demandas por parte de trabajadores locales, quienes reclaman abuso por parte de estas compañías. Como demostró en su orden ejecutiva del 18 de abril de 2017, el gobierno del presidente Trump ha indicado que estas categorías de visas serán estudiadas y enmendadas para eliminar los abusos.[39]

Puestos ejecutivos, gerenciales y de conocimiento especializado

Los términos «puesto ejecutivo», «puesto gerencial» y «conocimiento especializado» están claramente definidos en la ley y determinan si te van a otorgar o no una visa L-1A o L-1B.

La categoría L-1A está dirigida a personas que vienen a trabajar en un «puesto ejecutivo» o en un «puesto gerencial». En el caso de ejecutivos, la visa L-1A implica una posición en la que el empleado ejerce una de las siguientes funciones:

- Dirige la administración de la organización o desempeñará un cargo de mayor jerarquía.
- Establece metas y políticas de la empresa.
- Ejercita un amplio poder en la toma de decisiones.
- Recibe solo supervisión o dirección general de niveles más altos que el ejecutivo, el comité directivo o accionistas de la empresa.[40]

La L-1A también está reservada para personas que vienen a trabajar en un puesto gerencial. Para cumplir con los requisitos de un puesto gerencial, tienes que demostrar alguna de estas situaciones:

- Tu puesto será el de administrador principal de la empresa.
- Serás el administrador de una subdivisión, componente o sucursal de la compañía.
- Bajo tu supervisión controlarás el trabajo de otros empleados, supervisores, profesionales o gerentes.
- Tu puesto implica que desempeñarás una función esencial dentro de la compañía, el departamento o la subdivisión de la empresa.[41]

Para ser considerado gerente, el solicitante de la visa debe tener la autoridad para contratar, despedir o recomendar esas y otras acciones sobre otro personal. Si no existe la supervisión directa, el empleado va a tener que trabajar en un nivel de alto rango o ejercer importantes responsabilidades dentro de la jerarquía de la empresa, o con respecto a la función que maneja dentro de ella, o ejercitar poder de decisión sobre el día a día de la operación de esa actividad o función.

En el caso de la L-1B, esa categoría es para personas con «conocimiento especializado», es decir que se centraliza en un conocimiento intelectual y específico del producto fabricado o servicio brindado por la empresa dentro de una compañía en particular, y este conocimiento, además, debe ser poco común y avanzado en la industria.[42]

Características de un empleado con conocimiento especializado:

- Posesión de un conocimiento valioso para la competitividad del empleador en el mercado.
- Que el conocimiento del empleado contribuirá, ayudará y mejorará las condiciones de competencia de su empleador en el extranjero.
- Ser utilizado como empleado clave en el exterior, y que su aporte haya sido significativo para la mejora de la productividad, competitividad, imagen o posición financiera del empleador.
- Poseer un conocimiento que solo se puede obtener a través de su extensa experiencia anterior con ese empleador.

Peticiones *blanket*

Una petición *blanket* le permite al beneficiario solicitar la visa directamente en un consulado estadounidense sin presentar una petición individual ante USCIS. Esto no solo acelera el proceso de solicitud, sino que además elimina los costos asociados a las presentaciones de una solicitud ante el servicio de inmigración. Para calificar bajo este programa el empleador debe cumplir con los siguientes requisitos:

- El empleador y cada una de las organizaciones calificadas (empresas hermanas, afiliadas, subsidiarias o casa matriz, entre otras) deben estar comprometidos en relaciones comerciales o de servicios.
- El empleador debe tener una oficina en Estados Unidos que haya estado operando en el negocio por un año o más.
- El empleador debe tener tres o más sucursales, subsidiarias o filiales en el mercado doméstico o en el exterior.
- La empresa y sus organizaciones calificadas deben haber obtenido la aprobación de al menos 10 peticiones individuales L-1 en los últimos 12 meses.
- El solicitante debe tener subsidiarias o filiales en Estados Unidos, cuyas ventas anuales combinadas sumen al menos 25 millones de dólares, o tener una fuerza laboral en Estados Unidos de al menos mil empleados.[43]

Una petición *blanket* tiene un período inicial de aprobación de tres años, pero de ahí en adelante puede ser extendida indefinidamente.

En el caso de una L-1B bajo el programa *blanket* no es suficiente el conocimiento especializado. Tienes que demostrar que eres un profesional con conocimiento especializado y debes tener un título de grado profesional. Por lo tanto, si quieres solicitar una L-1B directamente en el consulado tienes que demostrar que tienes un título universitario relacionado con tus funciones.

LA VISA O

La Ley de Inmigración estableció la categoría O para facilitar el ingreso al territorio nacional de personas con habilidad extraordinaria en negocios o las artes, así como personas con un reconocimiento extraordinario en la industria de la televisión o el cine.[44] Específicamente, existen cuatro subdivisiones de la visa O:

- **Visa O-1A.** Para personas con habilidades extraordinarias en las ciencias, educación, negocios o atletismo (sin incluir las artes, la industria de películas o la industria televisiva).[45]
- **Visa O-1B.** Para personas con habilidades extraordinarias en las artes o logros extraordinarios en la industria de películas o la industria televisiva.[46]
- **Visa O-2.** Para personas que acompañarán al artista o atleta O-1 a asistir a un evento o una presentación específica. Para el O-1A, la asistencia del O-2 debe ser una «parte integral» de sus actividades. Para el O-1B, la asistencia del O-2 debe ser «esencial» para la conclusión de la producción.
- **Visa O-3.** Para dependientes de O-1. No concede autorización de empleo.

Estas solicitudes no pueden ser tramitadas por la persona de habilidad extraordinaria o reconocimiento extraordinario. El reglamento señala que la visa O-1A debe tramitarla una empresa patrocinadora, en tanto que la visa O-1B la debe gestionar una empresa o un agente. Estas solicitudes son complicadas y requieren documentación específica señalada por la Ley de Inmigración. Por lo tanto, para que el gobierno apruebe tu solicitud, vas a necesitar un abogado de inmigración para que te asesore adecuadamente sobre los distintos criterios de la ley.

LA VISA TN (O TLC)

Esta categoría de visa está reservada exclusivamente para mexicanos y canadienses, socios del Tratado de Libre Comercio (TLC) con Estados Unidos firmado en 1994.[47] En el marco de este acuerdo, el gobierno de Estados Unidos publicó una lista detallada de las profesiones que cumplen con los requisitos para la visa TN; los

Entradas de extranjeros con visas TN y TD entre los años fiscales 2012-2015

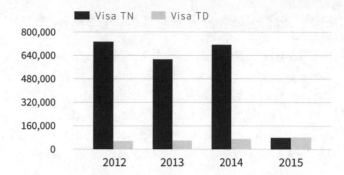

FUENTE: https://www.dhs.gov/immigration-statistics/yearbook/2015

Contexto histórico

El TLC tiene como objetivo promover y facilitar el comercio entre Estados Unidos, Canadá y México. Además de eliminar tarifas y otras barreras no comerciales, facilita el cruce de la frontera a gente de negocios desde cada país.

Estados Unidos y Canadá han disfrutado de los beneficios del Tratado de Libre Comercio conocido como CFTA (Canada-US Free Trade Agreement) desde el 1 de enero de 1989. Sus cláusulas de inmigración facilitaron el ingreso de ciudadanos estadounidenses y canadienses profesionales (o profesionistas) bajo la clasificación TC (Trade Canadá). A principios de 1994 se adoptó el Tratado de Libre Comercio de América del Norte (North American Free Trade Agreement, NAFTA), y su cobertura incorporó a canadienses y mexicanos con objetivos de inmigración. La nueva categoría fue rebautizada como TN.

En mayo del 2017 el presidente Trump informó al Congreso su intención de renegociar el TLC. El énfasis inicial ha sido el comercio entre los tres países y no se sabe si la categoría TN será discutida y afectada por estos cambios.

dependientes de los trabajadores que reciben una visa TN pueden recibir una visa TD.

Quien porte esta visa requiere demostrar su intención de regresar a su país de origen, por lo que es conveniente que no permanezca por muchos años bajo esta categoría. Mientras más tiempo viva en Estados Unidos, más difícil será demostrar que su intención es vivir temporalmente en el país, lo cual aumenta sus probabilidades de que le nieguen una visa o su ingreso en el futuro.

Criterio bajo el TLC

Los canadienses y mexicanos cuya profesión está incluida en la lista de profesiones especificadas por el TLC cumplen con los requisitos para tramitar la visa TN, la cual es válida por un año y puede ser renovada. En el Apéndice 2 aparece la lista de profesiones especificadas que muestra los requisitos educacionales mínimos para cada profesión. La ocupación de los solicitantes debe estar comprendida en esta la lista para que se les otorgue el ingreso a Estados Unidos bajo la categoría TN.[48]

TN para profesionales mexicanos

Los canadienses pueden hacer una solicitud para entrar al país por medio de esta categoría directamente con un agente federal en un puerto de entrada. Sin embargo, para un profesional mexicano —o profesionista, como se dice en México— el proceso es distinto al de un canadiense, ya que requiere que el profesional solicite una visa TN en una embajada o el consulado estadounidense y no necesita obtener la aprobación de la USCIS; solo tiene que solicitar la visa antes de buscar la entrada al país. Aunque otorgan la visa por un año, al llegar a un puerto de entrada la CBP generalmente concede un período de admisión de tres años.

Para obtener una extensión de permanencia en Estados Unidos, los mexicanos bajo la categoría TN, al igual que los canadienses, pueden hacer una petición ante la USCIS. En el caso de los mexicanos que deciden abandonar el territorio estadounidense, necesitarán solicitar nuevamente una visa en un consulado o embajada como primer paso para entrar de nuevo.

EL RESTO DE LAS CATEGORÍAS

A continuación, aparecen resúmenes del resto de las visas mencionadas en la Ley de Inmigración.

Visa A

Esta visa se concede a diplomáticos, empleados de misiones diplomáticas, familiares de diplomáticos y empleados domésticos de funcionarios diplomáticos.[49]

El Departamento de Estado explica que, para obtener una visa A, el solicitante debe viajar a Estados Unidos como representante de su gobierno nacional, y podrá realizar únicamente actividades oficiales para su gobierno. Los representantes de gobiernos locales (provinciales) no cumplen con los requisitos para obtener esta visa. Además, aclara que los diplomáticos que permanezcan menos de 90 días en el país recibirán una visa con una anotación de TDY (misión temporal, *temporary duty*).

Esta visa tiene tres categorías:

- **Visa A-1.** Para jefes de Estado, ministros, embajadores o funcionarios diplomáticos de carrera y sus familiares inmediatos o directos (cónyuges e hijos).
- **Visa A-2.** Para uso de otros empleados o funcionarios de gobiernos extranjeros (secretarios de embajadas o agregados) que no cumplen con los requisitos de la visa A-1 y sus familiares inmediatos.
- **Visa A-3.** Para personal empleado por portadores de visas tipo A-1 y A-2, tales como ayudantes o personal doméstico y familiares inmediatos.

Visa B

Esta visa se concede a visitantes por negocios o a turistas. (De esta categoría hablaremos en el capítulo 3). Las visas B (1 y 2) de no inmigrante son las más solicitadas en todo el mundo para entrar y permanecer en Estados Unidos. Se utilizan para venir de vacaciones, turismo, viajes de negocios, celebrar contratos y participar en conferencias o asistir a ellas, entre otras actividades.

Visa C

Esta visa se concede a pasajeros en tránsito inmediato y continuo por Estados Unidos, ya sea de paso por un aeropuerto o un puerto marítimo.[50] Está subdividida en tres:

- **Visa C-1.** Para cualquier extranjero que toque un puerto de entrada (marítimo o aéreo) en Estados Unidos.
- **Visa C-2.** Para personal de gobiernos extranjeros en tránsito y sus familiares inmediatos.
- **Visa C-3.** Para empleados contratados por diplomáticos o funcionarios de gobiernos y organismos internacionales portadores de visa tipo C-1 y C-2 en tránsito y sus familiares inmediatos.

Durante el año fiscal 2016 el Departamento de Seguridad Nacional (DHS) registró 325,192 entradas de extranjeros con visas tipo C.

Visa D

La categoría D es para tripulantes de aviones o barcos (pilotos, auxiliares de vuelo, sobrecargos y marinos) que requieren permanecer de manera temporal en Estados Unidos para partir en un tiempo breve en el mismo avión o barco.[51]

Visa F

Esta es una categoría popular, ya que es la visa usada por estudiantes para poder asistir a escuelas en Estados Unidos.[52] Generalmente, esta visa tiene una duración igual al tiempo estimado que tomará el programa de estudios determinado por un formulario I-20 emitido por la institución académica. Sus portadores pueden viajar y permanecer en territorio estadounidense en compañía de sus familiares directos (cónyuges e hijos), a quienes se les otorgan visas F-2. Sin embargo, los acompañantes no podrán trabajar durante su estadía.

- **Visa F-1.** Para estudios académicos. Se otorga a extranjeros que deseen realizar estudios en una universidad, un instituto de educación superior o una escuela de idiomas, entre otras.
- **Visa F-2.** Familiares inmediatos (cónyuges e hijos de los portadores de F-1).

¿SABÍAS QUE...?

La visa F-1 comenzó a ser muy regulada después de los atentados terroristas del 11 de septiembre de 2001.
Se requiere que la escuela que la solicita supervise constantemente al estudiante. Ese proceso lo regula la oficina de asuntos para estudiantes extranjeros en universidades y colegios. En entidades más pequeñas, la administración de la institución se responsabiliza de la supervisión.

Los estudiantes bajo esta categoría pueden calificar para una autorización de empleo durante o después de su graduación. Ese tiempo, llamado período de entrenamiento práctico (*curricular*

Entradas de extranjeros con visas F-1 y F-2 entre los años fiscales 2012 y 2015

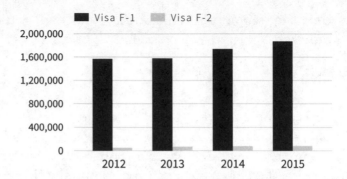

FUENTE: https://www.dhs.gov/immigration-statistics/yearbook/2015

practical trainning u *optional practical training),* permite a un estudiante trabajar en Estados Unidos en el área de estudio correspondiente al título obtenido. Si reúnes los requisitos para este beneficio, tendrás que hablar con el representante de la escuela para solicitar esa autorización.

Visa G

La visa G está reservadas para trabajadores de gobiernos u organizaciones internacionales y la Organización del Tratado del Atlántico del Norte (OTAN). Está subdividida en las siguientes categorías:

- **Visa G-1.** Para representantes de gobiernos que trabajan en organizaciones internacionales cuya sede se encuentra en Estados Unidos, como la Organización de Naciones Unidas (ONU), la Organización de Estados Americanos (OEA), el Banco Mundial (BM), el Fondo Monetario Internacional (FMI), la Cruz Roja Internacional, etcétera. Incluye a los miembros del personal del portador de la visa y sus familiares directos (cónyuges e hijos).
- **Visa G-2.** Para otros trabajadores de gobiernos que trabajan en organizaciones internacionales tales como representantes acreditados de gobiernos y sus familiares, quienes se incorporarán al trabajo de un organismo internacional cuya sede se ubica en Estados Unidos.

- **Visa G-3.** Para representantes o delegados de gobiernos que no pertenecen a organismos internacionales, pero que viajan a Estados Unidos para asistir a eventos o actividades de organismos mundiales. Cubre también a familiares directos (cónyuges e hijos).
- **G-4.** Para funcionarios de organismos internacionales cuya sede se ubica en Estados Unidos y sus familiares directos.
- **G-5.** Para personal de apoyo o servicio (y sus familiares directos) de todos los funcionarios portadores de visas tipo G.[53]

En el año fiscal 2015 el Departamento de Estado registró 161,354 entradas de extranjeros con visas tipo G.[54]

(FUENTE: https://www.dhs.gov/immigration-statistics/yearbook/2015)

Visa I

La visa I se concede a representantes de medios de comunicación extranjeros, corresponsales de prensa extranjera acreditados en Estados Unidos (prensa, radio, televisión, cine, digital).[55] Esta visa se solicita directamente en una embajada o en un consulado y, para reunir sus requisitos, el solicitante debe demostrar a un cónsul que es un representante de buena fe de un medio extranjero y que su trabajo es esencial para las funciones del medio para el que trabaja. A través de la entrevista, un funcionario consular de la embajada de Estados Unidos determinará si su actividad reúne las condiciones necesarias para obtener una visa I de no inmigrante.

La visa I es válida mientras el periodista continúe trabajando para el mismo empleador.

Visa J

La visa J se concede a personas que viajan a Estados Unidos con el propósito de realizar estudios académicos, como visitante de intercambio educativo y cultural, o para adiestrarse como parte de un programa de intercambio reconocido oficialmente por el gobierno de Estados Unidos.[56]

- **Visa J-1.** Para el estudiante o visitante de intercambio.
- **Visa J-2.** Para familiares directos (cónyuges e hijos) de un portador de la visa J-1.

Toma en cuenta que si recibes entrenamiento en Estados Unidos amparado en una visa J, es posible que seas sujeto al requisito legal de regresar a tu país de origen por un período de dos años antes de poder reingresar al país bajo una visa de trabajo o visa de inmigrante. Por lo tanto, es importante que te asesores bien antes de usar una visa J para entrar a Estados Unidos.

Visa K

La visa K se concede a prometidos (novios) o prometidas (novias) de ciudadanos estadounidenses o a cónyuges de estos, si se han casado en el extranjero.[57]

- **Visa K-1.** Para el novio o la novia de un ciudadano estadounidense que viaja a Estados Unidos con el propósito de contraer matrimonio. El matrimonio debe realizarse dentro de los 90 días después del ingreso al territorio nacional.
- **Visa K-2.** Hijos menores de 21 años solteros del portador de una visa tipo K-1.

Los seis primeros pasos

1. Un ciudadano estadounidense presenta el formulario I-129F.
2. La USCIS revisa los documentos que acompañan el formulario I-290F.
3. La USCIS verifica los antecedentes del peticionario y del beneficiario de la visa (el novio o la novia).
4. La USCIS aprueba el formulario I-129F.
5. La USCIS envía la petición aprobada al Centro Nacional de Visas del Departamento de Estado (DOS).
6. Entrevista con un cónsul en una embajada o un consulado para determinar la legitimidad del compromiso.

Visa M

La visa M es muy parecida a la F-1 (que ya explicamos), porque también es para estudiantes. La diferencia es que se concede para realizar ciertos estudios específicos, como programas vocacionales o no académicos (estudios técnicos, por ejemplo), cursos de cocina, idiomas o cursos de vuelo.[58] Esta visa tiene dos categorías:

- **Visa M-1.** Los estudiantes con visa M-1 solo pueden tomar clases en el establecimiento que aprobó la solicitud. A diferencia de la visa F-1, no se permite el cambio de carrera. Los estudiantes solo pueden trabajar dentro de las instalaciones donde reciben clases o en una pasantía. El portador de la visa M-1 puede salir y entrar a Estados Unidos, y traer a sus familiares directos (cónyuge e hijos menores de 21 años y solteros).
- **Visa M-2.** Para los familiares inmediatos (cónyuges e hijos menores de edad) de un portador de visa M-1. No incluye autorización de empleo.

Entre los años fiscales 2012 y 2015, los puertos de entrada a Estados Unidos registraron 77,118 entradas con visa M-1 y 4,860 entradas con visa M-2.

(FUENTE: https://www.dhs.gov/immigration-statistics/yearbook/2015)

Visa P

La visa se concede a personas que vienen a Estados Unidos temporalmente para presentarse en una competición atlética específica como atleta, individualmente o como parte de un grupo o equipo, que se desempeñará en virtud de un programa de intercambio recíproco entre una organización de Estados Unidos y una organización de otro país o programa culturalmente único.[59] Esta visa tiene cuatro categorías:

- **Visa P-1.** Para atletas o miembros de un equipo o grupo de entretenimiento reconocidos.
- **Visa P-2.** Para artistas que viajan a Estados Unidos en un programa de intercambio recíproco.
- **Visa P-3.** Para artistas que se desarrollen bajo un programa que es culturalmente único y que tenga reconocimiento internacional.

Entre los años fiscales 2012 y 2015, el Departamento de Seguridad Nacional (DHS) registró 473,431 entradas de extranjeros con visas P-1, P-2, P-3 y P-4.

FUENTE: https://www.dhs.gov/immigration-statistics/yearbook/2015

- **Visa P-4.** Para familiares directos (cónyuges e hijos) de portadores de una visa tipo P.

Es importante tener en cuenta que el término «artista» o «profesional de la industria del entretenimiento», además de actores, músicos, cantantes y bailarines, incluye a técnicos (electricistas, maquilladores, integrantes de equipos de filmación, etcétera).

Visa Q

La visa Q se concede exclusivamente a visitantes por intercambio cultural.[60] Esta visa tiene dos categorías:

- **Visa Q-1.** Para visitantes que participan en un programa de intercambio cultural. La clasificación corresponde a participantes en un programa cultural internacional con el propósito de otorgar entrenamiento práctico, trabajo e intercambio cultural, histórico y de tradiciones del país de origen del extranjero.
- **Visa Q-2.** Para familiares inmediatos (cónyuge e hijos) del portador de una visa Q-1.

A diferencia de la visa J, que es designada por el Departamento de Estado, la visa Q de no inmigrante es para programas de intercambio designados por la Oficina de Ciudadanía y Servicios de Inmigración. El intercambio cultural, advierte la oficina, «debe tener el propósito de proporcionar capacitación práctica, empleo y el intercambio de la historia, cultura y tradiciones del país de origen del extranjero con Estados Unidos».

Visa R

La visa R la utilizan extranjeros que viajen temporalmente a Estados Unidos para trabajar en una organización de tipo religioso sin fines de lucro por un mínimo de 20 horas semanales.[61] Pueden optar a ella los ministros para conducir oficios y tareas usualmente desarrolladas por miembros del clero, entre ellas administrar los sacramentos. Los predicadores pueden optar a esta visa.

Los beneficiarios de la visa R deben llevar una vida dedicada a la religión (rabinos, imanes, clérigos, monjas, monjes, curas), o una actividad que involucre y se relacione con el desarrollo de una vida religiosa tradicional, tal como catequistas, trabajadores de hospitales religiosos o misioneros. Incluye a familiares directos (cónyuges e hijos menores de edad solteros). Existen dos tipos de visa R:

- **Visa R-1.** Para el trabajador religioso.
- **Visa R-2.** Para los familiares inmediatos del religioso (cónyuge e hijos menores de edad del portador de una R-1). Los portadores de la visa R-2 no están autorizados a conseguir un empleo.

«Visa» humanitaria

La «visa» humanitaria (*humanitarian parole*) no se refiere a un sello o ingreso con un tipo de visa, sino a una autorización para entrar al territorio nacional otorgada por decisión del Procurador General de Justicia de Estados Unidos. Se trata de un permiso condicional, una medida extraordinaria usada para admitir la entrada temporal por razones de emergencia a Estados Unidos a alguien que, de otra forma, no podría entrar. El permiso condicional humanitario puede ser solicitado solo por personas que se encuentran fuera de Estados Unidos.

CÓNYUGES Y FAMILIARES

En la mayoría de estas categorías, los familiares inmediatos del portador de una visa (cónyuge e hijos menores de edad y solteros) pueden recibir una visa derivada como dependiente, que concede permiso de ingreso y estadía por el mismo período de tiempo que el receptor del visado principal, pero no concede autorización para trabajar en Estados Unidos, excepto con notables excepciones en las visas tipo L, E y, en algunos casos, la H.

Como dependientes, estos inmigrantes no necesitan que la USCIS les apruebe una solicitud al menos de que ya se encuentren en territorio estadounidense o estén en proceso de tramitar una extensión de estadía. En estos casos, solo tienen que comprobar la relación familiar con el portador principal de la visa, lo cual se demuestra con documentos como actas de nacimiento y certificados de matrimonio.

LA VISA NO OTORGA ESTADO INMIGRATORIO EN ESTADOS UNIDOS

A menos que se trate de una visa que permita una solicitud inmediata en el consulado, toda persona que desee ingresar a Estados Unidos va a necesitar que la USCIS le apruebe una solicitud de visa. Si la solicitud de visa es aprobada, el consulado te sellará el pasaporte con información relacionada a la categoría de visa que tramitaste. Pero debes tener en cuenta que una visa no significa un permiso automático de entrada. Recuerda que tampoco otorga estado de permanencia.

La visa es una estampa que solo indica que la solicitud que presentaste fue revisada por un cónsul que determinó, luego de verificar tu identidad y antecedentes, que reúnes las condiciones para entrar a Estados Unidos con un fin específico. Pero el estatus migratorio es la categoría que obtienes al entrar legalmente al

El gobierno ya no emite un documento I-94, a menos que el ciudadano extranjero entre por un puerto fronterizo. Por lo tanto, no esperes recibir ese documento cuando ingreses a Estados Unidos. Lo puedes conseguir en línea, visitando www.cbp.gov.

país. Y eso lo determina el agente de la CBP que te recibe en el puerto de entrada.

Recuerda, además, que solo estás autorizado a permanecer en Estados Unidos por un período de tiempo determinado por la categoría de visa que te han autorizado. Por lo tanto, es importante que cuando llegues al país muestres tu visa, y cuando te pregunten cuál es el propósito de tu viaje, respondas lo mismo que dijiste en el consulado cuando pediste la visa.

Bajo ciertas circunstancias, el ciudadano extranjero que llega a Estados Unidos tiene más de una visa en el pasaporte. Generalmente, también traen la B-1 y la B-2. Por lo tanto, es clave que al momento de entrar al país el agente de la CBP te otorgue la entrada según la visa correcta. Por ejemplo, si vienes a trabajar, deben darte la entrada con la visa de trabajo estampada en el pasaporte, y que explicamos en este capítulo. Y si el motivo de tu viaje es negocios o turismo (B-1 y B-2), debes darle esta información al agente para que te otorgue la entrada bajo esa categoría y no otra.

MUY IMPORTANTE

Cuando te dan entrada a Estados Unidos, el agente de la CBP te sellará el pasaporte y hará una nota en el sistema electrónico de inmigración. Si te percatas de que te están permitiendo la entrada bajo una categoría incorrecta, díselo al agente para que lo corrija. No reparar el error podría tener implicaciones negativas en tu historial, e incluso afectar tus derechos de permanencia en el futuro.

CAMBIOS SUSTANCIALES Y NO SUSTANCIALES EN EL EMPLEO

Si te autorizan a entrar con una visa de trabajo, tendrás que presentarte a trabajar en la empresa que te patrocinó para ejercer las funciones descritas en la solicitud que fue aprobada por el gobierno. Si tu empleador contempla cambios sustanciales en tu empleo, va a tener que solicitar una enmienda a la USCIS. Los cambios sustanciales incluyen no solo cambios laborales, sino también modificaciones fundamentales en las características básicas de la empresa, por ejemplo la fusión, adquisición o venta de una división en donde estás trabajando.

Si el gobierno no aprueba los cambios que se solicitan, puede afectar tu estado de permanencia legal en el país. Por lo tanto, es importante que tu patrocinador se asesore bien sobre los criterios de tu autorización con un asesor legal, antes de gestionar el cambio. Por otra parte, si tu empleo termina, el empleador generalmente tendrá que enviar una carta a la USCIS para notificarle de este cambio en las condiciones de empleo.

Si un empleador despide a un trabajador extranjero antes de que el período de permanencia H-1B termine, el empleador es responsable por el costo razonable de su traslado a su país de origen.

SOLICITUD DE RESIDENCIA PERMANENTE

La USCIS reconoce el concepto de «doble intención», el cual indica que un ciudadano extranjero puede llegar legítimamente a Estados Unidos como no inmigrante y en este país tratar de conseguir la residencia permanente. Este beneficio se les concede a los portadores de las visas H, K, L y V, entre otras.

Personas con estas visas pueden proceder con un proceso inmigratorio sin preocuparse de tener que comprobar la intención de regresar a su país de origen.

Las claves para entender las principales visas para entrar a Estados Unidos

- Existen cerca de 65 clases de visa para entrar a Estados Unidos.
- Cada una de las visas tiene su propio reglamento.
- Las visas E solo las utilizan inversionistas o comerciantes de países que tienen tratados comerciales con Estados Unidos y empleados de la misma nacionalidad, que vienen en capacidad gerencial, ejecutiva o esencial.
- Las visas H son las más utilizadas por los latinos.
- Las visas H-1B son para profesionales (o profesionistas).
- Estados Unidos distribuye 85,000 visas H-1B cada año.
- Las H-2A las emplean los trabajadores agrícolas.
- Las visas L solo las utilizan los ejecutivos o empleados con conocimiento especializado.
- Las visas TN solo sirven para ciudadanos de México y Canadá.
- Quienes entran a Estados Unidos con una visa J deben regresar a su país de origen una vez finalizado el programa de estudios.
- Recuerda que la visa no otorga estado inmigratorio en Estados Unidos. El estado inmigratorio lo obtienes cuando el agente de la CBP te da el ingreso al país por un puerto de entrada.
- La mayoría de las visas derivadas para acompañantes (cónyuges o hijos menores de edad) permiten estar legalmente en Estados Unidos, pero no incluyen una autorización de empleo.
- Algunas visas tienen lo que se denomina «doble intención», es decir, permiten que quien las porta pueda obtener la residencia legal permanente (*green card* o tarjeta verde).

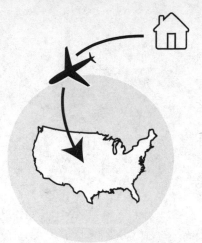

CAPÍTULO 3

LA VISA DE NO INMIGRANTE TIPO B1/B2

Para viajes de negocios o turismo a Estados Unidos

Las visas temporales de no inmigrante B1/B2 son los permisos o tipos de entrada a Estados Unidos más comunes. Se solicitan directamente en una embajada o un consulado y las utilizan personas provenientes de todo el mundo, e incluso algunos no están obligados a llevarla impresa en el pasaporte, pero entran y permanecen en el país bajo las mismas condiciones, como si las tuvieran.[1]

PUNTOS CLAVE

En este capítulo encontrarás información útil sobre la visa B1/B2 para negocios o turismo:

- Para qué sirven las visas B1.
- Para qué sirven las visas B2.
- Dónde y cómo se solicitan.
- Quiénes cumplen los requisitos para ambas categorías.
- Cuáles son los requisitos.
- Quién las otorga.
- Cuánto tiempo duran.
- Cuántas entradas a Estados Unidos se permiten.
- Cuánto tiempo puedes permanecer en Estados Unidos con estas visas.
- ¿Se puede cambiar de estatus migratorio? ¿Cómo?
- ¿Qué sucede si te quedas más tiempo del permitido?
- La Ley del Castigo o Ley de los Diez Años.

Estados Unidos es el país más visitado del mundo. El servicio de inmigración registra anualmente más de 170 millones de entradas legales,[2] sea por un puerto fronterizo aéreo, terrestre o marítimo (una persona puede entrar múltiples veces). De ellas, más de 46,600,000 entradas están relacionadas con la visa B1/B2, y no incluyen las más de 1,300,000 entradas de cruces fronterizos con Canadá, y en el caso de México generalmente con una tarjeta de cruce fronterizo (*border crossing card*, BCC),[3] antiguamente conocida como «mica» por tratarse de una tarjeta plástica.

De los 170 millones de entradas legales anuales en promedio (de acuerdo con datos del año fiscal 2015), unos 70 millones (41%) lo hacen bajo la categoría de no inmigrante con las visas B1 o B2. Esto sin contar las entradas bajo el Tratado de Libre Comercio entre Estados Unidos, México y Canadá (NAFTA).

FUENTE: https://www.dhs.gov/immigration-statistics/nonimmigrant

Si nos dejamos llevar por la típica retórica inmigratoria que utilizan los partidos políticos, sobre todo en épocas de elecciones, uno podría deducir que toda persona que viene de visita con una visa a Estados Unidos tiene la intención de quedarse de manera permanente. Sin embargo, estas estadísticas demuestran lo contrario. La gran mayoría de las personas que son autorizadas a entrar se quedan temporalmente, sea por placer o por negocios. Y tienen la intención de volver a sus países de origen (o donde residen) al completar su viaje, o al concluir el tiempo de estadía autorizada por el agente de inmigración que recibe al visitante en un puerto de entrada.

Peticiones de visas B1/B2

Estados Unidos recibió más de 9 millones de peticiones de visas B1/B2 en el año fiscal 2015.

Casi tres tercios aceptadas
El 69.5% fueron admitidas en el año fiscal 2015.

7,199,807

Peticiones admitidas

2,197,433

Peticiones denegadas

FUENTE: https://travel.state.gov/content/dam/visas/Statistics/Non-Immigrant-Statistics/NIVWorkload/FY2015NIVWorkloadbyVisaCategory.pdf

Durante el año fiscal 2015 los consulados y las embajadas de Estados Unidos procesaron 9.3 millones de peticiones de visa B1 o B2. De ellas, otorgaron cerca de 7.2 millones (78.02%) y rechazaron cerca de 2.2 millones (21.98%).[4]

Los números de los consulados también son impresionantes. En el año fiscal 2014[5] fueron autorizadas 7,681,300 solicitudes de visa B1/B2. En 2013, sumaron 7,086,009.[6]

¿Por qué rechazaron 21.98% de las solicitudes de visa B1/B2 en 2015? ¿Qué razones dio la cancillería estadounidense?

No hay respuesta que deje en claro los motivos, ya que el Departamento de Estado (DOS, por sus siglas inglés) da escasa información al respecto. Y hay que reconocer que los consulados utilizan ciertos parámetros muy particulares para tomar decisiones que, en algunos casos, marcan el historial de una persona para toda su vida.

Muchos de los peticionarios a quienes les niegan el trámite de una visa quedan frustrados debido a que, por lo general, reciben una mínima explicación por escrito. En ella, el consulado o la embajada cita una sección de ley como justificación para no aprobar la solicitud de visa. Y en rara ocasión el gobierno da una explicación detallada para que el peticionario, usando estos datos, encuentre una solución que le permita calificar para la categoría de visa que está gestionando.

Los parámetros utilizados por los funcionarios consulares se hallan en reglas dispersas bajo códigos del Departamento de Estado y el Departamento de Seguridad Nacional (DHS, por sus siglas inglés). Y constituyen la base de una adjudicación en un consulado que determina si se otorga una visa como visitante de negocios (B1), turista (B2) o bajo una combinación de las dos categorías (B1/B2).

También establecen los criterios que los consulados y embajadas emplean para determinar la *intención del viajero*, un factor crítico que, guste o no, es determinante en gran medida de la suerte de una petición.

Los empleados consulares y los agentes del servicio de inmigración tienen la orientación de negar una entrada si determinan que la intención del visitante no coincide con el objetivo de la visa solicitada o emitida.

EL PROCESO CONSULAR Y LOS REQUISITOS BÁSICOS DE LA VISA B1/B2

El proceso para este tipo de visa, por lo general, comienza directamente en una embajada o un consulado estadounidense. Toda persona interesada en una visa B1/B2 o en una tarjeta de cruce fronterizo (conocida también como DSP-150 o BCC) debe llenar el formulario electrónico DS-160,[7] y obtener una cita con la embajada o el consulado con jurisdicción en el lugar donde vive.[8]

El formulario DS-160 está en inglés. Sin embargo, en la pestaña ubicada en el lado superior derecho de la página digital del Departamento de Estado, puedes seleccionar el idioma de tu preferencia. Después, al poner el cursor encima de una palabra o párrafo, te aparecerá en la pantalla la traducción del texto.

Tras el pago de una tarifa —depende del país y ciudad donde se encuentra el consulado o la embajada—, el solicitante de la visa B1/B2 (en el caso de mexicanos, también se puede solicitar la BCC o «mica») tiene que ir en persona para ser entrevistado por un cónsul, quien determinará si cumple con los requisitos para el documento de viaje e ingreso solicitado.

Para calificar para una visa B1/B2 o una BCC tienes que demostrar que no planeas abandonar tu país de origen o de residencia.

Las personas no nacidas en el país donde residen tienen que demostrar que son residentes y cuentan con autorización legal para vivir donde están pidiendo la visa, o sea, que no viven de forma indocumentada en su país de residencia.[9] Adicionalmente, los peticionarios deben probar que tienen toda la intención de regresar una vez que finalice el tiempo de estadía autorizada por el agente de inmigración en el puerto de entrada a Estados Unidos.[10]

El requisito de residencia en el extranjero se cumple probando que tienes lazos fuertes con tu país de origen (o lugar de residencia legal permanente). Algunas muestras de estos lazos son:

- Dirección fija de hogar.
- El tipo de profesión.
- Conexiones financieras con el país de origen.

- Asociaciones sociales o culturales.
- Relaciones o círculos familiares que demuestran intención de no abandonar el país.[11]

Adicionalmente, un solicitante de visa B1/B2 debe demostrar al cónsul que el propósito del viaje es ingresar a Estados Unidos por motivos legítimos de negocio o turismo.[12] También debe presentar pruebas de que planea visitar por un período de tiempo limitado.[13] Y es importante probar que tiene los recursos necesarios para pagar los gastos del viaje y la estadía en Estados Unidos.

Al igual que con la petición de otros tipos de visa, los solicitantes también deben demostrar que reúnen los requisitos para ingresar a Estados Unidos.

¿Por qué se niega una petición de visa?

Según la sección 212(a) de la Ley de Inmigración, como hemos discutido en el capítulo 1, existen numerosas razones consulares para negar una visa, entre ellas:

- Uso de drogas.
- Tráfico de drogas (narcotráfico).
- Contrabando de personas.
- Ser familiar de un traficante de personas o un narcotraficante.
- Crímenes de carácter moral.
- Espionaje.
- Posibilidad de volverse una carga pública.
- Terrorismo.
- Haber permanecido indocumentado en Estados Unidos.
- Haber sido deportado del país.
- Violar los términos de una visa.
- Declararse ciudadano estadounidense y que no sea cierto.
- Usar documentos falsos.
- Reingresar como indocumentado después de haber sido deportado.

- Padecer una enfermedad infecciosa.
- No haberse presentado a la corte durante un proceso de deportación.
- No pagar impuestos.[14]

¿SABÍAS QUE...?

Todo extranjero se presume un inmigrante hasta que demuestre a satisfacción del funcionario consular, al momento de la solicitud de entrada, que tiene derecho a un estatus de no inmigrante.[15]

El Departamento de Estado también puede justificar la negación de una visa B1/B2 con varias secciones del código inmigratorio. Por ejemplo, un cónsul puede aducir las siguientes secciones de la Ley de Inmigración:

- La sección 221(g) se usa cuando un cónsul determina, al revisar la solicitud o los documentos presentados, que la persona no reúne los criterios de la visa que gestiona.[16]
- La sección 214(b) se aplica cuando la persona no logra comprobar que no tiene intención migratoria.[17]

De éstas, la sección 214(b) de la Ley de Inmigración es probablemente la más común en el caso de la visa B1/B2, ya que esa provisión le prohíbe a la persona que solicita una visa de no inmigrante tener una intención migratoria. Es decir, el solicitante no debe demostrar la intención de quedarse en Estados Unidos más allá del término o plazo permitido por la visa.

¿Y cómo determina el funcionario consular que la persona tiene la intención de quedarse en Estados Unidos? Desafortunadamente, la ley aporta dos ejemplos que no necesariamente aclaran este escenario:

- El solicitante de una visa B1/B2, no pudo demostrar durante el proceso (incluida la entrevista) que las actividades que pretende llevar a cabo en Estados Unidos van de acuerdo con la calidad de no inmigrante.
- El solicitante no pudo cumplir con los requisitos exigidos para ese tipo de visa.

Por lo tanto, se recomienda que todo solicitante para esta categoría de visa lleve consigo a la entrevista documentación que apoye estos criterios. Si lo hace, es un paso que, sin duda, debe llevar a una respuesta positiva.

Ten en cuenta para la entrevista:

- Prepárate, revisa las pruebas que te pedirá el consulado o la embajada.
- Verifica que todos tus documentos de identidad estén vigentes (que la fecha de vencimiento sea después de seis meses o más).
- Procura que los datos que anotas en el formulario para pedir la visa coincidan con los datos contenidos en las pruebas y documentos que presentas al consulado o la embajada.
- Cuida tu presentación personal. Vístete adecuadamente. Es importante causar una grata impresión.
- Si gestionas una visa B1 para negocios, no luzcas como turista; y si pides una visa B2 para turismo, no te presentes como un ejecutivo de negocios.
- No llegues tarde, sé puntual.
- Responde las preguntas con naturalidad, no te pongas nervioso.

Como ya te hemos indicado, las decisiones consulares no son apelables. Pero eso no impide que, en caso de que te nieguen una petición, vuelvas a solicitar una visa en el consulado tan pronto creas que puedes presentar pruebas adicionales que demuestren que reúnes los requisitos para una visa B1/B2 u otro permiso de entrada.

Si vuelves a pedir una visa después de un rechazo, te recomendamos consultar con un abogado de inmigración. Y deberás:

- Completar un nuevo formulario DS-160.
- Acudir a una nueva cita con un funcionario consular.
- Presentar una prueba adicional que pruebe tu calificación para la visa.
- Demostrar que tus circunstancias han cambiado desde tu última solicitud.[18]

Si la solicitud es aprobada por el cónsul, generalmente te estampan un sello B1/B2 en el pasaporte, válido por 10 años, con permiso de múltiples entradas al país.[19] El cónsul también te puede otorgar solamente una visa B1 o una B2, pero generalmente, en el caso de adultos, otorga un solo sello que permite el ingreso a Estados Unidos bajo las dos versiones de esta visa.

DIFERENCIA ENTRE LAS VISAS B1 Y B2

Hay que reconocer que, aunque generalmente se otorgan como una sola visa, la B1 y la B2 tienen distintos criterios.[20] Se pueden pedir por separado y, en el caso de familiares dependientes y de menores de edad, los consulados casi siempre otorgan el permiso de entrada y permanencia bajo la categoría B2.

Si te otorgan una visa B1/B2, es importante que entiendas cuáles son los criterios básicos tanto para la visa B1 como para la visa B2, ya que cuando entras a Estados Unidos tienes que explicar al agente de inmigración que te recibe en el puerto de entrada el propósito legítimo de tu visita al país.

- La visa tipo B1: Se usa cuando una persona tiene intención de visitar Estados Unidos temporalmente para participar en actividades comerciales o profesionales legítimas, que no sean consideradas un empleo.
- La visa tipo B2: Se usa cuando la persona visita temporalmente Estados Unidos para participar en actividades personales, sociales o turísticas, obtener tratamiento médico, viajar dentro del país u otras actividades no relacionadas con negocios.

Cuatro pasos para obtener la visa B1/B2

01

Rellenar y completar el formulario electrónico DS-160.

02

Obtener una cita con la embajada o consulado con jurisdicción donde vive.

Puedes elegir el idioma

Aunque el formulario DS-160 está en inglés, puedes seleccionar el idioma de tu preferencia.

03

Proceder al pago de la tarifa correspondiente.

04

Realizar una entrevista personal con el cónsul de su embajada o consulado.

LA VISA TIPO B1 PARA NEGOCIOS

La visa B1 facilita y promueve el comercio internacional. Para reunir sus requisitos, un solicitante tiene que demostrar a un funcionario consular que el propósito del viaje es involucrarse en actividades legítimas de negocios que no implican un empleo remunerado.

Durante el proceso, el cónsul tiene que cerciorarse de que el solicitante no ejercerá, durante su estadía en Estados Unidos, funciones que puedan ser consideradas como un empleo, incluso si no recibe un pago por ellas.

Entre las actividades autorizadas bajo una visa B1 están las siguientes:

- Consultar con asociados de negocios.
- Participar en convenciones o conferencias científicas, educacionales o de negocios.
- Participar en un litigio.
- Atender reuniones de juntas de directores.
- Negociar un contrato.[21]

La definición de «empleo»

Aunque suene absurdo, definir claramente qué significa «empleo» es crítico para determinar si al solicitante de visa B1/B2 le otorgarán o negarán la solicitud. Por ejemplo, el hecho de que al peticionario le vayan a pagar desde su país de origen (o lugar de residencia) por servicios prestados en Estados Unidos no es un criterio determinante desde el punto de vista de la visa que se le va conceder. Es más, según el gobierno federal y el código del Servicio de Rentas Internas (IRS, por sus siglas en inglés), la remuneración está definida de manera que incluye el valor del servicio sin incluir el pago en efectivo.[22] También hay decisiones tomadas por tribunales de inmigración que establecen el término «empleo».[23]

Por otro lado, el derecho inmigratorio estadounidense no da una respuesta definitiva para definir el término «empleo». Se recomienda usar el código del IRS, que lo define por medio de las contribuciones que una persona debe hacerle al gobierno a través de impuestos sobre las ganancias.

Según el IRS, se deben analizar muchos criterios para determinar si la persona obtendrá un empleo en Estados Unidos.[24] Por ejemplo, se considera que una persona recibe un empleo si, al llegar a Estados Unidos, sus servicios quedan bajo el control de un empleador domiciliado en el país. Este aspecto de control es el elemento crítico que determina si hay una relación que demanda una retención de impuestos. Y si hay impuestos que retener, entonces existe una relación laboral no permitida bajo la categoría de visa B1.

Para establecer si el solicitante de una visa B1/B2 pudiera ser remunerado, habría que pensar en el tipo de beneficio que recibiría en el supuesto caso de que ejerza actividades en Estados Unidos. Por ejemplo, ¿tendrá publicidad por la actividad que vaya a desempeñar? ¿La actividad a desarrollar promoverá algún tipo de producto o servicio? ¿Habrá algún intercambio de bienes? ¿Se concretará un intercambio de beneficios en el futuro? Si la respuesta es positiva a cualquiera de esas preguntas, entonces existe remuneración por servicios prestados, y la visa B1 no sería la categoría apropiada.

MUY IMPORTANTE

Cuando la visa B1 ya fue concedida, el visitante no debe utilizarla para ingresar al país como si portara una visa de trabajo. En este tipo de caso, el agente del servicio de inmigración que lo recibe en el puerto de entrada no solamente puede negarle el ingreso, sino que también puede cancelar la estampa de la visa en el pasaporte.
Si lo hace, generará múltiples problemas si el portador trata de conseguirla nuevamente en un consulado o embajada de Estados Unidos.

Entre las actividades reconocidas por el Departamento de Estado como apropiadas bajo la visa tipo B1 y no consideradas como empleo, se cuentan las siguientes:

- Las visitas hechas por atletas profesionales —siempre y cuando no reciban dinero de una compañía estadunidense— que vienen a participar en torneos como representantes de otros países, o vienen para ser considerados por equipos profesionales en Estados Unidos.[25]

- Los inversionistas que vienen a investigar el lugar donde quieren poner su negocio, negociar el arrendamiento de un lugar en preparación para la creación de la empresa, y/o preparar documentos para poder invertir en Estados Unidos, pero no pueden permanecer en el país como gerentes de la empresa. Una vez que se ha creado la empresa al amparo de una visa B1, necesitarán otro tipo de visa que los autorice a trabajar en Estados Unidos.

- Los conferencistas pueden usar la visa B1 siempre y cuando no reciban un salario de una compañía estadounidense, aunque sí pueden recibir viáticos relacionados con la visita. Si reciben un pago, la ley pide ciertos requisitos que hay que cumplir para no violar los términos de la categoría de visa B1.

- Los extranjeros con visa B1 que vienen a Estados Unidos a presentar, negociar y firmar acuerdos de venta de productos producidos en el extranjero pueden usar esta categoría.

- Los ingenieros de servicio que vienen a prestar servicio a equipo industrial o comercial vendido por empresas extranjeras pueden también usar la visa B1, siempre y cuando esté requerido por el contrato de compra-venta. Si vienen a instalar un equipo, por ejemplo, pueden supervisar y entrenar a los trabajadores estadounidenses pero no pueden trabajar en su construcción.

- Ciertas personas que vienen a participar en entrenamiento, siempre y cuando no reciban una remuneración en Estados Unidos no asociada al propósito del viaje o viáticos, y cumplan con otros criterios establecidos por ley.[26]

Si al analizar la evidencia, el cónsul está convencido de que la persona tiene una intención de permanecer en Estados Unidos, negará la solicitud bajo la ya mencionada sección 214(b). Sin embargo, si el cónsul aprueba la petición, la visa será emitida generalmente en un par de días hábiles.

Cuándo se emite la visa

Cuando el cónsul aprueba la solicitud, la visa de no inmigrante B1/B2 es estampada en el pasaporte vigente del solicitante,[27] y debe ser presentada al ingresar a Estados Unidos. Si te es permitido el ingreso bajo la categoría B1, puedes permanecer en el país por el periodo de tiempo de la actividad de negocios que realizarás o el tiempo de permanencia autorizado por el agente de inmigración que te recibe en el puerto de entrada. Ese periodo puede durar hasta un año y puede ser extendido por seis meses. Generalmente, en el caso de B2, puedes permanecer en el país por el tiempo máximo autorizado de seis meses.

Es importante notar que la emisión de una visa por parte del Departamento de Estado no garantiza la entrada de la persona a Estados Unidos. Son los agentes del servicio de inmigración quienes están autorizados para admitir o negar el ingreso de un extranjero. La decisión la determina con base en la revisión de los documentos de viaje que presenta en el puerto de entrada, y las respuestas a sus preguntas.

Entrada B1 bajo el TLC

Tanto para México como para Canadá, el Tratado de Libre Comercio de América del Norte (TLC o NAFTA, por sus siglas en inglés) expandió el rango de las actividades permitidas bajo la categoría de visa B1.[28] Específicamente, el TLC agregó varias áreas de negocios en su listado de actividades autorizadas, entre las cuales están las siguientes:

- Investigación y diseño.
- Cultivo, manufactura y producción.
- Investigación y análisis de mercado.
- Distribución.
- Ciertos servicios de posventa.
- Servicios generales por ciertos tipos de profesionales.[29]

En mayo de 2017 el presidente Trump indicó la intención de renegociar el TLC. Aunque el enfoque de la negociación parece ser en temas comerciales, aún no se sabe si la inmigración bajo el tratado, incluyendo el criterio expandido bajo la visa B1, será impactada.

LA VISA TIPO B2 PARA TURISMO O PLACER

La visa B2 sirve para viajes de placer o turismo y sus portadores pueden realizar las siguientes actividades:

- Viajar sin restricción dentro del territorio nacional.
- Visitar a familiares o amistades en Estados Unidos.
- Recibir tratamiento médico en Estados Unidos.
- Participar en actividades fraternales, sociales o de servicio.[30]

La visa B2 no es apropiada si la persona viene a ejercer funciones estipuladas para la categoría B1 (negocios) o cualquier otro tipo de visa.

Bajo la categoría B2 está prohibido, entre otras cosas:

- Trabajar con o sin remuneración.
- Recibir educación y créditos para luego obtener un título.[31]
- Ejercer como periodista o corresponsal de prensa extranjera.
- Actuar, cantar o presentarse frente a una audiencia que hizo un pago por verlo o asistir a su actuación.

MUY IMPORTANTE

Cuando el consulado o la embajada otorga una visa B1/B2, no significa que el beneficiario tiene garantizado el ingreso a Estados Unidos. La autorización de entrada la otorga el agente del servicio de inmigración que recibe al portador de la visa en un puerto de entrada.

EL PROCESO DE AUTORIZACIÓN
DE ENTRADA AL PAÍS

Que un cónsul otorgue una visa B1/B2 no garantiza que el agente del Servicio de Aduanas y Control Fronterizo de Estados Unidos (CBP) que lo recibe en el puerto de entrada le permita el ingreso al país. El funcionario procurará estar convencido de que el visitante viene con un propósito que encaje con los parámetros de la categoría de la visa que tiene en el pasaporte. Si no está convencido, tiene facultad para negarle el ingreso. En ese caso, la persona es regresada a su país de origen lo más pronto posible, mientras que el rechazo quedará en su récord y afectará futuras peticiones de visa e ingresos a Estados Unidos.

Por eso, te recomendamos que cuando te presentes en un puerto de entrada muestres al funcionario de inmigración el propósito de tu visita, por ejemplo, con un itinerario de vuelo que contenga una fecha de salida, cartas de invitación para atender reuniones de negocios (en el caso de la visa B1), evidencia de propósito turístico (en el caso de la visa B2). En ambos casos —visas B1 y B2— las pruebas son analizadas en su totalidad, y si convencen al funcionario federal, este te otorgará una entrada que, por lo general, cubre hasta un período de seis meses en el caso de la visa B2 y hasta un año en el caso de la visa B1.[32]

Si el ingreso es por un puerto terrestre, recibirás un formulario I-94[33] (registro de llegada o salida de no inmigrante) que indica la categoría de ingreso y el período que se autoriza para permanecer en el país. Sin embargo, en la mayoría de los casos, el gobierno federal no emite un formulario I-94, ya que este documento se puede conseguir electrónicamente (vía internet).

Recomendamos a todo el que reciba la autorización de ingresar al territorio nacional y no reciba un formulario I-94 en el puerto de entrada, que obtenga una copia del documento a través de la página digital del Servicio de Aduanas y Control Fronterizo[34] (CBP, por sus siglas en inglés) para confirmar que su entrada bajo la categoría B1 o B2 esté correcta y para estar consciente del periodo autorizado de visita.[35]

Es importante notar que la estadía se puede extender estando dentro de Estados Unidos. Este trámite, aunque no automático, se hace directamente en la Oficina de Ciudadanía y Servicios de Inmigración (USCIS, por sus siglas en inglés) por medio del formulario I-539[36] y pagando la tarifa asociada con ese documento.

Si la persona demuestra que ha respetado y mantenido su estatus migratorio B1/B2 y da información y documentación de su intención de seguir cumpliendo con los requisitos de este permiso, el gobierno generalmente extiende ese estatus por seis meses adicionales. Pero debes tener en cuenta que, más allá de ese pedido de extensión, rara vez la USCIS concede una segunda prórroga.

Cuando te presentas en un puerto de entrada:

Si el Servicio de Aduanas y Control Fronterizo (CBP) autoriza tu entrada a Estados Unidos, recibirás el formulario I-94[37] (registro de llegada o salida de no inmigrante).

Si deseas prolongar tu estadía con visa B1/B2 más allá de la fecha marcada en el documento, puedes solicitar una prórroga presentando el formulario I-539[38] (solicitud para extensión o cambio de estatus de no inmigrante) ante la Oficina de Ciudadanía y Servicios de Inmigración (USCIS).

EL PROGRAMA DE VISA *WAIVER*

Los ciudadanos de ciertos países que deseen visitar Estados Unidos temporalmente, por turismo o negocio, no necesitan obtener una visa B1/B2 sellada en el pasaporte y pueden entrar amparados por el Programa de Visa *Waiver* (Visa Waiver Program, VWP).[39] Para

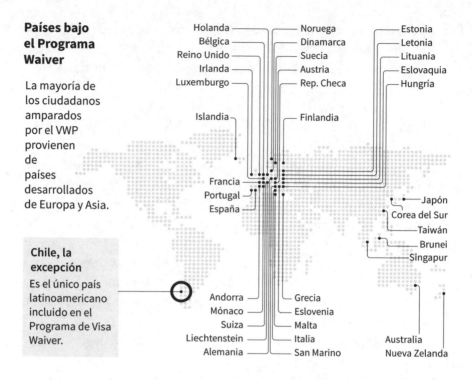

Países bajo el Programa Waiver

La mayoría de los ciudadanos amparados por el VWP provienen de países desarrollados de Europa y Asia.

Chile, la excepción

Es el único país latinoamericano incluido en el Programa de Visa Waiver.

Holanda — Noruega — Estonia
Bélgica — Dinamarca — Letonia
Reino Unido — Suecia — Lituania
Irlanda — Austria — Eslovaquia
Luxemburgo — Rep. Checa — Hungría

Islandia — Finlandia

Francia — Japón
Portugal — Corea del Sur
España — Taiwán
Brunei
Singapur

Andorra — Grecia — Japón
Mónaco — Eslovenia
Suiza — Malta
Liechtenstein — Italia
Alemania — San Marino

Australia
Nueva Zelanda

los beneficiarios de este plan —la mayoría de los ciudadanos provenientes de países desarrollados de Europa y Asia—, el proceso es sumamente sencillo.

Aunque varias naciones latinoamericanas han estado amparadas por el VWP en el pasado, hoy en día solamente Chile forma parte de la lista. Su participación comenzó en febrero de 2014.

Ingresos de extranjeros bajo el Programa *Waiver*

Quienes ingresan legalmente a Estados Unidos utilizando este programa lo hacen bajo las mismas condiciones de una visa B1/B2, pero no necesitan tenerla estampada en el pasaporte.

Bajo el ingreso del Programa de Visa *Waiver*:

- El viajero puede ingresar y permanecer en el país sin la necesidad de una visa hasta por un máximo de 90 días.

111

- Aunque entran en calidad de no inmigrantes (B1/B2), no se les permite extender su estadía y deben marcharse del territorio nacional cuando se venza el tiempo autorizado.

El proceso de ingreso solo requiere que los viajeros obtengan una autorización válida a través del *Sistema Electrónico de Autorización de Viaje* (ESTA, por sus siglas en inglés) antes de emprender un viaje a Estados Unidos. Al llegar al país, la persona deberá pasar por los filtros de seguridad en el puerto de entrada, y el ingreso será registrado en el programa US-VISIT del Departamento de Seguridad Nacional (DHS).

- Al presentarse en un puerto de entrada, los viajeros renuncian al derecho de reconsideración en caso de que el agente de inmigración no les permita el ingreso, a menos que se trate de un solicitante de asilo.
- El extranjero tampoco puede rebatir una expulsión.

Al ser un programa preferencial, el VWP también tiene importantes limitaciones. Por ejemplo, prohíbe que quien lo utiliza pueda cambiar o extender su calidad inmigratoria para poder permanecer en el país. El pasaporte también necesita tener un periodo de validez de por lo menos seis meses después del periodo planeado de salida del país.

En caso de querer hacerlo, el viajero deberá salir y presentarse en el consulado estadounidense de su país de origen para tramitar una visa de ingreso como no inmigrante. Adicionalmente, se le prohíbe el ingreso a Estados Unidos a un viajero si en el pasado violó la Ley de Inmigración y Naturalización de 1996, por ejemplo, al haber ingresado ilegalmente o permanecido indocumentado.

En caso de una situación de emergencia, la USCIS puede, a su discreción, conceder la ampliación del plazo de estadía a un extranjero bajo el Programa de Visa *Waiver*. Por ejemplo, es posible obtener una prórroga en caso de enfermedad grave, y deberías respaldar tal solicitud con un informe firmado por un médico.[40]

Los viajeros pueden llegar solo en naves marítimas o aerolíneas autorizadas que hayan firmado previamente un acuerdo con el gobierno de Estados Unidos. Las compañías autorizadas garantizan que transportarán al viajero fuera del país en caso de que a este no se le autorice la entrada al país.

OTROS USOS PARA LA VISA B1/B2

La ley indica que también se puede utilizar la visa B1/B2 para actividades que tal vez no sean obvias según lo discutido en este capítulo, por ejemplo:

- Razones médicas.
- Participar en eventos sociales (convenciones, conferencias, etcétera).
- Dependientes de personal de las Fuerzas Armadas de Estados Unidos.
- Dependientes de tripulantes de barcos que llegan a Estados Unidos con una visa D.
- Estudiantes de corta estadía (un semestre, por ejemplo).
- Entrenadores y atletas profesionales.
- Visitantes para ocasiones especiales (una boda, una reunión con amigos, reuniones familiares, etcétera).
- Estudiantes extranjeros que inician el proceso de ingreso a una universidad estadounidense.
- Ministros, religiosos o misioneros en viajes de corta duración (para una gira evangélica).
- Participantes de programas voluntarios de servicio (de organizaciones no lucrativas).

- Extranjeros que trabajan en yates privados que cruzan por Estados Unidos por más de 29 días.
- Jinetes, entrenadores y cuidadores de caballos de carrera.
- Personal y empleados domésticos de individuos con visa B1 o ciudadanos extranjeros que visitan temporalmente Estados Unidos. Estos empleados domésticos también tendrán que obtener una autorización de empleo a través de un formulario I-765.
- Extranjeros que califican para una visa T (víctimas de tráfico humano).
- Médicos que vengan a Estados Unidos en calidad de observadores de técnicas de otros colegas.
- Artistas que no vienen con intención de vender su arte en Estados Unidos.[41]

Hay que tomar nota de que esta lista no es completa y que el gobierno reconoce algunas funciones muy particulares que pueden ser ejercidas bajo la visa B1 o B2. Esa lista se encuentra en el Manual de Asuntos Extranjeros del Departamento de Estado (DOS).[42] Por favor, asegúrate de contactar a un abogado de inmigración de confianza para verificar si tu pedido de ingreso al país mediante esta categoría de visa puede servirte.

Las claves para entender la visa B1/B2

- La visa B1/B2 se solicita en un consulado o en una embajada de Estados Unidos y no requiere aprobación por parte del Servicio de Inmigración y Ciudadanía, a menos que se trate de una extensión del estatus B1 o B2 una vez que ya esté en territorio nacional.

- Para las dos categorías el individuo debe demostrar que posee lazos fuertes con su país de residencia y que no tiene la intención de emigrar a Estados Unidos.

- La visa se otorga como B1, B2 o una combinación de las dos, B1/B2. Si le otorgan una combinación de las dos, el viajero debe asegurarse en cada entrada a Estados Unidos de que le han autorizado su entrada según la categoría correspondiente.

- La visa B1 se usa cuando una persona tiene intención de visitar Estados Unidos temporalmente para participar en actividades comerciales o profesionales legítimas que no sean consideradas empleo.

- La visa B2 se usa cuando la persona visita temporalmente Estados Unidos para participar en actividades personales, sociales o turísticas, recibir tratamiento médico, viajar dentro del país u otras actividades no relacionadas al comercio o los negocios.

- Solamente ciudadanos de ciertos países reúnen los requisitos para ingresar al país sin necesidad de obtener una visa B1/B2. Esas personas viajan amparados por el Programa de Visa *Waiver* y no están autorizados a extender su estadía en los Estados Unidos ni se les permite cambiar de visa.

LAS VISAS DE INMIGRANTE Y LA RESIDENCIA EN ESTADOS UNIDOS

Hay varios caminos para alcanzar la residencia legal permanente de Estados Unidos, y todos tienen sus propias reglas, mecanismos y formalidades. Aquí hablamos de algunos de los procesos más comunes.

En este capítulo explicaremos específicamente los siguientes procesos de inmigración:

- La residencia por medio de una petición familiar.
- La residencia por medio de una petición de un empleador.
- La residencia por alguna categoría especial de visa de inmigrante que no depende ni de la petición familiar ni de la petición de un empleador.

El proceso de residencia por asilo o refugio lo detallamos con más profundidad en el capítulo 5.

PUNTOS CLAVE

En este capítulo encontrarás:

- Cómo se solicita la residencia permanente de familiares inmediatos.
- Para quiénes puede solicitar la residencia permanente un residente permanente.
- Cómo se tramita una visa de inmigrante.
- Cómo solicita un empleador la residencia para un trabajador.
- Quiénes usan las visas de inmigrante.
- Qué es una certificación laboral.
- Para qué sirve el *Boletín de visas*.
- Las otras categorías de inmigración.
- La lotería de visas.
- Las visas T y U para víctimas de tráfico humano y violencia doméstica.

Vías para alcanzar la residencial legal permanente en Estados Unidos

En muchos casos va a ser necesario poseer primero una visa de inmigrante.

A través de un familiar

A través de un empleador

Programa humanitario

PETICIONES FAMILIARES

Ten siempre en cuenta que el estado migratorio del peticionario en Estados Unidos determina qué familiares reúnen los requisitos para recibir beneficios de inmigración, y por medio del dicho peticionario obtener su residencia legal permanente (tarjeta verde).

¿Quiénes pueden solicitar la residencia de un familiar inmediato para que emigre a Estados Unidos?:

- Ciudadanos de Estados Unidos.[1]
- Residentes legales permanentes.[2]
- Refugiados (admitida su entrada como tales en los últimos dos años).
- Asilados (recibió asilo en los últimos dos años).

Solicitudes por ciudadanos

La Ley de Inmigración permite a los ciudadanos estadounidenses solicitar la residencia permanente en Estados Unidos para ciertos

El término familiares inmediatos se refiere a:

- Cónyuges de ciudadanos estadounidenses.
- Hijos de ciudadanos estadounidenses menores de 21 años de edad y solteros.
- Padres de ciudadanos estadounidenses que tengan 21 años o más.
- Viudos de ciudadanos, siempre y cuando la petición se haya hecho antes de la muerte del cónyuge.[3]

familiares que cumplan con los requisitos necesarios para residir permanentemente en Estados Unidos. Sin embargo, solo los familiares inmediatos (cónyuges e hijos menores de edad y solteros, al igual que padres de ciudadanos mayores de 21 años) reciben una tarjeta de residencia (*green card*) sin tener que esperar; otros familiares tienen que esperar hasta varios años en ciertos casos.[4]

Para otras categorías de parentesco, el solicitante tiene que consultar el *Boletín de visas* del Departamento de Estado, que se actualiza mensualmente.[5] Esta publicación indica el tiempo de espera asociado con cada categoría de pedido de referencia de una tarjeta verde. Más adelante hablaremos sobre el boletín y cómo entenderlo.

Residencias legales permanentes (*green card*). Años fiscales 2010-2015

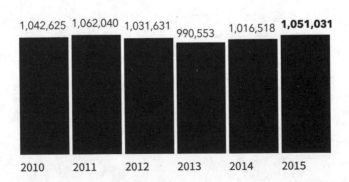

2010	2011	2012	2013	2014	2015
1,042,625	1,062,040	1,031,631	990,553	1,016,518	**1,051,031**

FUENTE: DHS YEARBOOK OF IMMIGRATION STATISTICS, 2015.

Ahora bien, si tu relación familiar no te califica como familiar inmediato, un ciudadano o residente legal permanente todavía te puede pedir. Por ejemplo, un ciudadano puede llenar y enviar una petición de familiar extranjero siempre y cuando estés incluido en la siguiente lista de parentesco:

- Hijo soltero mayor de 21 años.
- Hijo casado de cualquier edad.
- Hermano (siempre y cuando el que solicite la residencia sea un ciudadano estadounidense mayor de 21 años).

Asimismo, un residente legal permanente podría solicitar tu residencia permanente si estás incluido en la siguiente lista:

- Cónyuge.
- Hijo soltero menor de 21 años.
- Hijo soltero mayor de 21 años.

Debido a la limitada cuota anual de residencias legales permanentes que otorga el Centro Nacional de Visas (National Visa Center) del Departamento de Estado, y el alto número de peticiones de familiares extranjeros (formulario I-130) ante la Oficina de Ciudadanía y Servicios de Inmigración (US Citizenship and Immigration Services,

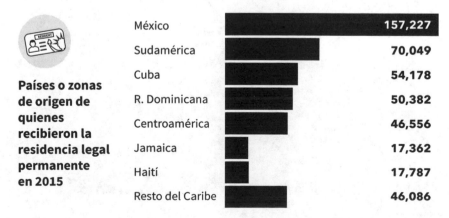

Países o zonas de origen de quienes recibieron la residencia legal permanente en 2015

México	157,227
Sudamérica	70,049
Cuba	54,178
R. Dominicana	50,382
Centroamérica	46,556
Jamaica	17,362
Haití	17,787
Resto del Caribe	46,086

FUENTE: DEPARTAMENTO DE SEGURIDAD NACIONAL DE ESTADOS UNIDOS (DHS).

USCIS), todas estas categorías deben esperar, a veces años, para que el beneficio se te otorgue, aunque éste haya sido aprobado por la USCIS al poco tiempo de haber presentado la solicitud.

Proceso para obtener la visa de inmigrante por familia

El proceso para solicitar la residencia (*green card* o tarjeta verde) para personas que no son familiares inmediatos de un ciudadano depende de dónde vive la persona que va a recibir el beneficio. Si vive en Estados Unidos, el proceso generalmente se divide en dos partes:

- El peticionario debe llenar y presentar una petición de familiar extranjero (petition for alien relative) por medio del formulario I-130 a la Oficina de Ciudadanía y Servicios de Inmigración (US Citizenship and Immigration Services, USCIS).[6]

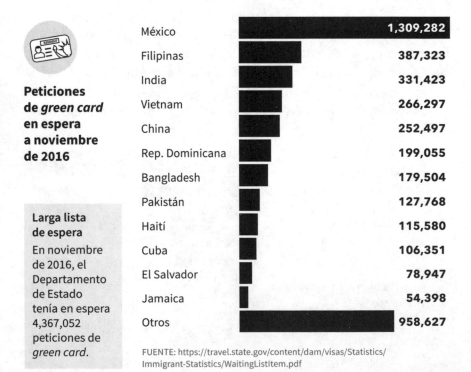

Peticiones de *green card* en espera a noviembre de 2016

México	1,309,282
Filipinas	387,323
India	331,423
Vietnam	266,297
China	252,497
Rep. Dominicana	199,055
Bangladesh	179,504
Pakistán	127,768
Haití	115,580
Cuba	106,351
El Salvador	78,947
Jamaica	54,398
Otros	958,627

Larga lista de espera

En noviembre de 2016, el Departamento de Estado tenía en espera 4,367,052 peticiones de *green card*.

FUENTE: https://travel.state.gov/content/dam/visas/Statistics/Immigrant-Statistics/WaitingListItem.pdf

- La USCIS enviará por correo un sobre con el formulario I-797, «Notificación de acción» (Notice of Action), documento que demuestra que el formulario I-130 ha sido recibido por el gobierno. Una vez aprobado, el gobierno te enviará un formulario I-797 nuevo.[7]

Si el familiar que va a recibir el beneficio se encuentra fuera de Estados Unidos, tendrá que tramitar la residencia legal permanente a través de un consulado. En este caso, los pasos a seguir son los siguientes:

- La USCIS aprueba el formulario I-130.
- La USCIS notifica al Centro Nacional de Visas (NVC) del Departamento de Estado (Department of State, DOS).
- El DOS se comunica con el beneficiario tan pronto como el *Boletín de visas* indica que hay un cupo de visa o una visa disponible. El DOS te informará sobre el costo del proceso consular y te dará un listado de documentos para obtener.
- El consulado cita y entrevista al beneficiario.
- El consulado emite la visa de inmigrante al beneficiario.
- El beneficiario puede entonces viajar con la visa de inmigrante y pedir entrada como inmigrante a Estados Unidos.
- Una vez admitido su ingreso, pasa a ser oficialmente un residente legal permanente de Estados Unidos y paga una cuota para que le emitan la *green card*.

Peticiones de familiares extranjeros (formularios I-130) recibidas por la USCIS				
Período	Recibidas	Aprobadas	Rechazadas	Pendientes
Julio a sep. 2016	227,868	174,230	15,907	939,343
Julio a sep. 2015	166,530	129,884	12,876	490,184

FUENTE: USCIS (https://www.uscis.gov/es/formularios/i-130)

En caso de familiares inmediatos, si tienes un hijo menor de edad es importante tener presente cuánto le falta para cumplir 21 años, ya que a esa edad deja de ser un menor con los requisitos como familiar inmediato.

- Al cumplir los 21, el hijo pasa a ser «primera preferencia» y deja de tener visa disponible inmediatamente. Debe entonces enfrentar una demora significativa en el proceso de ajuste de estatus o el trámite de visa de inmigrante. La espera, en algunos casos, puede demorarse años.
- Si calculas que tu hijo cumplirá 21 años antes de recibir el beneficio de la residencia legal permanente, debido al largo tiempo de procesamiento y de espera de una petición de familiar extranjero, asesórate bien con un abogado de inmigración. En algunos casos, se puede aplicar la Ley de Protección de Estatus del Menor (Child Status Protection Act, CSPA) y permitirle retener su clasificación de menor aun si ha cumplido 21 años de edad.[8]
- Ten en cuenta que un familiar inmediato menor de 21 años de edad que contrae matrimonio ya no reúne los requisitos como familiar inmediato. Ese hijo pasa a ser «tercera preferencia» como hijo casado de un ciudadano estadounidense, y la visa no va a estar disponible inmediatamente.

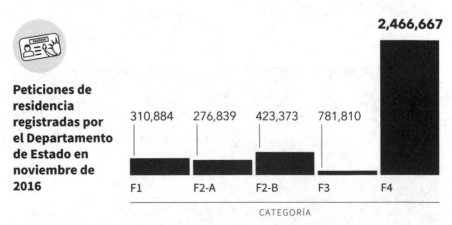

2,466,667

Peticiones de residencia registradas por el Departamento de Estado en noviembre de 2016

310,884   276,839   423,373   781,810

F1   F2-A   F2-B   F3   F4

CATEGORÍA

FUENTE: https://travel.state.gov/content/visas/en/law-and-policy/statistics.html

PETICIONES DE RESIDENCIA POR EMPLEADORES

Otra opción para obtener la *green card* es a través de un empleo en Estados Unidos. En muchos casos, la persona que recibe el beneficio inmigratorio se encuentra en Estados Unidos con una visa de no inmigrante, de la cual hablamos en el capítulo 3.

La mayoría de estas categorías de visa de no inmigrante sirven como trampolín para obtener la *green card*. Se dan casos en los que, mientras el empleado va escalando y progresando dentro de la empresa que lo contrató, su patrocinador comienza un proceso de residencia con el objetivo de incentivarlo para que no se marche.

Cada año fiscal el gobierno federal otorga 140,000 visas de inmigrante basadas en categorías de empleo,[9] de las cuales hay cinco: EB-1, EB-2, EB-3, EB-4 (reservada para trabajadores religiosos y otros grupos especiales) y EB-5 (para inversionistas de alto nivel). El sistema permite un número determinado por categoría.

De estas cinco categorías, tres (EB-1, EB-2 y EB-3) dependen de los logros académicos y profesionales del empleado y son concedidas según preferencias.

A diferencia de las visas familiares, que agrupan el mayor número de peticiones de *green card* (con excepción de ciertos trabajadores de India, China, México o Filipinas), existe una mayor disponibilidad de estos tipos de visas (EB), lo que significa que

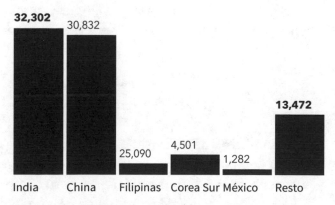

Solicitudes de residencia permanente basadas en empleo en espera a 1 de noviembre de 2016

India	China	Filipinas	Corea Sur	México	Resto
32,302	30,832	25,090	4,501	1,282	13,472

FUENTE: https://travel.state.gov/content/dam/visas/Statistics/Immigrant-Statistics/WaitingListItem.pdf

no hay que esperar tanto tiempo para poder ser residente legal permanente de Estados Unidos.

Primera categoría EB-1: aptitud extraordinaria (profesores y ciertos ejecutivos o gerentes)

Para recibir una visa de primera preferencia basada en empleo, debes calificar bajo una de las siguientes clasificaciones:

- Tener una aptitud o cualificación extraordinaria en tu profesión u oficio
- Ser un profesor o investigador sobresaliente
- Ser ejecutivo o gerente de una multinacional.[10]

Esta categoría es preferencial, no requiere una certificación laboral y la demanda es baja (detalles que explicaremos más adelante). Y al igual que las peticiones familiares para parientes inmediatos (cónyuges e hijos menores de edad de un ciudadano), bajo esta categoría casi siempre hay disponibilidad inmediata de un cupo de visa.

Para reunir los requisitos de una persona de aptitud extraordinaria, debes demostrar que tienes una cualificación extraordinaria en las ciencias, artes, educación, negocios o deportes a través del reconocimiento nacional o internacional.[11]

Premios internacionales de renombre, tales como el Nobel, el Oscar, el Pulitzer o una medalla olímpica, pueden demostrar por sí solos aptitud extraordinaria. Si no tienes uno de esos premios o

La petición de una visa EB-1 no es un proceso sencillo. Se debe demostrar que los logros del peticionario son reconocidos internacionalmente en su campo o industria a través de una serie de documentos.

reconocimientos, entonces deberás probar que cumples, por lo menos, con tres de los siguientes requisitos establecidos por la Ley de Inmigración:

- Pruebas de que has recibido premios o galardones a la excelencia de menor reconocimiento nacional o internacional.
- Pruebas de tu membresía en asociaciones relacionadas con tu profesión o campo que exijan que sus miembros obtengan logros destacados.
- Pruebas de materiales publicados sobre tus cualificaciones relacionadas con tu campo en publicaciones comerciales importantes, profesionales u otros medios especializados.
- Pruebas de que has evaluado el trabajo de otras personas, ya sea individualmente o como parte de un panel.
- Pruebas de tus contribuciones científicas o artísticas, en el campo académico, deportivo o en relación con negocios de notable importancia en su campo.
- Pruebas de autoría de artículos académicos aparecidos en publicaciones especializadas o importantes.
- Prueba de que tu trabajo se ha exhibido en exposiciones o muestras artísticas.
- Prueba de tu desempeño en un cargo principal, o papel estelar o de suma importancia en organizaciones distinguidas.
- Prueba de que cuentas con un salario alto o con alguna otra remuneración notablemente alta en comparación con otras personas en tu campo.
- Prueba de tus éxitos comerciales en las artes escénicas.[12]

¿SABÍAS QUE...?

Generalmente, para calificar bajo la categoría EB-1 se necesita una oferta de empleo, pero en ciertos casos, es posible pedir una visa por sí solo.

Si crees que puedes demostrar que eres una persona que tiene reconocimiento internacional porque has destacado con tus logros en un campo académico, puede que reúnas los requisitos para una visa de inmigrante EB-1 en tu área o especialidad. Para ello, necesitarás:

- En primer lugar, recibir una oferta de empleo.
- Una vez que tengas una oferta de empleo, deberás demostrar que tienes por lo menos tres años de experiencia en la docencia o en la investigación en tu área académica.
- También tendrás que demostrar que el propósito para emigrar a Estados Unidos es conseguir un título o un puesto de profesor titular, o un puesto investigativo similar en una universidad o una institución de educación superior.[13]

A su vez, para reunir los requisitos como profesor o investigador sobresaliente, la Ley de Inmigración requiere que cumplas, por lo menos, con dos de los siguientes requisitos:

- Prueba de que has recibido premios o galardones importantes en reconocimiento a tus logros.
- Prueba de tu membresía en asociaciones que exijan que sus miembros tengan u obtengan logros destacados.
- Prueba de material publicado por otros autores en medios profesionales sobre tu trabajo en el campo académico.
- Prueba de tu participación, ya sea en un panel o individualmente, como juez del trabajo de otros en el mismo campo académico o en un campo relacionado.
- Prueba de tus contribuciones investigativas científicas o académicas originales en tu campo académico.
- Prueba de tu autoría de libros o artículos académicos (en publicaciones académicas de circulación internacional).[14]

La tercera vía para obtener una visa de inmigrante tipo EB-1 es reunir los requisitos de un ejecutivo o gerente de una multinacional. Al igual que ocurre con la segunda categoría, vas a tener que recibir una oferta de empleo. Una vez que la obtengas, tendrás que cumplir con requisitos muy parecidos al de la visa de no inmigrante tipo L-1A (la explicamos en el capítulo 3). Para cumplir con los requisitos, tienes que:

- Demostrar que durante los tres años anteriores a la petición has estado empleado como gerente o ejecutivo durante al menos un año por una empresa hermana en el exterior.
- Que deseas ingresar a Estados Unidos para continuar ofreciendo tus servicios como gerente o ejecutivo.[15]

Tu empleador tendrá que demostrar que tus funciones en el exterior, al igual que en Estados Unidos, son de tipo ejecutivo o gerencial. Y que la empresa en Estados Unidos opera desde por lo menos un año antes.

Segunda categoría EB-2: aptitud extraordinaria de segunda preferencia

Para cumplir con los requisitos de una visa EB-2 de segunda preferencia, debes demostrar que perteneces a uno de los siguientes tres subgrupos:

- Eres un profesional, y el puesto requiere un título de posgrado o su equivalente (el cual determina el criterio para el puesto).
- Eres un ciudadano extranjero que tiene una aptitud excepcional pero que no llega al nivel de «extraordinario» requerido para la EB-1.
- Tu trabajo en Estados Unidos es de interés nacional y significará un beneficio importante para el país.[16]

Para reunir los requisitos del primer subgrupo, vas a necesitar una oferta de empleo, y el puesto debe requerir una persona con, por lo menos, un grado de máster o su equivalente.[17] Además, es necesario que el empleador presente una certificación laboral, emitida por el Departamento de Trabajo (Department of Labor, DOL), a través de la cual el empleador le prueba al gobierno federal que no pudo encontrar trabajadores ciudadanos o residentes legales permanentes que estén calificados, disponibles y dispuestos a asumir el puesto que te ofrecen. (Hablaremos de este proceso de certificación laboral más adelante).

¿SABÍAS QUE...?

El gobierno considera como equivalente de un título de posgrado, una licenciatura (*baccalaureate*) más cinco años de experiencia laboral progresiva en su campo. Si el título fue obtenido en el extranjero, deberás presentar una credencial de académico para comprobar su equivalencia a un título obtenido en una institución estadounidense.

Bajo el segundo subgrupo, el de aptitud excepcional, tendrás que demostrar que tienes alguna capacidad excepcional en las ciencias, las artes o los negocios. Por aptitud excepcional se entiende un grado de habilidad notablemente por encima de lo que normalmente se encuentra en las ciencias, las letras o los negocios. Esto se demuestra si cumples con por lo menos tres de los siguientes requisitos establecidos por la Ley de Inmigración:

- Historial académico oficial que muestre que tienes un título, diploma, certificado o galardón similar otorgado por una universidad, escuela u otra institución docente relacionada con el campo en el cual tienes una aptitud excepcional.

- Cartas de recomendación que sirvan como prueba de que tienes al menos 10 años de experiencia en tu profesión como trabajador de tiempo completo.
- Un permiso para practicar tu profesión o una certificación de tu profesión y ocupación si es requerido.
- Prueba de que has recibido un salario u otro tipo de remuneración por tus servicios, que demuestre que tienes una aptitud excepcional.
- Membresía en una o varias asociaciones profesionales.
- Reconocimiento por parte de colegas, entidades del gobierno, organizaciones profesionales o de negocios por tus logros o notables contribuciones en tu industria o campo.[18]

El gobierno también aceptará otras pruebas de elegibilidad, no incluidas en la lista de requisitos, que puedan demostrar tus conocimientos y aptitudes excepcionales en el área.

El tercer subgrupo corresponde al de ciudadanos extranjeros que solicitan una dispensa por interés nacional. Ellos piden que se les dispense la certificación laboral porque son de interés para Estados Unidos.[19] Al igual que los extranjeros con habilidades excepcionales, dichas dispensas generalmente se le otorgan a aquellas personas que tengan un talento excepcional y cuyo empleo en Estados Unidos beneficiaría en gran medida a la nación.[20] También tienen que cumplir con tres de los mismos requisitos, aunque ahora demostrando que las funciones o el trabajo o desempeño en Estados Unidos es de interés nacional.

Tercera categoría EB-3: trabajos especializados o profesionales

La mayoría de trabajadores o empleados que desean obtener la residencia permanente a través de un empleador, reúnen los requisitos de la categoría EB-3, la cual también requiere una certificación laboral.[21] Al igual que las categorías EB-1 y EB-2, esta también se encuentra subdividida en tres grupos, y para reunir sus requisitos tendrás que clasificar bajo una de las siguientes subcategorías:

- Un trabajador profesional.
- Un trabajador especializado.
- Otro tipo de trabajador.

Para reunir los requisitos de la subcategoría «profesional», el trabajo o puesto que te ofrezcan exige al menos un título universitario (*baccalaureate*) de Estados Unidos o su equivalente en el extranjero.[22] El gobierno federal define un trabajador especializado como aquella persona cuyo trabajo, que no es temporal ni eventual, exige un mínimo de dos años de capacitación o de experiencia laboral.[23]

La tercera subcategoría, «otros trabajadores», es para aquellas personas que realizan un trabajo no especializado que exige menos de dos años de capacitación o experiencia, siempre y cuando, al igual que los trabajadores especializados, no sea un puesto temporal o eventual.

Los requisitos de idoneidad para la clasificación de tercera preferencia son menos estrictos, lo que significa que hay más demanda para el número limitado de visas de inmigrantes en esta categoría. En el caso de las visas en la categoría de «otros trabajadores», hay un considerable retraso en su disponibilidad.

¿Qué es la certificación laboral?

Como ya hemos mencionado, con la excepción de las categorías EB-1, EB-4 y EB-5, la certificación laboral es el requisito legal para poder obtener una visa de inmigrante basada en un empleo.

Una certificación laboral, que se obtiene a través del Departamento de Trabajo (Department of Labor, DOL), es un documento que confirma que el empleador, después de un periodo determinado de tiempo, no encontró trabajadores residentes o ciudadanos disponibles, calificados y dispuestos a ocupar el puesto, que es la base de la petición inmigratoria tipo EB-2 o EB-3.[24] A través de esa solicitud, la cual generalmente se envía electrónicamente al DOL, el empleador también certifica al gobierno que el empleo no tendrá un efecto adverso en los salarios, ni en las condiciones de trabajo de trabajadores ciudadanos o residentes que están en posiciones similares.[25]

La fecha en que el gobierno recibe la solicitud para una certificación laboral pasa a ser tu fecha de prioridad, la cual determinará la disponibilidad de visa dependiendo de la categoría para la cual reúnas los requisitos y tu país de nacionalidad.

Proceso de las categorías EB-1, EB-2 y EB-3

Una vez que obtienes la certificación laboral, el proceso es parecido al proceso inmigratorio por medio de un familiar. El empleador debe llenar y presentar un formulario I-140, «Petición de trabajador extranjero» (Petition for Alien Worker), a la Oficina de Ciudadanía y Servicios de Inmigración (US Citizenship and Immigration Services, USCIS).

Luego, la USCIS te enviará por correo un sobre con el formulario I-797, «Notificación de acción» (Notice of Action), documento que demuestra que el formulario I-140 fue recibido o aprobado por el gobierno. Si te encuentras en Estados Unidos y hay disponibilidad de visa, entonces puedes llenar y presentar el formulario I-485, «Solicitud de registro de residencia permanente o ajuste de estatus» (Application to Register Permanent Residence or Adjust Status).

MUY IMPORTANTE

El formulario I-485 se puede enviar en cualquier momento después de que el formulario I-140 haya sido recibido por la USCIS, siempre y cuando la petición no haya sido denegada y si existe disponibilidad de visa.

Si el trabajador que va a recibir el beneficio se encuentra fuera de Estados Unidos, puede hacerse residente legal permanente por medio de un trámite consular. En este caso, los pasos a seguir son los siguientes:

- La USCIS aprueba el formulario I-140.
- La USCIS notifica al Centro Nacional de Visas (NVC) del Departamento de Estado (Department of State, DOS).
- El DOS se comunica con el beneficiario en cuanto el *Boletín de visas* indique que hay un cupo de visa o una visa disponible. El DOS le informará sobre el costo del proceso consular y le dará un listado de documentos para obtener.
- El consulado cita y entrevista al beneficiario.
- El consulado emite la visa de inmigrante al beneficiario.
- El beneficiario puede viajar con la visa de inmigrante y pedir entrada como inmigrante a Estados Unidos.
- Una vez admitido su ingreso, pasa a ser oficialmente un residente legal permanente de Estados Unidos y puede gestionar la *green card*.

Cuarta categoría EB-4: inmigrantes especiales

La categoría EB-4 está reservada para personas consideradas como inmigrantes especiales y no requiere de una oferta de empleo o certificación laboral.[26] Los siguientes inmigrantes especiales cumplen con los requisitos en esta categoría:

- Trabajadores religiosos.
- Inmigrantes especiales juveniles.
- Locutores.
- Viudos de ciudadanos.
- Organizaciones internacionales EG-4 o empleados NATO-6 y sus familiares.
- Empleados del gobierno de Estados Unidos en el extranjero.
- Miembros de las Fuerzas Armadas.
- Empleados de la Zona del Canal de Panamá.
- Ciertos médicos con títulos avanzados.
- Traductores iraquíes o afganos.
- Ciudadanos afganos e iraquíes que han prestado servicios de apoyo a operaciones de estadounidenses.[27]

Para hacer una petición de inmigrante de «cuarta preferencia» basada en un empleo, tu empleador deberá llenar y enviar un formulario I-360, «Petición de amerasiático, viudo(a) o inmigrante especial»[28] (Petition for Amerasian, Widow(er), or Special Immigrant). Ten en cuenta que en determinadas situaciones, una persona o el empleado puede pedirse por sí mismo, es decir en su nombre. Te recomendamos que leas las instrucciones del formulario para ver si cumples con los requisitos para presentar la petición por ti mismo, y saber qué documentos de apoyo vas a tener que adjuntar al formulario I-360.

Quinta categoría EB-5: capacidad económica

Quienes reúnan los requisitos de la categoría EB-5 tienen que hacer una inversión de por lo menos un millón de dólares para poder recibir una residencia condicional.[29] En ciertos casos, en los que la USCIS ha determinado necesidad económica, una inversión de 500,000 dólares puede ser suficiente. En dicho caso, la organización autorizada por la USCIS como EB-5 te indicará el monto mínimo de inversión para ser considerado bajo esta categoría.

El Congreso creó el Programa EB-5 en 1990 para estimular la economía estadounidense por medio de la generación de empleos y la inversión de capital por parte de inversionistas extranjeros. En 1992, el Congreso creó el Programa de Inversionistas Inmigrantes, también conocido como Programa de Centros Regionales. Las visas bajo la categoría EB-5 están reservadas para participantes del programa que invierten en empresas comerciales que reúnen las condiciones exigidas a través de centros regionales preaprobados por el gobierno.

Todos los inversionistas EB-5 deben invertir en una empresa comercial, generalmente a través de un centro regional preaprobado por el gobierno.

Existe una excepción para inversiones en empresas establecidas antes del 29 de noviembre de 1990 si cumplen con los siguientes requisitos:

- Que haya sido comprada por otra empresa, y el tipo de negocio existente sea reestructurado y reorganizado de tal modo que resulte en una nueva empresa comercial.
- Que se haya expandido a través de inversión, de modo que ocurra un 40 por ciento de incremento en el valor neto o en la cantidad de empleados.[30]

El término empresa comercial se refiere a cualquier actividad con fines de lucro encaminada a la realización continua del negocio legal, incluyendo, entre otros, propietarios, asociaciones (limitadas o generales), compañía matriz y corporación, etcétera.[31]

La ley requiere que el inversionista cree o preserve al menos 10 empleos para trabajadores estadounidenses dentro de un plazo de dos años (o bajo ciertas circunstancias, dentro de un tiempo razonable después de un período de dos años) desde el momento en que se ha admitido la entrada a Estados Unidos del inversionista inmigrante.[32] Si es aprobado, el inversionista entra como residente legal permanente condicional y, al terminar los dos años, deberá comprobar la vigencia de la inversión y el mantenimiento de los empleos creados o preservados.

¿SABÍAS QUE...?

Los inversionistas bajo este programa invierten al menos 500,000 dólares en áreas rurales o zonas de desempleo. De lo contrario, la inversión mínima es de un millón de dólares.

Este es un proceso que requiere una amplia asesoría legal, desde la entrega de una solicitud con un centro regional hasta la supervisión de la inversión. Por lo tanto, te recomendamos que busques el consejo de un abogado y te asegures de que no solamente entregues una solicitud con los datos correctos, sino que también continúes cumpliendo con los requisitos hasta el momento en que te den la residencia y luego te quiten la condicionalidad de tu tarjeta verde.

LOTERÍA DE VISAS
PROGRAMA DE VISAS DE DIVERSIDAD (DV)

La Ley de Inmigración considera una clase de inmigrantes conocidos como «inmigrantes diversos», quienes provienen de países con tasas históricamente bajas de inmigración a Estados Unidos.[33] El Programa de Visas de Diversidad está concebido para permitir la emigración de un número limitado de personas. El programa sortea y distribuye 50,000 aprobaciones anuales a través de las cuales se permite a los seleccionados solicitar una residencia

Lotería de visas

Año fiscal	Concursantes
2013	12,577,355
2014	14,633,971
2015	14,418,063

permanente. El gobierno hace el sorteo entre seis regiones geográficas, y ningún país puede recibir más de siete por ciento de las visas disponibles en cada oportunidad.[34]

En cada sorteo, el Departamento de Estado (Department of State, DOS) publica en su página digital las instrucciones detalladas para participar en el programa, y habilita la solicitud en línea[35] durante un período de 30 días entre los meses de octubre y noviembre, para que los interesados en el concurso la llenen y envíen el formulario de participación.

La ley permite solo una solicitud por persona. El DOS cuenta con tecnología para detectar múltiples entradas, y señala que si detecta más de una participación por persona, le retira la solicitud del concurso. Los preseleccionados en el sorteo son notificados entre mayo y julio del año siguiente.

Después de enviar la solicitud vía internet, completamente gratis, verás en la pantalla de tu computadora una confirmación con tu nombre y un número de participación único. El gobierno recomienda que imprimas esta pantalla y utilices ese número de confirmación para tus registros, y puedas verificar en una herramienta digital si fuiste seleccionado bajo el sorteo. También necesitarás el número único para obtener más instrucciones, o programar una entrevista para una visa si eres uno de los 50,000 seleccionados para emigrar.

Entre los años fiscales 2013 y 2015, el Departamento de Estado registró más de 14 millones de participantes en el sorteo de la lotería de visas. La cifra incluye a familiares inmediatos o dependientes.

Una vez que el periodo de tiempo para someter una solicitud se cierra (los primeros días de noviembre), el DOS lleva a cabo una selección aleatoria de todas las inscripciones (solicitudes) registradas (recibidas) con base en el número de visas disponibles en cada región y país. Si eres preseleccionado, el gobierno se comunicará contigo y te dará instrucciones adicionales para procesar tu caso. Este proceso es completamente electrónico, por lo tanto, es importante que siempre tengas en mano tu número de confirmación único.

¿SABÍAS QUE...?

No hay costo para registrarse en el sorteo de la lotería de visas o visas de diversidad.

DISPONIBILIDAD DE VISAS

La Ley de Inmigración establece el número de visas de inmigrante que pueden ser otorgadas anualmente. Las peticiones familiares y las de empleador están divididas en categorías de preferencia, y estas son numéricamente limitadas.[36] Ahora bien, nada ni nadie garantiza que una visa de inmigrante esté disponible inmediatamente, ya que la demanda en ciertas categorías puede superar la cuota anual permitida por ley del Congreso federal.

Cuando la demanda excede la cantidad anual establecida, se forma una cola. Para distribuir el número de visas disponibles, el Centro Nacional de Visas (National Visa Center) del Departamento de Estado se encarga de distribuir la cuota de visas de inmigrante teniendo en cuenta el país de origen, la categoría de preferencia y la fecha de prioridad.

La fecha de prioridad se usa para determinar tu lugar en la cola, o sea, si tu visa de inmigrante está disponible. Si está, el DOS se pondrá en contacto contigo para finalizar el proceso consular.

La fecha de prioridad la hallarás en la aprobación del formulario I-797[37] de la USCIS. Tu período de espera dependerá de la actual demanda de visas de inmigrante, las limitaciones por país y el número de visas asignado a tu categoría de preferencia.

EL *BOLETÍN DE VISAS*

El *Boletín de visas*, publicado mensualmente por la Oficina de Asuntos Consulares del Departamento de Estado, da información clave sobre la disponibilidad de cupos de visas de inmigrante. Es el documento utilizado frecuentemente por funcionarios consulares, agentes de inmigración, abogados y peticionarios de visas de inmigrante. El tiempo que les queda esperar en cola para recibir el beneficio de una residencia es determinado por esta publicación.

El *Boletín de visas* también incluye estadísticas sobre las aprobaciones o ganadores de la lotería de visas (visas de diversidad) y solicitudes de refugiados. Para las residencias legales permanentes, existe un límite anual de 480,000 visas de inmigrante: Es importante notar que, aunque familiares inmediatos siempre tienen disponibilidad, son contados bajo este monto anual.

Como ya hemos explicado, cuando hablamos de peticiones inmigratorias familiares, el término familiares inmediatos incluye:

- Esposos de ciudadanos estadounidenses.

- Hijos no casados de ciudadanos menores de 21 años de edad.
- Padres de ciudadanos que tengan 21 años o más.
- Viudos de ciudadanos, siempre y cuando la petición haya sido presentada antes de la muerte del cónyuge.

El *Boletín de visas* publica la disponibilidad del resto de las peticiones familiares y las divide de la siguiente manera:

Categoría familiar	Descripción
F1	Hijos solteros de ciudadanos estadounidenses.
F2A	Cónyuges e hijos de residentes permanentes.
F2B	Hijos solteros menores de 21 años.
F3	Hijos casados de ciudadanos estadounidenses y sus cónyuges e hijos menores.
F4	Hermanos de ciudadanos estadounidenses mayores de 21 años y sus cónyuges e hijos menores.[38]

Para estas categorías se espera varios años, en algunos casos más de veinte años, debido a que la demanda en la última década ha excedido ampliamente el límite anual.

Por el lado de peticiones de empleo, existen 140,000 visas anuales y están limitadas para que no más de siete por ciento de los visados se otorgue a los inmigrantes de un mismo país. Por lo tanto, un pequeño país del cual pocos ciudadanos vienen a Estados Unidos tiene el mismo número de visas disponibles que otros países donde hay un gran número de no inmigrantes con visas de trabajo.

El *Boletín de visas* está subdividido por las categorías de preferencia de empleo ya explicadas, EB-1, EB-2, EB-3, EB-4 y EB5.[39] Los que reúnen los requisitos de la EB-1 —al igual que las peticiones de la categoría de inversionista EB-5— siempre tienen un cupo disponible. Para las demás, generalmente hay una cola debido a la gran demanda, y esa cola es aún más larga para trabajadores originarios de China comunista, India y Filipinas.

Cómo leer el *Boletín de visas*

Generalmente el *Boletín de visas* incluye una letra o fecha debajo de cada categoría. Si bajo una categoría se encuentra la letra «C», no hay atraso y puedes reclamar tu residencia de inmediato. Si encuentras la letra «U», no vas a poder solicitar la visa de inmigrante, ya que no estará disponible en ese momento.

Para el resto habrá una fecha que indica el corte para cada una de las categorías de visa de inmigrante. Esa fecha es determinada por la fecha de prioridad, es decir, la fecha en que una certificación laboral o una petición de familiar extranjero (formulario I-130), es recibida por el gobierno federal.

OTRAS CATEGORÍAS DE INMIGRACIÓN

Visa S

La visa S está reservada para extranjeros que han colaborado con una oficina federal estadounidense de orden público como testigo o informante. Fue concebida para ayudar a los organismos policiales y otorga el beneficio de la residencia a informantes en casos penales ventilados en Estados Unidos.[40] La oficina que recibe la colaboración es la única que puede enviar una solicitud de residencia legal permanente (tarjeta verde o *green card*). Además, dicha oficina debe ser la misma que inicialmente pidió el estatus o visa S.

- Visa S-5: Para informantes cuyo testimonio es crítico en una investigación penal en Estados Unidos. El testigo viaja para ofrecer información clave y la oficina federal decide que su presencia en el país es imprescindible para el éxito del caso judicial.

- Visa S-6: Para personas que colaboren en un juicio, cuyas vidas corran peligro por los testimonios entregados durante una investigación o un juicio.
- Visa S-7: Para familiares directos (esposa e hijos) de portadores de visas S-5 o S-6.

Entre los años fiscales 2012 y 2016, el gobierno estadounidense solo otorgó cuatro visas tipo S, dos para informantes y dos para familiares.

Visa T

Ciertas víctimas del tráfico internacional de personas pueden reunir los requisitos para la visa T, creada por el Congreso en el año 2000 cuando se aprobó la Ley de Protección de las Víctimas de la Trata de Personas (TVPA)[41] Las personas que reúnan los requisitos pueden permanecer en Estados Unidos durante cuatro años, con una autorización de empleo y acceso a beneficios y servicios que ofrece el Departamento de Salud y Servicios Sociales. Al terminar los tres años, el beneficiario de una visa T puede pedir la residencia legal permanente.

Los tipos de visa T son los siguientes:

- Visa T1: Para víctimas severas de tráfico humano.
- Visa T2: Para cónyuges de los portadores de la visa T1.
- Visa T3: Para hijos de los portadores de la visa T1.
- Visa T4: Para parientes de los portadores de la visa T1 menores de 21 años.
- Visa T5: Para hermanos solteros menores de 18 años de los portadores de la visa T1 mayores de 21 años.

- Visa T6: Adultos o hijos menores de un familiar de los portadores de la visa T1.

Visa U

La visa U fue concebida para ciertas víctimas de abusos, como abuso doméstico o infantil, y brinda ayuda a los organismos de orden público y agentes del gobierno en la investigación y persecución de actividades criminales.[42] Al igual que la visa T, la categoría bajo la visa U fue activada en el año 2000 cuando el Congreso aprobó la Ley de Protección a Víctimas de Trata de Personas y Violencia, entre ellas mujeres inmigrantes víctimas de abuso.

Delitos contemplados para la visa U:

Acecho	Agresión sexual	Chantaje
Manipulación de testigos	Mutilación genital femenina	Contenido sexual abusivo
Toma de rehén	Trabajo forzado	Trata humana
Agresión con arma	Asesinato	Secuestro
Incesto	Obstrucción de justicia	Perjurio
Tortura	Trata de esclavos	Violación
Detención ilegal	Prostitución	Violencia doméstica
Explotación sexual	Rapto	Extorsión
Restricción ilegal criminal	Fraude en contratación de mano de obra extranjera	Servidumbre involuntaria
Homicidio involuntario	Otros crímenes relacionados[43]	

Para calificar para la visa U, la víctima tiene que cumplir con los siguientes requisitos:

- Ser víctima de un crimen reconocido por la categoría U.
- Sufrir abuso sustancial físico o mental.

- Proporcionar asistencia a la procuraduría o agencia policial.
- El crimen tuvo lugar en Estados Unidos o violó derecho estadounidense.
- Ser admisible para propósitos inmigratorios.[44]

Al igual que con la visa T, personas que reúnan los requisitos pueden permanecer en Estados Unidos durante cuatro años con una autorización de empleo y acceso a beneficios y servicios que ofrece el Departamento de Salud y Servicios Sociales. Al terminar los tres primeros años el beneficiario de una visa U puede pedir la residencia legal permanente.

Visa V

La visa V fue concebida para cónyuges o hijos menores de residentes permanentes que están esperando la residencia legal permanente.[45] La USCIS explica que un residente, su cónyuge, hijos o hijastros reúnen las condiciones exigidas si:

- Se presentó el formulario I-130 para los miembros de su familia el 21 de diciembre de 2000 o antes. Incluye hijos (solteros y menores de 21 años de edad) que aparecen en la petición.
- El familiar ha estado esperando por lo menos tres años desde que se presentó el formulario I-130.
- La visa de inmigrante no está disponible a través de una petición aprobada del formulario I-130, o la solicitud para ajuste de condición está pendiente, o la petición para visa de inmigrante está pendiente.

VAWA

Si has sufrido abuso como cónyuge, hijo o padre de ciudadano, puede que reúnas los requisitos para una petición de visa de inmigrante bajo la Ley de Violencia contra la Mujer (VAWA, por sus siglas en inglés).[46] La VAWA permite que las personas que han sido víctimas de abuso por parte de ciudadanos estadounidenses puedan presentar su propia petición de residencia sin el conocimiento del abusador.[47]

En casos de abuso por parte de residentes legales permanentes, los cónyuges e hijos que sufren abuso también pueden pedir la residencia bajo esta ley.[48] Tanto las mujeres como los hombres tienen derecho a este beneficio. Al igual que en el caso de familiares que han sufrido abuso por parte de ciudadanos, las víctimas de abuso por parte de residentes permanentes también puedan presentar sus peticiones de residencia sin el conocimiento del abusador.

Si sufres abusos, pide ayuda: llama a la Línea Nacional de Emergencia para Violencia Doméstica al 1(800) 799-7233 o al 1(800) 787-3224 (TDD), donde encontrarás asistencia.

Estas solicitudes de residencia se hacen completando y presentando un formulario I-360, «Petición de amerasiático, viudo(a) o inmigrante especial»[49] (Petition for Amerasian, Widow(er), or Special Immigrant). Una vez aprobado el formulario I-360, la víctima puede pedir la residencia permanente.

Estas gestiones requieren mucha documentación de apoyo para demostrar el abuso. Te recomendamos que te asesores con un abogado de inmigración para que te pueda ayudar con este tipo de petición.

Las claves para entender las visas de inmigrante a Estados Unidos

- Existen tres formas de obtener la tarjeta verde: a través de un familiar, de un empleador o de un programa humanitario.
- Las peticiones familiares solo pueden hacerlas los ciudadanos, residentes, refugiados y asilados.
- No todas las peticiones familiares de residencia se resuelven de inmediato; algunas tardan años.
- Los empleadores también pueden solicitar la residencia de sus trabajadores.
- Con excepción de los cónyuges e hijos solteros menores de ciudadanos estadounidenses, y padres de ciudadanos que tengan mas de 21 años, asilados y refugiados, todo el que aguarda la residencia debe hacer cola.
- Cada año, Estados Unidos sortea 50,000 residencias en todo el mundo. En el último concurso participaron más de seis millones de personas.
- Hay residencias condicionadas. Después de un tiempo, el beneficiario puede pedir que le retiren las restricciones.

CAPÍTULO 5

EL ASILO (Y REFUGIO) EN ESTADOS UNIDOS

Leyes a favor de la dignidad y del derecho a tener una vida lejos de la persecución y el miedo

Dame tus cansados, tus pobres,
tus masas amontonadas gimiendo por respirar libres,
los despreciados de tus congestionadas costas.
Enviadme a estos, los desposeídos, basura de la tempestad.
¡Levanto mi lámpara al lado de la puerta dorada!

Emma Lazarus, «El nuevo coloso»

A diferencia de la inmigración basada en el empleo o en el lazo familiar que tratamos en capítulos anteriores, en este capítulo hablaremos sobre el asilo y el refugio, también conocidos como la «tercera avenida de la inmigración». Sus orígenes datan del comienzo de nuestro gran país y se otorga a quienes llegan a Estados Unidos huyendo por razones no vinculadas ni al dinero ni al parentesco.

En este capítulo encontrarás información útil sobre el asilo y el refugio:

- En qué consisten estas categorías.
- A quién otorga Estados Unidos asilo.
- A quién concede refugio.
- Cuáles son los requisitos.
- Cómo se pide el asilo o el refugio.
- Las pruebas o evidencias.
- Cuáles son los caminos del asilo y el refugio.
- Cuántos asilos y refugios se otorgan cada año.
- El asilo de los mexicanos: una batalla cuesta arriba.
- El fraude de los «notarios».
- La oleada de migrantes en la frontera con México.

Estados Unidos otorga asilo o refugio a personas que se ven obligadas a huir de su país debido a persecución por uno de cinco motivos: raza, religión, nacionalidad, pertenencia a un grupo social en particular u opinión política. Y en ningún caso se trata de procesos sencillos o fáciles. Cada uno de estos caminos, que están separados entre sí, tiene un proceso complicado y requisitos difíciles cuyo incumplimiento lleva a un pleno rechazo de la solicitud por parte del gobierno. Muchas de estas solicitudes son desestimadas porque no cumplen con uno de los cinco motivos de persecución que causaron la huida.

ASILADOS Y REFUGIADOS

Un asilado o refugiado es una persona que ha sido forzada a dejar su patria, obligada a escapar de su situación personal porque las autoridades de su propio país no han sido capaces de otorgarle la debida protección, o no han estado dispuestas a hacerlo. Ambos son impactados por el severo trauma de buscar en otro país una oportunidad para comenzar una nueva vida, lejos del lugar de nacimiento, los recuerdos, la familia y los amigos.

Un **refugiado** es una persona que ha abandonado su país de nacimiento y no puede regresar a este por causa de uno de cinco posibles motivos de persecución. El estatus de refugiado solo se puede solicitar desde fuera del territorio de Estados Unidos.[1]

Un **asilado** cumple con uno de los cinco posibles motivos de persecución, pero ya se encuentra en territorio de Estados Unidos o ha llegado a un puerto de entrada del país (terrestre, marítimo o aéreo), donde puede pedir asilo.[2]

El asilo o refugio es la última vía para poner a salvo la vida, proteger el derecho a ser libre y respetado. Y no se trata de un regalo, sino de un derecho que se ejerce bajo situaciones extremas, por ejemplo, donde hay guerra o sucede una terrible catástrofe natural, como un terremoto devastador o una sequía que obligue a pueblos enteros a dejar sus hogares en busca de alimento o agua potable.

El estatus de asilado o refugiado se otorga a las personas que «constituyen una inquietud humanitaria especial para Estados Unidos», explica la Oficina de Ciudadanía y Servicios de Inmigración (USCIS, por sus siglas en inglés) en su página digital. «Es una forma de protección…» a personas «…que están fuera de sus países y que no pueden o no están dispuestos a volver allí porque temen daños personales graves».

Ambos procesos exigen muchos requisitos, y hay que completarlos todos para ir avanzando en cada una de las etapas, por muy sencillas que algunas veces parezcan. Un solo error puede activar de inmediato una orden de deportación.

¿SABÍAS QUE...?

En el curso de la historia moderna, millones de personas se han visto obligadas a huir y buscar refugio. Están, por ejemplo, los refugiados húngaros de 1956 que huyeron a causa de la expansión de la ex Unión Soviética; los cubanos tras la llegada de Fidel Castro al poder en 1959; los asiáticos que huyeron de la persecución desencadenada tras el fin de la Guerra de Vietnam, y los miles que emigraron al norte durante las guerras civiles de Centroamérica.

Situación actual

En los últimos cinco años, Estados Unidos ha visto y vivido de cerca dos fenómenos migratorios que han impactado el debate nacional sobre inmigración y su política de asilo y refugio. En ambos casos, sin embargo, se trata de tragedias que, por ahora, no tienen solución y empeoran con el paso de los días, semanas y meses.

El primer fenómeno, ocasionado por las acciones militares de la dictadura en contra de los rebeldes en la guerra civil en Siria, comenzó a principios de 2011, poco después de la Primavera Árabe. Al poco tiempo se sumaron al conflicto los yihadistas del Estado Islámico (EI) y Rusia, que envió soldados y aviones para luchar a favor del régimen y en contra de las tropas rebeldes y el EI. La situación social ocasionada por estos elementos ha provocado un gigantesco movimiento migratorio que no se veía desde los tiempos de la Segunda Guerra Mundial. De acuerdo con reportes del Alto Comisionado de las Naciones Unidas para los Refugiados (ACNUR), al mes de marzo de 2016 la guerra había desplazado de sus hogares a unos cinco millones de personas, la mayoría mujeres y niños, en busca de protección.[3] Estas personas, las cuales no tienen la posibilidad de llegar a un puerto de entrada a Estados Unidos, no encuentran otra opción que tratar de obtener la designación de refugiados para poder emigrar a este país.

El segundo fenómeno corresponde a los miles de inmigrantes de El Salvador, Guatemala y Honduras, la mayoría mujeres y niños, quienes desde 2013 han estado llegando hasta un punto de la frontera al sur del estado de Texas buscando la protección del gobierno de Estados Unidos. Vienen huyendo del crimen organizado, la corrupción, los cárteles de la droga y la pobreza extrema. Aunque estas cuatro causas no están en la lista de razones o motivos de asilo, estas personas arriesgan la travesía con la esperanza de ser escuchados y recibidos en este país. La ruta que escogen es considerada una de las más peligrosas del mundo para migrantes. Los que se atreven a recorrerla no solo se exponen a los elementos (desierto, calor y frío extremos, serpientes, coyotes, escorpiones, entre otros), sino que también se trata de un grupo de personas vulnerables frente a los numerosos elementos criminales, como asaltantes, traficantes de personas, extorsionadores y hasta cárteles de la droga, así como bandas dedicadas al comercio ilícito sexual de niños. Todos estos grupos toman ventaja de

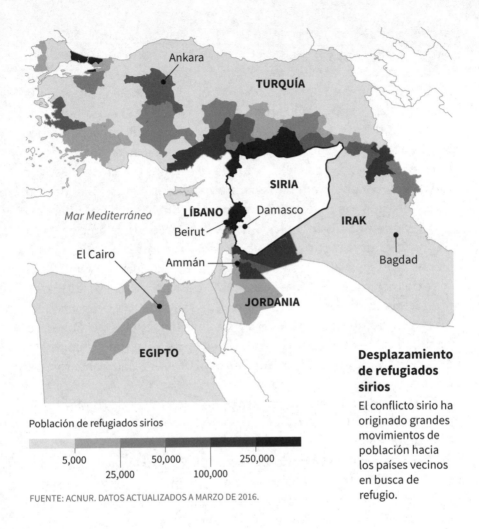

Ankara

TURQUÍA

SIRIA

Mar Mediterráneo   LÍBANO   Damasco

Beirut

El Cairo   IRAK

Ammán

Bagdad

JORDANIA

EGIPTO

Desplazamiento de refugiados sirios

El conflicto sirio ha originado grandes movimientos de población hacia los países vecinos en busca de refugio.

Población de refugiados sirios

5,000   50,000   250,000

25,000   100,000

FUENTE: ACNUR. DATOS ACTUALIZADOS A MARZO DE 2016.

la miseria de estos migrantes que se ven obligados a abandonar sus países.

Cuando llegan a algún punto de la frontera entre Estados Unidos y México y tratan de ingresar indocumentados, los detienen, arrestan, encarcelan y colocan en un proceso de deportación acelerado. Durante esta etapa, que generalmente no dura más de dos o tres días, muchos demuestran un temor creíble y son tratados como asilados potenciales.

Indocumentados en busca de asilo

Las personas detenidas por las autoridades federales estadounidenses (agentes de la Patrulla Fronteriza) en la frontera con México son puestos en proceso de deportación. Un elevado porcentaje de ellas solicita asilo. Sin embargo, se trata de una situación única, ya que las condiciones de criminalidad o de pobreza que declaran a las autoridades cuando son interrogados no cumplen por sí mismos con ninguna de las cinco razones por las cuales un extranjero puede ser considerado o tratado como refugiado o asilado, de acuerdo a las leyes internacionales ratificadas por el Congreso de Estados Unidos.

REFUGIADOS

El criterio para calificar como refugiado es simple. Todo solicitante debe:

- Estar fuera de Estados Unidos.
- Ser considerado una persona de interés humanitario para Estados Unidos.
- Demostrar que ha sido perseguido por causa de su religión, nacionalidad, opinión política o pertenencia a algún grupo en particular.
- No estar establecido en otro país que no sea el suyo.
- Reunir los requisitos para que su entrada a Estados Unidos sea admitida.[4]

El proceso para el refugiado

Cada año el presidente de Estados Unidos informa al Congreso sobre la situación mundial de los refugiados y recomienda los grupos de personas que deben de ser considerados para beneficiarse de la ley. Estos informes, que se conocen como «determinaciones presidenciales» (*presidential determinations*)[5] establecen los números anuales de admisión para refugiados. Por ejemplo, en la determinación presidencial del 29 de septiembre de 2015,[6] el presidente Barack Obama ordenó distribuir el cupo anual de refugiados de la siguiente manera:

Zona	Número de refugiados
África	25,000
Europa y Centro de Asia	4,000
América Latina	3,000 (incluye niños centroamericanos)
Medio Oriente/Sur de Asia	34,000
Reserva del ejecutivo	6,000
TOTAL	**72,000**

En el proceso para considerar a un individuo como refugiado participan varias organizaciones, además del gobierno de Estados Unidos, que coordinan sus recursos. Por lo general, los candidatos son recomendados por el ACNUR, organismo que obtiene los datos iniciales del ciudadano extranjero que solicita protección.

Toda persona interesada en ser considerada como refugiado debe, primero, visitar una oficina del ACNUR, que transfiere la información a un centro de apoyo de reasentamiento creado por el Departamento de Estado (DOS, por sus siglas en inglés). Este ministerio se encarga de entrevistar al peticionario y de enviar luego la documentación al Programa de Admisión para Refugiados de EE. UU. (U.S. Refugee Admissions Program, USRAP). El USRAP pasa a su vez la información obtenida a distintas oficinas gubernamentales para que verifiquen los antecedentes de la persona y coordina el proceso entre dichas oficinas. Una de ellas es el Departamento de Seguridad Nacional (DHS, por sus siglas en inglés), el cual designa agentes especiales para que lleven a cabo entrevistas en persona con el solicitante de refugio y obtengan su información biométrica, como fotos y huellas digitales. Una vez confirmada la información, determinan, a su discreción, si la persona reúne las condiciones necesarias para recibir el estatus de refugiado.[7]

MUY IMPORTANTE

El proceso de solicitud para ser considerado refugiado generalmente comienza con una recomendación de un organismo de las Naciones Unidas. No es un proceso que se pueda solicitar directamente en una embajada de Estados Unidos.

Si el DHS determina que la persona reúne los requisitos para ser un refugiado, el gobierno estadounidense tiene que confirmar que el individuo es viable para propósitos migratorios. Para ser otorgada la entrada al país, los ciudadanos extranjeros deben demostrar o probar una larga lista de condiciones, que señalamos en el capítulo 1.

Contexto histórico

- En el transcurso del siglo XX, el Congreso aprobó leyes que proveen protección a los inmigrantes forzados a huir de sus países. Si bien el refugiado representa una importante parte de la narrativa inmigratoria de nuestra nación, los argumentos que justifican la búsqueda de esta protección han cambiado porque las situaciones geopolíticas, naturales e incluso los escenarios dentro y fuera del país han experimentado alteraciones que provocan que cientos o miles de personas se vean obligadas a dejar sus hogares y emigrar en busca de un lugar seguro para vivir.

- Los primeros en llegar fueron los colonos que en el siglo XV huyeron de Europa para practicar su religión, y fueron quienes construyeron los cimientos de nuestro país basados en los ideales de libertad e igualdad.
- La historia de los refugiados en Estados Unidos se mantuvo estable hasta la recesión y el fin de la Primera Guerra Mundial, cuando el Congreso aprobó leyes de cuotas para regular y frenar la inmigración proveniente de países que, en aquellos años, se consideraban indeseables y hasta hostiles.
- Luego, a causa de la Segunda Guerra Mundial, surgieron nuevas normas internacionales sobre refugiados y asilados que huían de la persecución de los nazis y del Holocausto. Sin embargo, Estados Unidos no aprobó una ley de acuerdo con estas nuevas normas internacionales hasta 1980, cuando se aprobó la Ley de Refugiados, la cual se convirtió en parte del Código de Inmigración.
- Cabe notar que durante los primeros años de la Guerra Fría, Estados Unidos ejecutó algunas leyes de alivio para ciertos refugiados que permitieron a muchos extranjeros provenientes de los países que integraban la ex Unión Soviética escapar de la opresión del régimen comunista de Moscú.[8]
- La Ley de Ajuste Cubano, que sigue en efecto y fue creada durante este periodo, es un ejemplo de ello.

Algunas cosas que debes saber sobre los refugiados

- Los acuerdos internacionales suscritos por Estados Unidos reconocen que existe un grupo de personas que deben recibir atención especial para poder inmigrar como refugiados.
- La definición básica del término *refugiado* se origina en la Convención sobre el Estatuto de los Refugiados[9] adoptada en Ginebra, Suiza, el 28 de julio de 1951 por las Naciones Unidas (ONU).[10]

- Bajo esa definición (modificada en octubre de 1967[11] en el artículo 1 del protocolo relacionado con el estatuto de refugiado), un refugiado es una persona que «debido a fundados temores de ser perseguida por motivos de raza, religión, nacionalidad, pertenencia a un determinado grupo social u opiniones políticas, se encuentre fuera del país de su nacionalidad y no pueda o, a causa de dichos temores, no quiera acogerse a la protección de su país; o que careciendo de nacionalidad y hallándose, a consecuencia de tales acontecimientos fuera del país donde antes tuviera su residencia habitual, no pueda o, a causa de dichos temores, no quiera regresar a él...».

- A mediados de los años setenta, Estados Unidos aprobó y puso en vigor leyes que permitieron la admisión de ciertos refugiados, y estuvieron limitadas a algunas personas que huían de la persecución comunista. También incluyó a algunos países del Medio Oriente.

- No fue sino hasta 1980 cuando el Congreso aprobó la Ley de Refugiados[12] (The Refugee Act) con el objetivo de cumplir con las obligaciones suscritas por el país en los protocolos de 1967. Esta legislación se convirtió en parte del código inmigratorio y el país adoptó las normas internacionales que incluyeron ciertas obligaciones de proveer protección y ciertos derechos a personas que reúnan los requisitos como refugiados.

¿SABÍAS QUE...?

A finales del siglo XX, unos 100,000 refugiados llegaban a Estados Unidos cada año. Después de los atentados terroristas del 11 de septiembre de 2001, ese número permaneció entre 70,000 y 80,000, reducción generada por la implementación de nuevos sistemas de seguridad. En el año fiscal 2016, Estados Unidos dio la bienvenida a casi 85,000 refugiados. De estos, 72% fueron mujeres y niños.[13]

El siguiente paso

Si no surge ninguna clase de problema o inconsistencia durante la verificación de antecedentes, el proceso continúa en la embajada o el consulado estadounidense.

Cabe destacar que los refugiados, antes de recibir el beneplácito para viajar a Estados Unidos, son sujetos a los más altos niveles de escrutinio y verificación de antecedentes.

El gobierno de Estados Unidos asegura que no divulgará la información de la persona que pide refugio a su país de origen durante y después de la solicitud, sea esta aceptada o rechazada. Todo el proceso se trata de manera confidencial.

El solicitante de refugio recibirá ayuda de parte del consulado para completar la solicitud,[14] la cual es gratuita. Este documento, formulario I-730[15] (Refugee/Asylee Relative Petition), una vez terminado, revisado y firmado es entregado al cónsul, quien, luego de revisarlo, convocará al peticionario de refugio para una entrevista con un agente del DHS (que se hace en el lugar donde se presenta la solicitud).

En el formulario de refugiado se puede incluir:

- Al cónyuge.
- Hijos solteros menores de 21 años de edad.
- En ciertas circunstancias limitadas, a otros miembros de su familia.

Una vez aprobada la solicitud, el refugiado:

- Deberá someterse a un examen médico.

- Recibirá orientación para facilitar su inserción en la sociedad y cultura estadounidenses.
- Recibirá asistencia con sus planes de viaje.
- Se le otorgará un préstamo para facilitar el costo de los pasajes de traslado desde el país donde solicitó el refugio hacia su destino en el estado o ciudad que se le asigne.

Un vez que entre a Estados Unidos, el refugiado puede recibir tanto ayuda médica como asistencia económica, entre ellos Medicaid[16] y cupones de comida (*food stamps*). Cada uno de los 50 estados tiene su propio reglamento.

El programa también le permite al refugiado pedir a ciertos miembros de su familia inmediata que hayan permanecido en el exterior. Para ello, debe llenar y presentar la «Solicitud de familiar refugiado-asilado» por medio del formulario I-730[17] generalmente dentro de los dos años siguientes a su llegada. Igualmente, un refugiado puede que reúna las condiciones para tramitar una declaración jurada[18] de parentesco para su cónyuge, sus hijos (no casados y menores de 21 años) o sus padres. Este documento se utiliza para reunir a los refugiados con sus parientes cercanos, y

Los refugiados pueden trabajar inmediatamente después de entrar al país. En el puerto de entrada reciben un formulario I-94[19] con un sello de admisión indicando el estatus de refugiado, y se les tramitará una «Solicitud de autorización de empleo» (formulario I-765)[20] para que reciban un permiso de trabajo conocido como «documento de autorización de empleo» (Employment Authorization Document, EAD).[21] Mientras el refugiado espera a vuelta de correo su carné para trabajar, puede usar el formulario I-94 como prueba.

que el gobierno ha determinado que también son refugiados pero se encuentran en el exterior.

Al cumplir un año en el país, contado a partir de la fecha de ingreso, siempre y cuando el refugiado reúna las condiciones exigidas, tiene que pedir la residencia legal permanente (*green card* o tarjeta verde) por medio del formulario I-485.[22] (En el capítulo 4 hablamos más sobre ese proceso).

Para viajar al extranjero

Toda persona con estatus de refugiado en Estados Unidos que desee viajar al extranjero necesitará obtener un «permiso de reingreso» o «documento de viaje para refugiado»[23] (*Refugee Travel Document*) a través de una «Solicitud de documento de viaje», formulario I-131.[24] Sin este documento es muy posible que no pueda volver a entrar al país.

La USCIS advierte que si el refugiado viaja al país del cual huyó luego de solicitar refugio en Estados Unidos, a su regreso deberá explicar a las autoridades cómo pudo ir de manera segura si en su solicitud de protección aseguró que tenía miedo creíble de ser perseguido. Los abogados conocedores del proceso advierten que este error sienta un antecedente de presunción de mentira, y a partir de entonces el refugiado pone en duda la veracidad de los datos de su solicitud para viajar a Estados Unidos. Incluso puede llegar a perder su derecho de permanencia en el país.

MUY IMPORTANTE

Antes de planear un viaje al exterior, el refugiado debe obtener primero la residencia. En caso de dudas, debe hablar con su consejero legal para evitar contratiempos que dañen o interrumpan su estatus migratorio.

ASILADOS

El programa de asilo de Estados Unidos es generoso y cubre a ciudadanos provenientes de todo el mundo que buscan protección por haber sufrido persecución o por temor de sufrir persecución por su raza, religión, nacionalidad, pertenencia a un grupo social en particular u opinión política.[25] En las últimas dos décadas, el número de peticiones de asilo de mexicanos ha crecido considerablemente y solo en casos excepcionales se cumple una de las cinco razones o causas señaladas. Esta situación genera un alto número de rechazos que, por ley, terminan con una orden de deportación.

El asilo de mexicanos en Estados Unidos

Estados Unidos no suele otorgar asilo o refugio a los ciudadanos mexicanos, excepto en contadas ocasiones y casos extremos. De las **poco más de 47,000** solicitudes **de asilo y refugio** presentadas entre los años fiscales 2010 y 2014, la USCIS concedió 2,178, cifra equivalente a 4.5%.[26] El resto fue rechazado, abandonado, retirado o quedó pendiente en un laberinto que dejó a las personas perdidas en un limbo. La razón de tanto rechazo obedece a varios factores, entre ellos que México es uno de los principales socios comerciales del gobierno de Washington. Pero, ¿por qué entonces tantos mexicanos lo piden sabiendo que la mayoría de las solicitudes serán rechazadas?

Una razón es el desconocimiento de la ley, que es el principal caldo de cultivo del fraude migratorio, un delito que ha colocado a miles de mexicanos en la desagradable lista de estafados, mientras que otros que pusieron sus esperanzas en la bondad y generosidad de Estados Unidos y, sin saberlo, se convirtieron en fugitivos de la ley que las autoridades federales buscan para ejecutar sus órdenes de deportación.

A estos dos grupos se suma un tercero que corresponde a personas que, si bien es cierto que son víctimas del crimen organizado y los cárteles de la droga y que huyen para salvar sus vidas, al

163

solicitar protección, sus historias y miedos no están entre las cinco condiciones exigidas para obtener asilo y refugio, y las pruebas que presentan tampoco corroboran sus temores creíbles. El caso de Carlos Gutiérrez es ilustrativo; se trata de un mexicano que huyó de México en 2011, luego de que su vida y la de su familia corrieron serio peligro. Cinco años después de pedir asilo, su expediente sigue a la espera de una respuesta afirmativa.

El caso de Carlos Gutiérrez

En 2011, el comerciante Carlos Gutiérrez vivía en Chihuahua en compañía de su esposa y sus dos hijos. Era dueño de un negocio de concesiones de eventos deportivos. Todo marchaba bien hasta que los integrantes de los cárteles locales comenzaron a cobrarle una cuota de 10,000 dólares mensuales a cambio de permitirle seguir operando. Pero llegó un momento en que sus finanzas se agotaron y dejó de pagar. El 30 de septiembre de ese año, un grupo de individuos armados lo detuvo, le cortó las piernas y lo dejó tirado, con la certeza de que moriría. Pero Gutiérrez luchó por su vida y se salvó. Cuando salió del hospital en una silla de ruedas, huyó con su familia a Texas. Entraron al país con visas de turismo tipo B2 y luego pidieron asilo.

Cinco años más tarde, en marzo de 2016, al término de la entrevista con el agente de la Oficina de Asilo, el gobierno puso a Gutiérrez en un proceso de deportación y el caso se convirtió en asilo defensivo. Desde entonces, espera una respuesta final que le permita quedarse y no verse obligado a volver a su país natal, donde teme que su vida y la de su familia corran peligro.

«Me lo demoraron» (el asilo), afirma. «No sé qué sacan con eso. Pienso que mi caso es uno de los más dramáticos pero se ha tardado ya demasiado tiempo».

Gutiérrez también ha dicho que la demora en su caso ha sido «desgastante», y que en 2015 uno de sus hijos ganó su caso de asilo afirmativo. «Eso me abrió las puertas para que la Corte de Inmigración cerrara mi caso y la fiscalía llegara a un acuerdo con mi abogado. Todo esto ha sido bastante complejo y complicado. Es difícil para los mexicanos pedir asilo en Estados Unidos, muy difícil», concluyó Gutiérrez.

La solicitud de asilo de Gutiérrez no avanzó porque en alguna parte al comienzo del proceso, asomaron inconsistencias en el relato que debilitaron la presunción de miedo creíble. Y el gobierno de Estados Unidos no llevó a término el proceso de deportación por razones humanitarias, a causa del terrible sufrimiento padecido por el comerciante mexicano y su familia.

La entrevista

La entrevista con el agente de la oficina de asilo de la USCIS es clave y, quizás, el momento determinante sobre tu futuro inmediato en Estados Unidos. Un error, una mala respuesta, un dato equivocado o un silencio no adecuado podrían representar la diferencia entre la tranquilidad o la pesadilla de volver al lugar de donde huiste y te sentiste amenazado.

La USCIS explica que usualmente la entrevista dura al menos una hora, pero que puede extenderse dependiendo del caso. Y que durante ella el agente verificará tu identidad y te preguntará datos biográficos, las razones por las que solicitas asilo y algunas preguntas para determinar si existe algún impedimento por el que no puedas solicitar o no se te pueda conceder asilo.

La USCIS reconoce que puede ser difícil hablar acerca de las experiencias traumáticas y dolorosas que te hicieron dejar tu país. Sin embargo, es importante relatar esa experiencia, de manera que el agente pueda determinar si reúnes los requisitos para recibir asilo.

Es decir, si en esta entrevista el peticionario de asilo no es o no suena suficientemente contundente en su historia, compromete entonces su caso, y la solicitud de protección puede convertirse en defensiva, como la de Gutiérrez, para que sea un juez de inmigración quien decida tu futuro en el país. O simplemente el caso sea desestimado.

Al final de la entrevista, el solicitante y su abogado o representante (si hay uno presente) tendrán una oportunidad de hacer una declaración o añadir información adicional. La decisión del caso no se tomará durante la entrevista de asilo, sino que será comunicada posteriormente.

No todas las solicitudes de asilo tienen final feliz

Del total de las peticiones de asilo que en 2014 recibió Estados Unidos, solo tres por ciento fue concedido a mexicanos.[27] Muy pocos casos, incluso con historias tan terribles como las de Gutiérrez, a veces se resuelven temporalmente con un trato excepcional, porque el retorno al país de origen pone la vida del inmigrante en peligro. Y no necesariamente se trata de un fallo en el sistema, sino de la manera en que se llena la solicitud, lo que se dice durante la entrevista con el agente de la oficina de asilo, o los argumentos y pruebas que se presentan ante un juez de inmigración en caso de que el asilo se convierta en defensivo.

Por qué las dificultades

Carlos Spector, uno de los abogados que representó a Gutiérrez en 2011 cuando este pidió asilo, explica que los mexicanos sí pueden pedir la protección de Estados Unidos bajo la ley, «pero el problema es que se trata de algo muy complicado, una especie de conspiración binacional entre ambos países para, de alguna manera, ocultar las violaciones de derechos humanos en México».

Nacionalidad de los asilados

Casi la mitad de los asilos concedidos en el año fiscal de 2014 se otorgaron a inmigrantes originarios de China y Egipto.

China
34%

46%
China y Egipto

Egipto
12%

13%
América Latina

Colombia	1%
Honduras	1%
Guatemala	2%
Haití	2%
Venezuela	2%
El Salvador	2%
México	3%

FUENTE: DHS YEARBOOK OF IMMIGRATION STATISTICS: 2014 REFUGEES AND ASYLEES.

Y agrega que la situación es tan compleja para los mexicanos que huyen que, por una parte, el gobierno de México batalla para esconder la violación de los derechos de sus ciudadanos, mientras que, por la otra, «no le conviene a Estados Unidos conceder asilo a los mexicanos, porque revelaría la crisis que vive su socio del sur, y se vería forzado a abrir de par en par la puerta del asilo».

Todo esto, más los fallos o errores que pueden registrarse durante la entrevista, hacen que el gobierno estadounidense rechace un alto número de asilos de mexicanos.

Cuándo comenzó el problema

No se puede ocultar el hecho de que en México existe una situación de violencia que está obligando a miles de personas a huir hacia el norte. Spector cuenta que el aumento en el número de solicitudes de asilo de ciudadanos mexicanos comenzó a registrarse en 1996, a raíz del incremento de homicidios dolosos cometidos con armas de fuego.

167

- Miles de mexicanos golpeados por la violencia del crimen organizado y el narcotráfico están huyendo para poner sus vidas a salvo.
- Los que viajan o se dirigen a la frontera de Estados Unidos piden asilo.
- Si los detienen en la frontera o en la primera cita con un agente de la Oficina de Asilo, expresan miedo de regresar porque no se sienten seguros en su país.
- El miedo es provocado por la delincuencia o el crimen organizado.
- Estados Unidos no considera este tipo de violencia una causa de asilo.

Cuando una petición de asilo es rechazada, el expediente se envía a una corte de inmigración para que un juez tome una decisión, pero el fallo puede demorar años debido a atascos en los tribunales.

Gutiérrez es consciente de las grandes dificultades y riesgos que enfrenta desde que tomó la decisión de huir con su familia en 2011. Él y su familia no fueron deportados porque recibieron lo que se conoce como asilo de excepción, una figura que, si bien no es permanente ni frecuente (se da en situaciones extremas), concede permanencia pero con beneficios limitados (derecho a permanecer y un permiso de trabajo pero sin acceso, después de un año, a la residencia legal permanente), y solo puede ser convocada en casos de persecución grave. En este tipo de situaciones, la Oficina de Asilo tiene facultad discrecional a pesar de que, como en el expediente de Gutiérrez, asomó en algún momento del proceso lo que se denomina «presunción de mentira» (por incongruencia en los relatos), una figura que desafortunadamente afecta la petición de amparo en perjuicio del solicitante.

La solicitud de asilo

Solicitar asilo, y que el gobierno de Estados Unidos lo conceda, no es fácil, como se aprecia en el caso de Gutiérrez. Toda persona que busca asilo tiene que:

- Completar la «Solicitud de asilo y de suspensión de remoción»[28] *(Application for Asylum and for Withholding of Removal)* por medio del formulario I-589.
- Demostrar que reúne todos los requisitos contemplados en la definición de «refugiado».[29]

La persona que lo solicita debe demostrar que «debido a fundados temores de ser perseguida por motivos de raza, religión, nacionalidad, pertenencia a un determinado grupo social u opiniones políticas, se encuentra fuera del país de su nacionalidad y no puede o, a causa de dichos temores, no quiere acogerse a la protección de su país; o que careciendo de nacionalidad y hallándose, a consecuencia de tales acontecimientos fuera del país donde antes tuviera su residencia habitual, no puede o, a causa de dichos temores no quiere regresar a él».[30]

Si este es el caso, el solicitante tiene que presentar muchas pruebas, sea por una solicitud afirmativa o una solicitud defensiva, y demostrar que tiene miedo creíble de persecución en su país de origen.

Solicitud afirmativa	Disponible para las personas que solicitan la protección del gobierno de Estados Unidos y no se encuentran en proceso de deportación.
Solicitud defensiva	Las personas que se encuentran en proceso de deportación pueden solicitar un asilo defensivo ante la Oficina Ejecutiva para la Revisión Inmigratoria (EOIR, por sus siglas en inglés), dependiente del Departamento de Justicia (DOJ, por sus siglas en inglés). La USCIS explica que este proceso se convierte en una defensa contra la deportación en el que la EOIR no le garantiza un abogado ni le puede asignar uno si el solicitante no tiene cómo pagar por sus servicios.

Una «Solicitud de asilo y de suspensión de remoción»[31] *(Application for Asylum and for Withholding of Removal)* por medio del

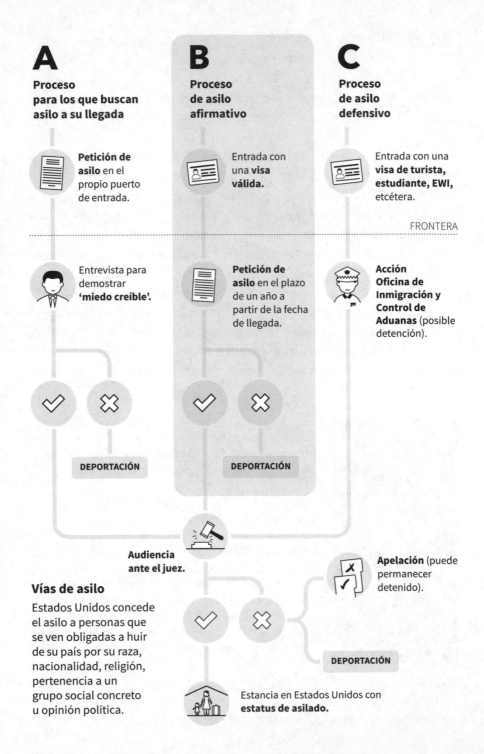

A

Proceso para los que buscan asilo a su llegada

Petición de asilo en el propio puerto de entrada.

Entrevista para demostrar **'miedo creíble'.**

DEPORTACIÓN

B

Proceso de asilo afirmativo

Entrada con una **visa válida.**

Petición de asilo en el plazo de un año a partir de la fecha de llegada.

DEPORTACIÓN

C

Proceso de asilo defensivo

Entrada con una **visa de turista, estudiante, EWI,** etcétera.

FRONTERA

Acción Oficina de Inmigración y Control de Aduanas (posible detención).

Audiencia ante el juez.

Apelación (puede permanecer detenido).

DEPORTACIÓN

Vías de asilo

Estados Unidos concede el asilo a personas que se ven obligadas a huir de su país por su raza, nacionalidad, religión, pertenencia a un grupo social concreto u opinión política.

Estancia en Estados Unidos con **estatus de asilado.**

formulario I-589 será rechazada si el gobierno descubre durante el proceso que la persona que pide asilo:

- Mintió en la solicitud.
- Inventó una historia de persecución.
- Presentó documentos falsos.
- No acude a las citas o comparecencias.
- Sale del país durante el proceso.
- Viaja al país del cual se vio obligado a huir.
- Ordenó, incitó, asistió o participó de alguna forma en la persecución de cualquier persona por razones de raza, religión, nacionalidad, pertenencia a un grupo social u opinión política.
- Fue convicto por un crimen particularmente serio y representa una amenaza para Estados Unidos.
- Cometió un crimen no político serio fuera de Estados Unidos.
- Antes de pedir asilo se reubica prolongadamente en un tercer país.
- Es miembro de un grupo terrorista o ha estado involucrado en actividades terroristas.
- Ha recibido adiestramiento de tipo militar por parte de una organización terrorista.
- Si el cónyuge o hijo del solicitante no ha cumplido con alguno de los requisitos anteriores durante los últimos cinco años.

Asilo afirmativo

Para solicitar el *asilo afirmativo,*[32] como comenzó el caso Gutiérrez, es necesario que el solicitante no se encuentre en proceso de deportación.

- Toda persona que haya entrado al país con cualquier tipo de visa de no inmigrante tiene derecho a solicitar asilo afirmativo durante su primer año de estadía en Estados Unidos. Para ello tiene que completar el formulario I-589[33] y enviarlo a la USCIS.[34]

- Asimismo, el inmigrante tiene que presentar pruebas de que ha sufrido persecución o que tiene temor de persecución por su raza, religión, nacionalidad, pertenencia a un grupo social en particular (por ejemplo, los homosexuales) u opinión política, si fuese devuelto o deportado a su país.

Si la solicitud la presenta un adulto:

- Puede incluir en ella a su cónyuge e hijos menores de 21 años de edad y solteros que se encuentren en Estados Unidos al momento de presentar la petición, o antes de que el gobierno tome una decisión final sobre el caso.
- Si el formulario I-589 lleva más de 150 días pendiente con USCIS, también puede solicitar una «Autorización de empleo»[35] (*Application for Employment Authorization*, AEA) a través del formulario I-765.

El primer permiso de trabajo, si tiene una solicitud de asilo pendiente o ya fue concedido, es gratuito. Y si gana el caso de asilo, el solicitante puede reclamar al cónyuge y a sus hijos solteros menores de 21 años presentando una «Petición de familiar refugiado/asilado»[36] (*Refugee/Asylee Relative Petition*), formulario I-730.

Además de la «Autorización de empleo», los asilados reúnen las condiciones necesarias para gestionar:

- Un número de seguro social (*Social Security Number,* SSN).
- Un permiso para viajar al extranjero. No deben de viajar al país del cual buscan protección con dicho permiso ya que pueden arriesgar su pedido de asilo.
- Seguro médico Medicaid o asistencia médica para refugiados.
- Después de un año a partir de la fecha en que el gobierno otorgue el asilo, pueden solicitar el estatus de residente legal permanente y recibir la *green card* (tarjeta verde).

- Cinco años más tarde, los que obtuvieron la residencia legal permanente tienen derecho a pedir la ciudadanía estadounidense.

Al igual que en el caso de los refugiados, antes de planear un viaje al exterior, el asilado debe obtener primero la residencia, y en caso de cualquier tipo de duda, debe consultar con su consejero legal para evitar contratiempos que dañen o interrumpan su estatus migratorio.

Si el asilo afirmativo es negado, el solicitante y sus dependientes son puestos en proceso de deportación para que un juez de inmigración decida su futuro en el país.

Asilo defensivo

Por lo general, a las personas que tratan de ingresar sin visa al país o son detenidos por agentes federales fronterizos, al igual que los que piden asilo al llegar a un puerto de entrada (terrestre, aéreo o marítimo), los ponen en proceso de deportación expedito. En ambas situaciones, el caso de asilo disponible es defensivo. En ciertos asilos, como el de Gutiérrez, la persona puede comenzar en un proceso afirmativo y terminar en un proceso defensivo, durante el cual se determina la veracidad del expediente, generalmente ante un juez.

Para cumplir con las obligaciones estipuladas por los convenios internacionales relacionados con refugiados, en el caso de un extranjero en proceso de deportación expedito, la ley le permite demostrar que tiene un miedo creíble ante un agente de la Oficina de Asilo. Asimismo, toda persona que indique o diga a un agente de inmigración, ya sea de la Patrulla Fronteriza, dependiente de la

CBP (por sus siglas en inglés) o de la Oficina de Inmigración y Control de Aduanas (ICE, por sus siglas en inglés), que teme persecución o tortura, puede solicitar una entrevista «de miedo creíble».

Hecha la petición, la persona es llevada ante un agente de la Oficina de Asilo,[37] que depende de la USCIS, para ser entrevistada. Si el funcionario determina que la persona tiene un miedo creíble, al igual que la posibilidad significativa de establecer el criterio para recibir asilo, el caso es referido a una corte de inmigración para que determine la veracidad del caso.[38]

¿Qué es el miedo creíble?

El gobierno federal, para garantizar un proceso de asilo que no viole las leyes internacionales y nacionales, toma en cuenta el miedo creíble de la persona, sobre todo si durante el proceso de asilo el peticionario expresa temor de ser perseguido o torturado si es devuelto a su país. Este concepto de miedo creíble también se aplica a los ciudadanos extranjeros que han sido deportados y regresan sin autorización a Estados Unidos. Aquellos que han sido condenados por ciertos delitos y están sujetos a ser deportados pero que durante el proceso de expulsión expresan el temor de regresar a su país también pueden argumentar miedo, aunque en esos casos se requiere demostrar miedo razonable, un criterio más elevado y riguroso para demostrar.

En el caso de una persona que pide asilo en un puerto de entrada, si el agente de inmigración determina que la persona no tiene un miedo creíble, el proceso de expulsión expedito se activa inmediatamente. Esto no quiere decir que será expulsado de inmediato, sino que dentro del debido proceso el extranjero todavía tiene el derecho a:

- Apelar la decisión.
- En caso de que un juez este de acuerdo con el agente de asilo, presentar una moción para reabrir o reconsiderar un caso por medio de una «Solicitud de reconsideración»[39] ante la Oficina de Asilo.

Si en la apelación el juez confirma la decisión, el individuo entonces es entregado a las autoridades de la ICE, y el solicitante de asilo es puesto en proceso de deportación de Estados Unidos.[40]

Si la persona reúne las condiciones exigidas para el asilo, las autoridades de inmigración le permitirán permanecer en el país hasta que un tribunal tome una decisión sobre el pedido y le indicarán que debe llenar y presentar al juez por medio de un formulario I-589, «Solicitud de asilo y de suspensión de remoción»[41] (*Application for Asylum and for Withholding of Removal*), en un plazo de un año a partir de la fecha de llegada al país. La gestión es gratuita.

Si te permiten permanecer en el país, no significa que vas a estar libre. Existen situaciones en las cuales los solicitantes de asilo deben permanecer en detención. Es importante notar que si el caso está pendiente por 180 días, generalmente se puede pedir una «Autorización de empleo» usando el formulario I-765.

Al cumplir un año en el país, contado a partir de la fecha en que la solicitud de asilo es aprobada, el asilado reúne los requisitos para solicitar la residencia legal permanente (*green card* o tarjeta verde) por medio del formulario I-485 (explicamos este proceso en el capítulo 4).

LA CRISIS MIGRATORIA EN LA FRONTERA CON MÉXICO: «NO ESTABAN PREPARADOS»

A partir de 2013, miles de menores inmigrantes indocumentados solos y unidades familiares (niños acompañados por uno o más adultos) comenzaron a emigrar hacia el norte en busca de un futuro mejor. Una vez arrestados en la frontera de Estados Unidos, fueron puestos en proceso de deportación expedito y enviados a una corte de inmigración para que un juez decidiera su futuro. Durante esta etapa (que por ley no debe demorar más de 72 horas), la mayoría de los inmigrantes mostró miedo creíble y pidió asilo. El fenómeno, nunca antes visto, puso en evidencia:

- La falta de capacidad de respuesta del sistema migratorio federal.

- Una crisis de la que muchos hablan pero que pocos se han detenido a observar para hallar soluciones.

Estas personas huyen a causa de los altos niveles de corrupción, violencia y pobreza que golpean a los habitantes de Guatemala, Honduras y El Salvador, y que se han recrudecido a partir de 2014.[42] A ello se sumaron eventos que, al ser anunciados en Estados Unidos, funcionaron como un poderoso atractivo, un imán:

- **27 de junio de 2013.** El senado aprobó un proyecto bipartidista de reforma migratoria (**S.744**), que iba a legalizar a unos nueve millones de inmigrantes indocumentados que llevaban tiempo en el país y no tenían antecedentes criminales. El plan, frenado por la Cámara de Representantes (controlada por los republicanos), atrajo la atención de miles de extranjeros, principalmente con vínculos familiares en Estados Unidos (hijos y cónyuges).
- **20 de noviembre de 2014.** En respuesta a la inacción de la Cámara de Representantes con el tema de la reforma migratoria, el presidente Obama anunció una acción ejecutiva para proteger de la deportación a cinco millones de indocumentados, a quienes además les iba a conceder un permiso de trabajo renovable cada tres años. La medida iba a favorecer a padres indocumentados de residentes legales permanentes y ciudadanos (Consideración de Acción Diferida para Responsabilidad de los Padres, Deferred Action for Parents of Americans, DAPA, por su sigla en inglés), y ampliaba los beneficios de la Acción Diferida de 2012 para jóvenes indocumentados que entraron al país antes de cumplir los 16 años de edad, a quienes se les conoce como *dreamers* (Consideración de Acción Diferida para los Llegados en la Infancia, Deferred Action for Childhood Arrivals, DACA, por sus siglas en inglés).
- **2 de junio de 2015.** El entonces candidato a la nominación del Partido Republicano, Donald Trump, lanza su candidatura a la Casa Blanca y anuncia que deportará a la totalidad de

los 11 millones de inmigrantes indocumentados que viven en el país. La postura sembró el miedo y muchos indocumentados aceleraron la venida de sus familiares inmediatos.

- **19 de enero de 2016.** La Corte Suprema de Justicia acepta revisar dos de los programas de la acción ejecutiva migratoria de Obama que protege de la deportación a cinco millones de indocumentados. Crecen las expectativas y también las esperanzas de reunificar familias.
- **20 de junio de 2016.** El máximo tribunal de justicia del país no decide sobre el futuro de la acción ejecutiva migratoria (empate 4 a 4) y se mantiene el dictamen cautelar dictado por una corte de Texas el 16 de febrero de 2015, que mantiene bloqueados los programas que frenan cinco millones de deportaciones.
- **8 de noviembre de 2016.** Donald Trump ganó las elecciones. Crece el miedo en la comunidad inmigrante ante las advertencias lanzadas durante la campaña presidencial, propulsando un mayor número de migrantes que desean entrar al país antes de la toma de posesión.

Un viaje al infierno

Un informe de Human Rights Watch (HRW) de 2014 revela que, según las autoridades estadounidenses, por lo menos 90% de los menores no acompañados y unidades familiares aprehendidos «a

Los números hablan por sí solos			
	Año fiscal 2013	Año fiscal 2014	Año fiscal 2015	Año fiscal 2016
Niños no acompañados	38,759	68,541	39,970	59,692
Unidades familiares	14,855	68,445	39,838	77,674
Total	53,614	136,986	79,808	137,366

su llegada a la frontera tenían argumentos razonables para temer regresar a sus países de origen, uno de los requisitos para pedir asilo; pero solo un pequeño porcentaje consiguió convencer a los tribunales de inmigración de que les permitieran quedarse».

El informe también mostró parte de los peligros que enfrentan los niños en el trayecto de unas 2,917 millas (1,812 kilómetros) de largo entre el sur del Triángulo Norte (Tegucigalpa, Honduras) y San Antonio, Texas, radiografía obtenida de entrevistas a personas que hicieron el viaje y que, cuando llegaron al final de la travesía, fueron arrestados, puestos en proceso de deportación expedito y enviados a un centro de detención o albergue mientras sus casos de asilo eran resueltos.

Relatos obtenidos indican que muchos de estos inmigrantes enfrentan los siguientes traumas:

- Amenazas de muerte, tanto o más severas que las experimentadas en sus países de origen y que motivaron la huida.
- Robo de las escasas pertenencias que traen consigo.
- Amenaza de violación sexual.
- Secuestro.
- Extorsiones.
- Accidentes de todo tipo (principalmente si usan el ferrocarril llamado La Bestia para transportarse por territorio mexicano).
- Enfermedades.
- Inclemencias del tiempo.
- Hambre y sed, sobre todo en el último tramo.
- Ataques de pandillas y narcotraficantes que controlan las zonas del cruce por territorio mexicano.
- Ataque de animales salvajes (principalmente serpientes).
- Abandono por parte de los traficantes («coyotes») que los guían desde sus países de origen hasta la frontera.
- Violaciones.
- Venta de rehenes por parte de las bandas criminales que controlan el tráfico de migrantes.
- Retención obligada con fines de extorsión.

SUEÑOS ROTOS

Toda unidad familiar proveniente de Centroamérica, pidan o no asilo, es puesta en proceso de deportación acelerada. Tanto la Casa Blanca como el Departamento de Seguridad Nacional (DHS) han advertido que no hay excepciones, y que algunas son liberadas tras el pago de una fianza o la colocación de un grillete electrónico para asegurar que acudirán a los tribunales y se agoten los pasos del debido proceso.

Luego de ser detenidos y fichados:

- Solo tienen derecho a comparecer ante un juez de inmigración o un agente de asilo si cuando son aprehendidos demuestran que tienen un miedo creíble de regresar al país del cual huyeron.
- La identificación del miedo creíble por parte de los agentes de inmigración es discrecional.
- Si el agente determina que no existe miedo creíble, el proceso de deportación expedita sigue su curso.
- Si el inmigrante es liberado y no acude a una de sus citas en la corte de inmigración, recibe una orden de deportación en ausencia y se convierte en fugitivo de la ley.

¿SABÍAS QUE...?

La Ley William Wilberforce de 2008 de Reautorización para la Protección de Víctimas de Tráfico (William Wilberforce Trafficking Victims Protection Reauthorization Act of 2008, TVPRA)[43] no permite que menores migrantes que viajan solos sean deportados de inmediato, como ocurre con los mexicanos cuando son detenidos en la frontera; deben ser entregados al Departamento de Salud y Servicios Sociales (HHS) para ser procesados y que un juez de inmigración decida su futuro.

- Los inmigrantes indocumentados que recibieron una orden de deportación después del 1 de enero de 2014 son prioridad de deportación para el DHS.[44]

Si el gobierno niega el asilo y el inmigrante agota el debido proceso (apelaciones o pedido de revisión de un fallo) y pierde sus derechos de permanecer en Estados Unidos, el DHS ejecuta la orden de deportación.

- A su regreso, el inmigrante expulsado que no logró demostrar miedo creíble, estará nuevamente en riesgo de perder la vida.
- Puede ser asesinado en cualquier momento.
- Si contrató los servicios de un traficante de personas, deberá pagar la deuda.
- El costo del viaje oscila entre 6,000 y 15,000 dólares. Algunas veces, los «coyotes» cobran más de esa cantidad. Y si logran cruzar la frontera sin que los detecten, secuestran al inmigrante («la carga») y piden un rescate mayor que la tarifa acordada antes del viaje.
- Si el inmigrante es deportado, el «coyote» cobrará la deuda a la familia. Los cobros se llevan a cabo con amenazas y violencia.

Miles de casos acumulados en los tribunales

El estar en proceso de deportación a la espera de una comparecencia ante un juez de inmigración y que la audiencia haya sido programada para dentro de tres o cuatro años, no significa que el inmigrante tenga más o menos oportunidades de quedarse en Estados Unidos. Esto se debe al gigantesco atraso que tienen los tribunales con casos acumulados. En la medida en que se vayan celebrando los procesos, la fila avanza pero no necesariamente con casos ganados.

Un informe del Departamento de Justicia solicitado por Univision Noticias a finales de noviembre de 2016 muestra la magnitud

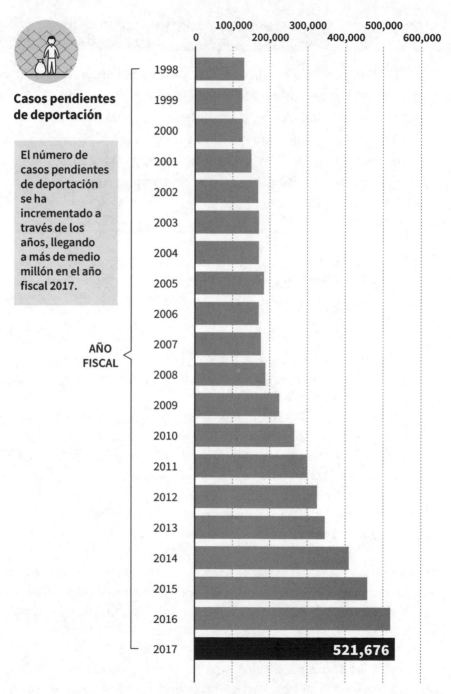

Casos pendientes de deportación

El número de casos pendientes de deportación se ha incrementado a través de los años, llegando a más de medio millón en el año fiscal 2017.

AÑO FISCAL

Año	Casos
1998	
1999	
2000	
2001	
2002	
2003	
2004	
2005	
2006	
2007	
2008	
2009	
2010	
2011	
2012	
2013	
2014	
2015	
2016	
2017	521,676

FUENTE: TRAC Immigration

¿SABÍAS QUE...?

El quiebre del sistema, la escasa respuesta del gobierno y el atasco en las cortes facilitan que miles de inmigrantes centroamericanos, cuando son detenidos, pidan asilo con casos débiles que probablemente no ganarán. Con las demoras judiciales, de hasta cuatro años, ganan tiempo, consiguen un permiso de trabajo y postergan sus inevitables deportaciones.

del problema. Entre el 18 de julio de 2014 y el 30 de agosto de 2016, la Oficina Ejecutiva para la Revisión Inmigratoria (Executive Office for Immigration Review, EIOR) había recibido:

- 77,141 casos o expedientes de deportación de niños no acompañados que fueron aprehendidos por la Patrulla Fronteriza cuando intentaban ingresar indocumentados al país.
- Todos habían pedido asilo.
- De ellos, 60,200 ya habían tenido al menos una audiencia en las cortes de inmigración.
- En el mismo período, la EOIR había recibido 56,228 casos nuevos de unidades familiares (niños indocumentados acompañados por un adulto).
- De ellos, 38,403 ya habían tenido al menos una audiencia preliminar en las cortes de inmigración.[45]

Más de 90% de los casos ventilados en las cortes de inmigración terminan con una orden de deportación, y en la mayoría de ellos los inmigrantes que pidieron asilo no cuentan con representación legal. La ley no dice que el gobierno esté obligado a proporcionar asistencia de tipo jurídica.

Pedir asilo en Estados Unidos se ha convertido en una odisea que empeora con el paso de los meses. Y no solo por todas las dificultades que el inmigrante enfrenta y sortea en el trayecto, sino porque al final del camino, cuando tiene la oportunidad de enfrentarse ante un juez, llega cansado, asustado, sin recursos, sin hablar inglés, sin conocer el sistema ni la asesoría de un abogado que lo defienda y con la amenaza de deportación a su país de origen.

FRAUDE MIGRATORIO

El complejo proceso de asilo y la avalancha de casos de los últimos tres años colapsaron las cortes de inmigración. Asimismo, generaron las condiciones propicias para el fraude, un delito que tiene como blanco la comunidad inmigrante en general. Incluso el gobierno federal, a través de la USCIS, advierte sobre las consecuencias de este delito, que les roba a los inmigrantes el derecho de permanencia en Estados Unidos.

Si necesitas ayuda legal sobre asuntos de inmigración, asegúrate de que la persona que te ayuda esté autorizada para brindar consejo legal en esos casos. Hay dos tipos de consejeros que te pueden ayudar:

1. Abogados, preferiblemente de inmigración, que no tengan restricciones[46] para practicar la ley.
2. Representantes acreditados[47] por la Junta de Apelaciones de Inmigración (BIA, por sus siglas en inglés).

Los notarios y gestores no están autorizados para representarte en un caso de inmigración.

¿Quién es un representante acreditado?

Según el servicio de inmigración, un representante acreditado es una persona «acreditada por la BIA, que trabaja para una organización también reconocida por la BIA, que puede representarlo ante la USCIS en un caso de inmigración». Agrega que ciertos representantes acreditados «también pueden representarlo ante la Oficina Ejecutiva para la Revisión Inmigratoria (EOIR)», y puntualiza que «los representantes acreditados por la BIA no son abogados, pero pueden darle consejo legal».

Un representante acreditado debe trabajar para una organización sin fines de lucro, religiosa, de caridad, servicios sociales o similar acreditada por la BIA. Un representante acreditado puede, si acaso, cobrarte solamente una cantidad nominal (pequeña) a cambio de servicios legales.

¿Y qué sucede con los «notarios» y los llamados «gestores»?

Por lo general, estos personajes, también conocidos como «llenapapeles», no están autorizados por la BIA para representarte en un caso migratorio. Si lo estuvieran, deberían hacer pública su licencia o permiso del gobierno.

En América Latina, el título de «notario» está asociado con la profesión o grado de abogado, pero en Estados Unidos un notario es alguien que obtiene una licencia solo para notarizar documentos, no para fungir como abogado o paralegal.

¿Cómo evitar el fraude migratorio?

- No contrates a gestores para que te representen en un caso de inmigración.
- Verifica que la persona que te ayuda en un caso de inmigración sea un abogado o representante acreditado por la BIA.
- Pídele a la persona que te vaya a asesorar o representar en un caso de inmigración que te muestre el certificado de la BIA que lo acredita como tal.
- Si contratas a un abogado, pídele que te muestre su título y la licencia del Estado que lo faculta para ejercer como abogado de inmigración.

- Si tienes dudas, comunícate con la Asociación Americana de Abogados de Inmigración (AILA)[48] para que te recomienden a un abogado de inmigración acreditado (y en tu idioma).

No creas todo lo que te digan:

- No escuches a personas que te prometan arreglar tu caso rápidamente.
- Tampoco escuches a quienes te aseguran que, por el pago de una suma de dinero, arreglarán tu caso porque tienen contactos en el gobierno federal.
- Tampoco prestes atención a los gestores que mencionan la existencia de una nueva ley secreta de inmigración que solucionará tus problemas.
- Si previenes el fraude, defenderás tus derechos de permanencia en Estados Unidos y ayudarás a otros a proteger a los suyos.

No mientas

El sistema migratorio estadounidense se basa en la confianza y en la certeza de las respuestas de los inmigrantes que solicitan beneficios. Si en un formulario no puedes contestar una pregunta porque desconoces la respuesta, la USCIS recomienda que incluyas una explicación por escrito en una hoja de papel adicional. Y asegúrate de responder siempre honesta y completamente. De lo contrario, corres el riesgo de que te rechacen la solicitud de un beneficio en particular, o pierdas el privilegio de entrar a Estados Unidos o los derechos de permanencia en este país.

Un ejemplo. Las autoridades migratorias han identificado una estafa que no se gesta en Estados Unidos sino en México. Se trata de casos en los que individuos de un mismo pueblo cuentan una historia similar en la frontera. Abogados del área de San Diego familiarizados con este tipo de fraude explican que a las víctimas que piden asilo les cobran por el consejo sin saber que a otros también les aconsejaron que dijeran lo mismo cuando los detienen en la garita de inmigración.[49] Cuando los agentes se dan cuenta de que se trata de un fraude, a muchos los deportan de manera expedita porque sus casos no son creíbles.

- Solo en solicitudes o peticiones en las que el individuo demuestra tener un miedo creíble, el agente de inmigración en la frontera le da curso al expediente y lo envía a una Corte de Inmigración (asilo defensivo).
- Muchos que no conocen el sistema, después de la primera entrevista, se marchan creyendo que ya tienen ganado el caso y se confían. Para cuando llega su día en corte, de acuerdo con el debido proceso, el juez que los recibe no

7 mitos falsos
sobre asilo y refugio

1. Cualquier persona puede pedir asilo o refugio en Estados Unidos solo demostrando que tiene cualquier tipo de miedo creíble.
2. El gobierno de Estados Unidos solo demora unas cuantas semanas en responder a una solicitud de asilo.
3. Si un caso de asilo es rechazado, el peticionario puede permanecer en Estados Unidos y pedir una visa.
4. Estados Unidos otorga el asilo una vez presentada la solicitud.
5. Los asilados o refugiados, una vez que les aprueban la solicitud o entren a Estados Unidos, pueden viajar cuando quieran a su país de origen.
6. Si en el país de origen no había empleo o no se ganaba suficiente dinero, esta es una causa para pedir asilo en Estados Unidos.
7. La mayoría de las peticiones de asilo son aprobadas.

les cree la historia y les niega la solicitud, porque no cumplen con una de las cinco causas de asilo estipuladas en el reglamento de asilo.

• Otros no acuden a las citas por miedo a que descubran el fraude. Entonces la corte emite una orden de deportación en ausencia y el peticionario de asilo se convierte en fugitivo de la ley.

Esto no significa que hay que inventar otra respuesta o cambiar de estrategia para conseguir que te crean y aprueben tu solicitud de asilo. Recuerda que la mentira en el proceso inmigratorio estadounidense se considera un delito grave que te descalifica, y la falta quedará para siempre en tu expediente.

No conocer el sistema migratorio estadounidense o tener un conocimiento equivocado sobre las distintas leyes y reglamentos o creer en mitos, puede causar que te rechacen una solicitud de asilo o refugio basado en las cinco razones de persecución (raza, religión, nacionalidad, pertenencia a un grupo social en particular u opinión política) o que pierdas tus derechos de permanencia en Estados Unidos.

Por lo general, los mitos, además de dificultar el trámite de un beneficio, vuelven vulnerables al inmigrante y lo exponen a la estafa o el fraude.

Las claves para entender el asilo y el refugio en Estados Unidos

- El refugio se solicita fuera de Estados Unidos; el asilo, cuando se llega a la frontera o después de haber entrado al país.
- En ambos casos se trata de un proceso difícil que no siempre termina con una respuesta afirmativa.
- Para pedir asilo o refugio, el individuo tiene que demostrar miedo, sea creíble o razonable, de que sufrirá persecución si regresa a su país.
- El asilo o refugio solo se otorga cuando se ha sufrido o se teme persecución por raza, religión, nacionalidad, pertenencia a un grupo social en particular u opinión política.
- Si una persona pierde un caso de asilo, enfrenta un proceso de deportación.
- En algunos casos, quienes piden asilo deben esperar la resolución del caso privados de libertad.
- El pedido de asilo no garantiza entrada a Estados Unidos. Más de 95% de los casos de América Latina son rechazados.
- Un alto porcentaje de asilos de latinos son estafas. Asesórate con un abogado con conocimiento de la ley de asilo.[50]
  No contrates notarios públicos.
- La violencia en tu país, la corrupción o la pobreza NO son causas de asilo.
- El proceso de asilo no comienza cuando el individuo es arrestado en la frontera. El proceso de asilo comienza cuando este indica un miedo de regresar a su país y presenta una «Solicitud de asilo y de suspensión de remoción» (*Application for Asylum and for Withholding of Removal*) por medio del formulario I-589.

CAPÍTULO 6

LA CIUDADANÍA ESTADOUNIDENSE

Un privilegio cargado de derechos

Juro lealtad a la bandera de Estados Unidos de América y a la república que representa, una nación, bajo Dios, indivisible, con libertad y justicia para todos.

Juramento de lealtad

Hacerse ciudadano de Estados Unidos es un privilegio. Además de brindarte mejores y mayores oportunidades para ti y tu familia, ser ciudadano estadounidense te permite participar activamente en el sistema electoral, y la ciudadanía es la pieza clave para el funcionamiento adecuado de nuestra democracia. El objetivo de la mayoría de residentes legales permanentes debe ser naturalizarse y, una vez que se convierten en ciudadanos, participar en el gran experimento democrático que compone al país.

En este capítulo encontrarás:

- Los beneficios de la ciudadanía.
- El proceso para recibir la ciudadanía.
- ¿Cuáles son los requisitos para la naturalización?
- Qué significa tener buen carácter moral.
- La entrevista.
- El examen para la ciudadanía.
- El juramento.
- ¿Sabías que puedes ser deportado cuando pides la ciudadanía estadounidense?
- Tus nuevos derechos como ciudadano.

La ciudadanía, además, es una fuente de empoderamiento para la comunidad inmigrante por tres razones básicas:

- Protege de ciertos tipos de discriminación.
- Vincula con los valores de libertad e igualdad que todos compartimos.
- Renueva el alma de la nación cuando le da la bienvenida a los nuevos inmigrantes.

¿POR QUÉ HACERSE CIUDADANO DE ESTADOS UNIDOS?

El privilegio de hacerse ciudadano de Estados Unidos otorga varios beneficios, y no todas las personas que solicitan la ciudadanía lo hacen por la misma razón. Entre los principales motivos están los siguientes:

- Para votar y participar activamente en el sistema democrático. El derecho al voto solo pueden ejercerlo los ciudadanos. El voto tiene un valor acumulativo que influye en la clase política y presiona para que los representantes del pueblo tomen medidas importantes para la comunidad, como la inmigrante, por ejemplo.
- Solo los ciudadanos pueden ejercer un cargo gubernamental.
- Muchos trabajos y puestos gubernamentales están reservados para ciudadanos.
- El proceso para pedir a un familiar con una solicitud de inmigrante es mucho más fácil y expedito.[1]
- Los agentes de inmigración no pueden negarle la entrada al país a un ciudadano de Estados Unidos.
- El gobierno no puede deportar a un ciudadano de Estados Unidos.
- Un ciudadano se puede ir a vivir a otro país sin perder la nacionalidad estadounidense.

- Los ciudadanos de este país tienen pleno derecho a los beneficios gubernamentales, entre estos, la asistencia pública.

Adicionalmente, todos los ciudadanos estadounidenses, independientemente de si lo son por nacimiento o por naturalización, están protegidos por el sistema completo de derechos garantizados por la Constitución. Por ejemplo, todos pueden viajar sin visa a ciertos países. En el capítulo 3 hablamos sobre el Programa de Visa *Waiver* (Visa Waiver Program, VWP), integrado por 38 naciones cuyos ciudadanos pueden entrar sin visa al país y viceversa.

Ranking de países de Latinoamérica con más ciudadanos estadounidenses nuevos en el año fiscal 2015

País	
México	105,958
R. Dominicana	26,665
Cuba	25,770
Colombia	17,207
El Salvador	16,930
Haití	14,053
Brasil	10,516
Guatemala	9,344
Venezuela	8,192
Ecuador	7,664

FUENTE: https://www.dhs.gov/immigration-statistics/yearbook/2015

¿Quién no debe pedir la ciudadanía y por qué?

Hay muchas más ventajas que desventajas al pedir la ciudadanía estadounidense. En ciertos casos, es recomendable detener el trámite y no entregar información a la Oficina de Ciudadanía y Servicios de Inmigración (US Citizenship and Immigration Services, USCIS) hasta no hablar primero con un consejero legal que revise el caso al revés y al derecho, porque un solo error te puede hacer perder tus derechos de permanencia en Estados Unidos.

Existen situaciones que al ser evaluadas por el gobierno pueden ponerte en riesgo, y llevarte incluso a la deportación. O, en algunos casos, cuando te haces ciudadano estadounidense, puedes perder derechos en tu país natal.

- Es importante que seas honesto al responder las preguntas de la solicitud de ciudadanía.
- Si has cometido algún delito, puede que la falta, aunque esta haya sido pagada, te ponga en proceso de deportación. Por ejemplo, si has violado alguna ley de inmigración o abandonaste tu residencia en algún momento, no debes aplicar para la ciudadanía. Pide a un consejero legal que revise tu expediente.
- Otra razón importante a tener en cuenta antes de pedir la ciudadanía es el hecho de que ciertos países limitan la propiedad a un ciudadano estadounidense.
- Hay ciertos países que no permiten la doble nacionalidad, lo cual significa que si te haces estadounidense, pierdes beneficios en tu país de origen. Consulta con la embajada o el consulado de tu país si permite la doble nacionalidad.

Todas estas causas, algunas desconocidas para muchos residentes que cumplen con los requisitos para llenar y enviar una «Solicitud de ciudadanía» (formulario N-400), deben ser analizadas antes de dar el siguiente paso.

MUY IMPORTANTE

Si tienes alguno de estos antecedentes, te recomendamos que primero te comuniques con un especialista de inmigración para que te asesore sobre el asunto. Cada una de estas situaciones puede iniciar un proceso de deportación.

Situaciones que pueden crearle un problema al residente que desea hacerse ciudadano

- Vivir fuera de Estados Unidos por más de seis meses.
- Mudarse a otro país.
- No declarar impuestos locales y federales.
- No registrarse para el servicio militar o el *Selective Service* (inscripción obligatoria para hombres entre 18 y 26 años de edad).
- Mentir para obtener un beneficio federal (préstamos, ayuda gubernamental, licencias de conducir, etcétera).
- Registrarse para ciertos beneficios que automáticamente te puedan identificar como ciudadano sin que tengas que indicarlo afirmativamente.
- Cometer delitos graves (felonías, entre otros).
- Registrarse para votar o fingir ser ciudadano para obtener algún beneficio.
- Tener problemas de adicción al alcohol o drogas.

¿Cuál es el criterio para otorgar la naturalización?

La ley considera tres maneras a través de las cuales una persona se puede hacer ciudadano estadounidense.

- **Ciudadanía por nacimiento.** Se trata de la más obvia y se encuentra amparada en la 14 Enmienda de la Constitución. Indica que cualquier individuo nacido en el territorio estadounidense y sujeto a su jurisdicción es ciudadano del país.[2]
- **Ciudadanía derivada o adquirida.** Este tipo de ciudadanía es la que adquieren los hijos de ciudadanos estadounidenses que nacen en el extranjero, siempre y cuando cumplan con criterios establecidos por ley.

- **Ciudadanía por naturalización.** Todo residente legal permanente, una vez cumplidos los requisitos, podrá solicitar la ciudadanía estadounidense (a través del formulario N-400).

Naturalizaciones aprobadas en 2015				
Año fiscal	Hombres	Mujeres	Desconocidos	Total
2015	322,164	408,064	31	730,259

FUENTE: Departamento de Seguridad Nacional (DHS) de Estados Unidos.

Naturalizaciones por continente en el año fiscal 2015	
Continente	Nuevos ciudadanos
África	71,492
Asia	261,374
Europa	78,074
América del Norte	247,492
Oceanía	3,811
América del Sur	67,927
Desconocido	89
TOTAL	730,259

FUENTE: Departamento de Seguridad Nacional (DHS) de Estados Unidos.

Toda persona interesada en hacerse ciudadano estadounidense debe cumplir con estos criterios básicos:

- Ser residente legal permanente.
- Tener 18 años de edad o más.
- Tener buen carácter moral.
- Poder leer, escribir y entender el idioma inglés.
- Demostrar conocimiento suficiente del gobierno estadounidense y su historia.

- Ser residente legal permanente por cinco años (excepto en ciertas situaciones donde el requisito es de tres años).
- Tener residencia continua en Estados Unidos de por lo menos cinco años (excepto en ciertas situaciones).
- Estar físicamente presente en el país por lo menos la mitad del período de cinco años (excepto en ciertas situaciones).
- Residir en el lugar de residencia estadounidense por un periodo de, por lo menos, tres meses antes del envío del pedido de ciudadanía.
- Estar dispuesto a juramentar lealtad a Estados Unidos.[3]

CIUDADANÍA POR NATURALIZACIÓN (DESPUÉS DE LA RESIDENCIA EN ESTADOS UNIDOS)

Para comenzar un proceso de naturalización, el peticionario debe demostrar que ha sido residente legal durante los cinco años previos al momento de llenar y enviar la solicitud, y haber vivido los tres meses previos, por lo menos, en el estado donde la tramita.

Ciudadanía por naturalización

Plazos para poder solicitar la ciudadanía estadounidense

General

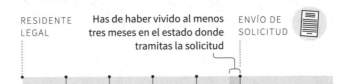

RESIDENTE LEGAL

Has de haber vivido al menos tres meses en el estado donde tramitas la solicitud

ENVÍO DE SOLICITUD

AÑO | 1 | 2 | 3 | 4 | 5

Cónyuges de ciudadanos estadounidenses

RESIDENTE LEGAL Y CASADO/A CON UN CIUDADANO

ENVÍO DE SOLICITUD

AÑO | 1 | 2 | 3

Hay varias excepciones a esta regla. La más común está asociada a los casos de solicitantes que son cónyuges de ciudadanos estadounidenses. En esa situación, como solicitante solo tienes que haber estado en el país como residente legal permanente por tres años en vez de cinco. Eso sí, hay que demostrar que has estado casado con un ciudadano estadounidense durante esos tres años, y que esa persona ciudadana ya era estadounidense antes de comenzar el período de tres años de espera.

Para los refugiados y asilados —vimos este tema en el capítulo 5—, el proceso es distinto. Los refugiados pueden pedir la residencia legal permanente hasta que cumplen un año en el país bajo ese estatus, o un año después de que el caso de asilo fue aprobado; los cinco años de espera requeridos para la ciudadanía pueden comenzar a contar un poco antes. En el caso de los refugiados, el requisito de los cinco años para comenzar el proceso de naturalización se cuenta a partir del momento en que ingresan como tales al país. Un asilado, en cambio, puede comenzar a contar desde el día en que la protección o amparo fue aprobado por un juez de inmigración.

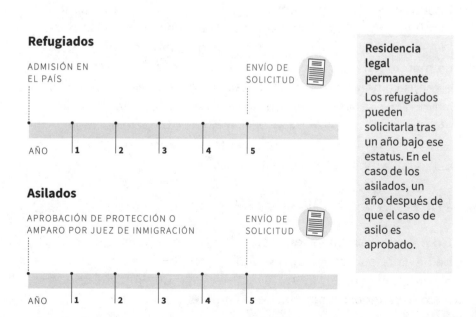

Refugiados

ADMISIÓN EN
EL PAÍS

ENVÍO DE
SOLICITUD

AÑO   1   2   3   4   5

Asilados

APROBACIÓN DE PROTECCIÓN O
AMPARO POR JUEZ DE INMIGRACIÓN

ENVÍO DE
SOLICITUD

AÑO   1   2   3   4   5

Residencia legal permanente

Los refugiados pueden solicitarla tras un año bajo ese estatus. En el caso de los asilados, un año después de que el caso de asilo es aprobado.

Otras cinco excepciones a este criterio:

- Ciertas personas que han prestado el servicio militar[4] y sus familiares.
- Ciertos veteranos de la Segunda Guerra Mundial[5] y ciertos inmigrantes de Europa Oriental que se unieron a las Fuerzas Armadas de Estados Unidos durante la Guerra Fría.[6]
- Ciertas personas casadas con ciudadanos estadounidenses que trabajan para el gobierno federal, además de algunas instituciones de investigación, compañías estadounidenses dedicadas al comercio internacional u organizaciones que sirven como misioneros, siempre y cuando estén constantemente fuera del país.
- Personas que trabajan para ciertas compañías de medios incorporadas como empresas sin fines de lucro y que, según el procurador general, promueven intereses estadounidenses.[7]
- Solicitantes que obtuvieron residencia a través de la VAWA.[8]

Presencia física en Estados Unidos

De los cinco años de residencia legal permanente, el solicitante tiene que haber estado físicamente presente en Estados Unidos por lo menos la mitad de ese tiempo. Los que solicitan amparados en un matrimonio con un ciudadano estadounidense solo tienen que estar físicamente en el país la mitad de los tres años requeridos. Si al pedir la ciudadanía no cumples con este requisito, tendrás que esperar hasta que sí lo hagas. Las mismas excepciones mencionadas arriba, referentes al cumplimiento de la residencia continua en Estados Unidos, se aplican en este caso.

El buen carácter moral

Como ya hemos mencionado, toda persona que solicita la ciudadanía estadounidense por naturalización debe demostrar que tiene un buen carácter moral, y también que durante el periodo de residencia legal permanente ese carácter moral existió.

La mayoría de los peticionarios de la ciudadanía deben demostrar que hubo tal carácter moral por cinco años, y que cumplieron con este requisito en los tres años previos al envío de la solicitud de ciudadanía.

Existen situaciones en las cuales el gobierno considera eventos que caen fuera de estos parámetros. Por ejemplo, puede determinar que la persona que solicita la ciudadanía no cumple con este requisito si tiene alguno de los «motivos de inadmisibilidad» mencionados por la Ley de Inmigración (INA). La sección 101(f) menciona algunos de los motivos para negar una «Solicitud de ciudadanía»[9] (formulario N-400), que son muy parecidos a los motivos de inadmisibilidad estipulados en la sección 212(a) (la cual vimos en el capítulo 3). La lista incluye las siguientes faltas:

- Ser convicto de un delito agravado.
- Ser convicto de un cargo por drogas, excepto por tener menos de 30 gramos de marihuana.
- Ser convicto de un crimen de bajeza moral (*moral turpitude*), lo cual no tiene definición, pero incluye ciertos delitos que involucran fraude, intención de robar y ocasionar daño corporal (*bodily harm*), ciertas ofensas de carácter sexual y algunas acciones hechas con malicia, entre otras.
- Ser convicto de un crimen que resultó en un periodo de encarcelación de más de 180 días.
- Ser convicto de dos ofensas o más por las cuales el solicitante haya recibido una sentencia de cinco años o más.
- Participar en actividades relacionadas con la prostitución.
- Ser un borracho habitual.
- Participar en el transporte (traslado) de personas indocumentadas al territorio estadounidense.
- Dar testimonio falso con el propósito de obtener un beneficio migratorio.
- Participar en juegos de azar ilegales.
- Tener más de un esposo o una esposa (poligamia).
- Si el gobierno sospecha que la persona fue o es un traficante de drogas.

Es importante notar que la persona no necesita haber sido condenada (ser convicta) para que un agente de la USCIS concluya que no reúne los requisitos para obtener la ciudadanía con base en esta sección de la Ley de Inmigración (INA).

MUY IMPORTANTE

Con solo admitir que cometiste una de estas faltas, el gobierno de Estados Unidos puede rechazar tu «Solicitud de ciudadanía» (formulario N-400).[10]

El requisito del idioma para el examen de ciudadanía

Muchas personas que reúnen los requisitos no piden la ciudadanía por miedo a no aprobar el examen de inglés, pero el nivel exigido por el gobierno es básico. Durante la entrevista la USCIS te examina sobre este criterio y te pide:

- Que leas una de tres oraciones.
- Que escribas una de tres oraciones.
- Que contestes preguntas sobre el formulario.
- Que apruebes el examen de ciudadanía.[11]

De las 100 preguntas del examen para la ciudadanía, que se enfocan en la historia del país y el sistema de gobierno de Estados Unidos, el agente del servicio de inmigración que dirige la entrevista te hará hasta un máximo de 10 preguntas, de las cuales tendrás que responder y acertar seis. Si tienes más de 65 años de edad y más de 20 como residente legal permanente, el gobierno te dará una consideración especial y solo tendrás que estudiar 20 de las cien preguntas. En este caso, también te harán 10 preguntas y tendrás que responder acertadamente seis.

Es importante también notar que personas con ciertas condiciones médicas o discapacidad mental pueden convertirse en

El examen de ciudadanía en tu idioma

Algunos están exentos de tomar el examen de inglés, o incluso pueden tomar el examen de civismo en su lengua natal. Estas excepciones son para inmigrantes que:

- Tienen 50 años de edad o más al momento de solicitar la ciudadanía y, además, han vivido como residentes permanentes en Estados Unidos por más de 20 años.
- Tienen 55 años o más al momento de solicitar la ciudadanía y, además, han vivido como residentes permanentes en Estados Unidos por más de 15 años.

ciudadanos sin tener que tomar este examen. Esas personas tienen que completar el formulario N-648 «Certificación médica para personas con discapacidades».[12]

El proceso de naturalización

Si cumples con los requisitos para hacerte ciudadano estadounidense, el proceso es bastante fácil.

- Llena, firma, revisa y envía la «Solicitud de ciudadanía» (formulario N-400).
- Adjunta el pago de la tarifa requerida por la USCIS (las personas de bajos ingresos que cumplan con ciertos criterios pueden pedir una dispensa de este pago).
- Agrega el pago de la tarifa requerida para la toma de huellas digitales electrónicas.
- Adjunta una copia de tu tarjeta de residencia permanente (*green card* o tarjeta verde).
- Si extraviaste la tarjeta de residencia (*green card*), tendrás que solicitar una nueva tarjeta. Si no te ha llegado la nueva

tarjeta, puedes enviar una copia del recibo del formulario I-90 («Solicitud de reemplazo de tarjeta de residencia»).

- Envía todos estos documentos en un sobre a la dirección que indica el formulario N-400 (zona de instrucciones).
- Una vez que el gobierno recibe tu solicitud de ciudadanía, recibirás por correo una carta con un recibo que confirma que tu petición está siendo procesada. Algunas semanas después, recibirás una notificación por correo con una cita para que visites un Centro de Atención al Solicitante; allí te tomarán las huellas digitales, una fotografía y te pedirán tu firma. Después de ese paso, el gobierno probablemente te citará, en el curso de unos meses, para una entrevista en una oficina local de la USCIS. Junto con la cita te llegarán las instrucciones de los documentos que deberás llevar para presentarle al agente que te entrevistará.

La lista de documentos puede incluir:

- Pruebas para confirmar que quienes aparecen en el formulario N-400 como hijos tuyos sí lo son. Lleva contigo sus actas de nacimiento o certificados de adopción.
- Si pides la ciudadanía por ser cónyuge de un ciudadano estadounidense, debes llevar documentos que demuestren que siguen casados y que vivieron casados por lo menos durante los tres años antes del envío del formulario N-400. También adjunta documentos bancarios y de seguro médico, fotografías familiares y otras pruebas que confirmen el lazo matrimonial.
- Si estás divorciado, tendrás que presentar el decreto de divorcio. Y si tu pareja falleció, el acta de defunción.
- Evidencia de que has pagado tus impuestos federales y estatales.
- Si tienes hijos que no viven contigo, es probable que te pidan pruebas de que estás cumpliendo con cualquier obligación relacionada con su sostenimiento.

- Si recibes beneficios públicos, es posible que debas dar pruebas de la oficina que te los entrega, indicando que tienes derecho a esas ayudas públicas.
- Si tienes antecedentes criminales, deberás presentar evidencia de que has cumplido tus obligaciones con el Estado.
- Si respondes afirmativamente a cualquiera de las preguntas de seguridad, también tendrás que proporcionar evidencia.
- Respecto a los antecedentes penales o beneficios públicos, es importante que te asesores con un abogado o representante legal para asegurarte de que, al enviar la «Solicitud de ciudadanía» (formulario N-400), no estés entregando pruebas que te puedan ocasionar problemas serios, entre ellos, incluso, que te pongan en proceso de deportación de Estados Unidos.

MUY IMPORTANTE

No pidas la ciudadanía antes de tiempo

La USCIS ha advertido que los residentes legales que envían el formulario N-400 antes del tiempo exigido por los reglamentos, aunque sea por un día, perderán su dinero y la solicitud será negada.

El juramento

Una vez aprobados el examen de ciudadanía y la entrevista, el gobierno de Estados Unidos te invitará a que asistas a una ceremonia de juramentación, a partir de la cual pasarás a ser un nuevo ciudadano estadounidense. En este emotivo evento, prestarás un juramento de lealtad y alianza al país. Esto significa que te comprometes a respetar la Constitución y cumplir las leyes. También, si eres apto para el servicio militar, deberás estar dispuesto a enlistarte en las Fuerzas Armadas si requieren de tus servicios. Y deberás estar dispuesto a apoyar al gobierno federal por medio del servicio civil, si eres convocado.

Los ciudadanos estadounidenses deben renunciar a la lealtad a otro país que no sea Estados Unidos de América.

Jurar a la bandera de Estados Unidos no significa que perderás la ciudadanía de tu país, ya que muchas naciones permiten la doble ciudadanía. Asesórate con tu consulado antes de presentar una solicitud de ciudadanía. Si tu país no permite la doble ciudadanía y no te interesa perder la que tienes, no pidas la ciudadanía estadounidense; pero si la permite, podrás viajar con dos pasaportes.

Edad y sexo de los extranjeros naturalizados en el año fiscal 2015				
Edad	Mujeres	Hombres	Desconocido	Total
18 a 24 años	35,192	31,611	3	66,806
25 a 34 años	107,939	78,174	2	186,115
35 a 44 años	105,719	84,644	3	190,366
45 a 54 años	72,343	61,208	10	133,561
55 a 64 años	48,910	38,739	6	87,655
más de 65 años	37,961	27,788	7	65,756

FUENTE: Departamento de Seguridad Nacional (DHS) de Estados Unidos.

PEDRO MORENO: «NO TENGAN MIEDO DE HACERSE CIUDADANO DE ESTADOS UNIDOS»

El actor de cine y telenovelas Pedro Moreno llegó a Estados Unidos en noviembre de 2000. Huyó de Cuba junto a su padre y otras 18 personas a bordo de una balsa, para iniciar una nueva vida en la «tierra de las oportunidades».

«Fue unos días después del Día de los Fieles Difuntos[13] cuando le dije adiós a mis calles y a mi barrio», cuenta el actor de 36 años. «Escapé con mi padre y atravesamos el estrecho de Florida en una embarcación. El tiempo no era ideal para navegar, pero el hecho de haber burlado a las autoridades de la isla para llegar hasta la costa nos parecía mucho más terreno ganado que las 90 millas que nos esperaban más adelante», agrega.

«La travesía, que debía durar seis horas, se tardó otras 20, hasta que avistamos, de noche, unas pequeñas islas».

Pedro cuenta que al pisar tierra vieron un cartel que decía «USA Property» (propiedad de Estados Unidos). Después de 24 horas, una embarcación de la Guardia Costera (US Coast Guard) los llevó a Key West para ser interrogados. «Ahí nos tomaron las huellas, fotografías, nos dieron un documento [*parole*] y nos trasladaron al centro de detención de Krome [de la Oficina de Inmigración y Control de Aduanas, ICE, por sus siglas en inglés]».[14]

Los 20 refugiados fueron beneficiados por la ya desaparecida «política de pies secos, pies mojados» *(wet foot, dry foot policy)*, que estuvo vigente desde 1995 hasta diciembre de 2016. La orden ejecutiva permitía a los ciudadanos de Cuba que tocaban suelo estadounidense (pies secos) permanecer de manera legal en el país, y al año y un día obtener la residencia legal permanente. Pero si eran interceptados en el mar (pies mojados), eran devueltos (deportados) a la isla.

El proceso

«En la cárcel de Krome nos duchamos, nos dieron ropa, refrigerio y nos permitieron hacer una llamada telefónica», recuerda el actor. Cuando fueron procesados y liberados, Moreno comenzó a estudiar inglés y a trabajar, primero como instalador de pisos, luego fue mensajero y también asistente de cocina. Un día, en el restaurante, se enteró por un aviso de prensa que estaba abierta la inscripción para el *reality show* de televisión «Protagonistas de novela VIP». Alcanzó a inscribirse en el último momento y unos días después recibió una llamada telefónica donde le confirmaron que había sido seleccionado.

La vida de Pedro dio un giro de 180 grados. Se le abrieron las puertas como actor en el mercado hispano de Estados Unidos y comenzaron a llegar los contratos. Pero el mayor desafío para este inmigrante cubano fue hacerse ciudadano de Estados Unidos. «Me hice ciudadano junto con mi papá. Comenzamos el trámite cuando cumplimos cinco años de residencia, en 2006. Me dieron un libro para que preparara las preguntas del examen y no fue difícil; es como ir a sacar la licencia de manejar, porque te dicen qué tienes que aprender en inglés y español, y solo tienes que prepararte y hacerlo. No es complicado. Y cuando lo consigues, te cambia la vida para siempre», dice con orgullo.

Pedro no olvida el día en que se hizo ciudadano. «A partir de ese momento, me di cuenta de que tenía el derecho de elegir al presidente, a los congresistas, al gobernador, al alcalde, y no al contrario, como en el país de donde vengo. Somos nosotros, los ciudadanos, quienes ponemos a nuestros representantes en el gobierno y no al revés. No debemos tener miedo de alzar la voz para exigir que se respeten nuestros derechos, a defender nuestra privacidad. El poder de Estados Unidos está en el ciudadano y no en el gobierno. Si vives aquí y decidiste quedarte, y quieres que tus hijos vivan, se eduquen y crezcan aquí, y encima tienes la oportunidad de pedir la ciudadanía, ¿qué esperas?».

Las claves para entender la ciudadanía estadounidense

- La ciudadanía te da los mismos derechos que tiene cualquier estadounidense nacido en Estados Unidos, excepto uno: ser presidente.

- Solo los ciudadanos votan.

- Para tener derecho a pedir la ciudadanía, primero tienes que ser residente legal permanente o calificar para una ciudadanía derivada o adquirida.

- Si eres ciudadano de Estados Unidos, no te pueden deportar de este país.

- Si cometes un delito grave siendo residente legal permanente, puedes perder la oportunidad de hacerte ciudadano y te pueden deportar.

- Para aprobar el examen de ciudadanía, debes estudiar 100 preguntas, te harán 10 y solo debes responder correctamente seis.

- Si tienes más de 50 años y al menos 20 como residente legal, puedes tomar el examen de ciudadanía en tu idioma natal.

- Si tienes más de 55 años y al menos 15 como residente legal, puedes tomar el examen de ciudadanía en tu idioma natal.

- La ciudadanía estadounidense se pide por medio del formulario N-400.

- Si tienes cualquier duda o cometiste un delito, busca consejo legal antes de ponerte en contacto con el servicio de inmigración.

CAPÍTULO 7

DERECHOS Y OBLIGACIONES DE UN INMIGRANTE EN ESTADOS UNIDOS

Como ya habrás notado, toda entrada a Estados Unidos está ligada a un propósito específico. Si tu visita es con una visa de no inmigrante, tu estadía será por tiempo limitado y tus actividades estarán entonces delineadas por la categoría de visa que te permite ingresar. En otras palabras, con una visa de no inmigrante puedes permanecer en el país por el tiempo otorgado por el agente de la Oficina de Aduanas y Protección Fronteriza (US Customs and Border Protection, CBP) que te recibe en el puerto de entrada (aéreo, marítimo o terrestre), y solo puedes llevar a cabo funciones que te permite el visado. Por ejemplo, si tu ingreso se registra bajo una visa de trabajo, tendrás el derecho y la obligación, en la mayoría de las ocasiones, de reportarte y laborar con la compañía que te consiguió la visa.

PUNTOS CLAVE

En este capítulo hablaremos de los derechos y obligaciones asociados a cada tipo de admisión al país: no inmigrante, inmigrante y refugiado o asilado.

- En qué consiste cada categoría.
- Quién es y qué significa ser un inmigrante.
- Cuáles son tus derechos y obligaciones.
- Qué beneficios tienen los asilados y refugiados.
- Qué es y para qué se utiliza el número de seguro social.
- Cuida tu residencia permanente, la puedes perder.
- Los criterios para retirar las condiciones de tu residencia.
- Qué pasa si cometes un delito, ¿te deportan?
- El proceso de deportación de Estados Unidos.

NO INMIGRANTES

Las personas que ingresan con una visa de no inmigrante tienen autorización limitada de permanencia y actividades en el país. Por ejemplo, si entras a Estados Unidos como turista (con una visa tipo B2), generalmente recibirás una autorización para permanecer hasta por un periodo de seis meses, pero sin permiso para trabajar. En esos seis meses, puedes viajar sin restricción por todo el país, visitar a quien desees y hasta recibir tratamiento médico.

De la misma manera, si entras con la categoría de negocios (con una visa tipo B1), estarás autorizado a ejercer las funciones de negocio por las cuales te otorgan la entrada, ya sea consultar con socios de una empresa o participar en conferencias y negociar contratos, siempre y cuando no lleves a cabo labores que puedan ser consideradas como empleo. (Encontrarás más información sobre las visas B1 y B2 en el capítulo 3).

En el caso de las visas de trabajo, una vez que ingresas al país podrás trabajar para la empresa que te patrocinó bajo el título y trabajo permitidos por la visa respectiva.[1] También tendrás los siguientes derechos o privilegios:

- Vivir temporalmente en Estados Unidos de acuerdo con las limitaciones de tu estatus no inmigratorio.
- Trabajar para la empresa que te contrató.[2]
- Alquilar o ser dueño de propiedades en Estados Unidos.
- Solicitar una licencia de conducir (tendrá restricciones de acuerdo a tu estatus no inmigratorio y a las leyes del estado que te la concede).[3]
- Tramitar y recibir un número de seguro social con restricciones.[4]
- Abrir una cuenta de banco.
- Solicitar una extensión de tu estado no inmigratorio antes de que expire el período de tu formulario I-94, siempre y cuando califiques para una extensión.

Es obligatorio que todo ciudadano extranjero que visita o ingresa a Estados Unidos con una visa esté consciente de su calidad inmigratoria y del período de admisión (permanencia) otorgado por el agente federal de la Oficina de Aduanas y Protección Fronteriza en el puerto de entrada.

- Pedir una visa de dependiente para tu esposa e hijos, para que te acompañen durante tu estadía temporal en Estados Unidos.
- Pedir un permiso de trabajo para tus dependientes (ciertas categorías solamente) mediante el formulario I-765, «Autorización de empleo»[5] *(Application for Employment Authorization).*
- Si tienes hijos, ellos pueden asistir a una escuela pública o privada con su visa de dependiente.

Una vez que ingresas con una visa de trabajo, tendrás que presentarte a trabajar a la compañía que te consiguió el visado y necesitarás completar el formulario I-9, «Verificación de elegibilidad de empleo»[6] *(Employment Eligibility Verification)* para que la empresa que te patrocinó pueda confirmar que estás autorizado para trabajar legalmente en Estados Unidos. Por ley, tu empleador tiene que completar dicho documento para cumplir con las demandas migratorias impuestas por las leyes de inmigración.

Si tienes en mente trabajar en cualquier otro lugar, o si ocurre algún cambio en tu trabajo, deberás gestionar una enmienda a tu autorización de empleo y pedirla a la Oficina de Ciudadanía y Servicios de Inmigración (US Citizenship and Immigration Services, USCIS). Por lo tanto, no es recomendable cambiar de empleo sin que tu empleador primero complete un trámite de enmienda o cambio de empleador por medio del formulario I-129, «Petición de trabajador no inmigrante»[7] *(Petition for Nonimmigrant Worker).*

Si necesitas extender tu estadía con una visa de trabajo, tu empleador tiene derecho a pedir tiempo adicional de acuerdo con las limitaciones de cada categoría.[8] Al igual que con el pedido de cambio de estado migratorio, deberás completar un trámite de enmienda por medio del formulario I-129, «Petición de trabajador no inmigrante»[9] *(Petition for Nonimmigrant Worker).* Esa solicitud se puede hacer con notificación a un consulado o embajada, y en dicho caso tendrás que salir del país para poder activar tu nuevo estatus cuando reingreses a Estados Unidos. La solicitud también se puede hacer sin que tengas que salir del país, y si te otorgan la extensión de tu estatus migratorio a través de ese proceso, recibirás un formulario I-797,[10] que deberás guardar ya que contiene un nuevo formulario I-94 («Registro de entrada y salida») incorporado al pie del documento. Esa parte del documento se convierte en tu nueva tarjeta o formulario I-94.[11] Deberás desprenderla y entregarla en tu próxima salida del país (excepto si ingresas a Canadá o a México en viajes de menos de 30 días de duración).

En caso de que hayas entrado con una visa B1/B2, tienes derecho a pedir una extensión de tu estadía sin tener que salir del país, completando un formulario I-539,[12] y deberás explicar al gobierno la razón por la cual necesitas más tiempo que el periodo autorizado por la CBP al momento de entrar al país. Si tu intención cambia y necesitas otra categoría de visa, tendrás derecho a cambiar de categoría, incluyendo que una empresa te pida y cambie tu estado por medio de una «Petición de trabajador no inmigrante»[13] *(Petition for Nonimmigrant Worker).* (Este proceso está más detallado en los capítulos 2 y 3).

Si por casualidad entras con visa de estudiante recuerda que vas a tener que reportarte con la institución académica que te patrocinó. También asesórate bien con la institución para asegurar que estás cumpliendo con los requisitos mínimos de estudio.

Por favor, toma nota de que todos los extranjeros que cambian de domicilio, sean trabajadores, visitantes, o estudiantes, tienen que comunicarlo a la USCIS y proporcionar su nueva dirección.[14]

Visa de no-inmigrante y visa de inmigrante, ocho principales diferencias

		NO INMIGRANTE	INMIGRANTE
01	**ESTADÍA** *Tiempo que puede vivir en Estados Unidos.*	**Limitado**	**Permanente**
02	**TRABAJO** *Autorización para trabajar en Estados Unidos.*	Definida por la **categoría de visa**	Sí, con cualquier **empleador**
03	**PROPIEDAD/ES** *Ser dueño de una o varias propiedades.*	**Sí**	**Sí**
04	**LICENCIA DE MANEJAR** *Solicitar una licencia de manejar (driver licence).*	**Sí, con restricciones**	**Sí, sin restricciones**
05	**SEGURIDAD SOCIAL** *Tramitar y recibir un número de seguridad social.*	**Sí, con restricciones**	**Sí, sin restricciones**
06	**BANCO** *Apertura de una cuenta bancaria.*	**Sí**	**Sí**
07	**OTRAS VISAS** *Solicitar una visa para tu esposa e hijos.*	**Sí** (visas de dependiente)	**Sí** (visas de inmigrante)
08	**ESCUELA PÚBLICA** *Asistencia de los hijos a la escuela pública.*	**Sí**	**Sí**

Este trámite se lleva a cabo por medio del formulario AR-11, «Cambio de dirección de un extranjero»[15] *(Alien's Change of Address Card)* dentro de un plazo de 10 días después de la mudanza.

MUY IMPORTANTE

En caso de que no informes tu nueva dirección al gobierno, tu derecho de permanecer en Estados Unidos puede ser afectado, y hasta podría perjudicar tu capacidad para reingresar al país.

También es importante recalcar que como no inmigrante estás sujeto a las leyes del país. Por lo tanto, deberás obedecer todas las leyes federales, estatales y locales de Estados Unidos, presentar tus contribuciones federales y declarar tus ingresos al Servicio de Impuestos sobre la Renta (Internal Revenue Service, IRS) de Estados Unidos e informar sobre tus ingresos a las autoridades fiscales estatales, dependiendo del estado donde vayas a trabajar.

INMIGRANTES

Es muy importante que reconozcas tus derechos y responsabilidades como residente legal permanente, ya que pueden afectar tu habilidad de permanecer en el país. También debes estar al tanto de lo que vas a necesitar si, en el futuro, deseas hacerte ciudadano estadounidense.

Como residente legal permanente, tienes los siguientes derechos, siempre y cuando no cometas ninguna acción por la que puedas ser deportado o expulsado, según lo establece la Ley de Inmigración (INA, por sus siglas en inglés):

- Residir (vivir) permanentemente en cualquier parte del territorio de Estados Unidos.

- Trabajar legalmente en Estados Unidos, pero con ciertas limitaciones.[16]
- Ser propietario de bienes e inmuebles.
- Estudiar en una escuela pública.
- Solicitar una licencia de manejar (driver's license) sin restricciones, en cualquier estado o territorio de Estados Unidos.
- Gestionar y recibir un número de seguro social (Social Security number) sin restricciones.
- Después de un tiempo, y si cumples los requisitos, hacerte ciudadano estadounidense. Esto puede realizarse después de tres o cinco años, dependiendo de cómo obtuviste tu residencia permanente.
- Recibir beneficios de Seguro Social o Medicare, si reúnes los requisitos.
- Estar amparado por las leyes de Estados Unidos, del estado donde vives y de las jurisdicciones locales (condados o ciudades).
- Pedir visas de inmigrante para tu cónyuge o hijos solteros, para que te acompañen en Estados Unidos.
- Salir y entrar del país siempre y cuando demuestres lazos e intención de permanencia.

Como residente legal, también tienes que cumplir con ciertas obligaciones:

- Obedecer todas las leyes federales, estatales y locales de Estados Unidos.
- Presentar tus contribuciones federales y declarar tus ingresos al IRS y a las autoridades fiscales estatales.
- Apoyar la forma democrática de gobierno y no pretender cambiar el gobierno por medios ilegales.
- Inscribirte en el Sistema de Servicio Selectivo (Selective Service) si eres varón y tienes entre 18 y 25 años de edad.
- Mantener tu estado de inmigrante.
- Llevar siempre contigo evidencia de tu residencia legal si eres mayor de 18 años de edad.[17]

- Notificar al gobierno federal cualquier cambio de residencia o domicilio.
- Renovar tu tarjeta de residencia (*green card* o tarjeta verde) antes de su expiración (generalmente, 10 años).
- Obtener una tarjeta de residencia (*green card* o tarjeta verde) nueva si tu nombre cambia.

Al igual que con los no inmigrantes, cada cambio personal de dirección (domicilio) debe ser notificado a la USCIS.[18] Se hace por medio del formulario AR-11[19] dentro de un plazo de 10 días después de la mudanza.

REFUGIADOS, ASILADOS Y OTROS INMIGRANTES

Si entras al país como refugiado, recibes asilo, te otorgan *parole*, recibes una visa especial,[20] o si eres vietnamita, hijo de ciudadano americano nacido durante el periodo de la Guerra de Vietnam, el gobierno estadounidense te proporciona ciertos beneficios. Específicamente, la Oficina de Restablecimiento para Refugiados (U.S. Office of Refugee Resettlement) se encargará de dar beneficios que facilitan tu estadía en el país mientras te estableces y consigues un empleo.[21]

Esta agencia trabaja con organizaciones sin fines de lucro, oficinas estatales y grupos voluntarios para ayudarte a conseguir que te establezcas, enseñarte cómo usar el transporte público en tu zona, inscribir a tus hijos en escuelas, conseguir un doctor, aprender inglés e incluso solicitar un empleo. En ciertas circunstancias, hasta podrías reunir los requisitos para recibir dinero del Programa de Asistencia en Efectivo para Refugiados[22] (Refugee Cash Assistance, RCA).

Al igual que con residentes permanentes, tienes derecho a trabajar en Estados Unidos y puedes pedir a familiares que hayan permanecido en el extranjero. También tendrás que pagar impuestos federales y cumplir con todas las leyes federales, estatales y locales.

SEGURO SOCIAL

Como hemos mencionado, los no inmigrantes (con la excepción de los portadores de la visa B1/B2 y ciertos dependientes no autorizados para trabajar) y los inmigrantes tienen derecho a solicitar un número de seguro social. En caso de que seas un no inmigrante, tu empleador te pedirá completar ciertos documentos referentes a la retención de impuestos que requieren esta información. Por lo tanto, deberás visitar una oficina local de la Administración del Seguro Social[23] (Social Security Administration) para pedir dicho número. Este lo usará tu empleador para informar sobre tu ingreso no solo al gobierno federal.

Si vas a vivir en un estado que retiene impuestos, tu empleador también usará tu número de seguro social para informar sobre tu ingreso a dicho gobierno. De la misma manera, si tu empleador es parte del programa de E-Verify,[24] es obligatorio que solicites este número, ya que el empleador lo necesita para confirmar tu permiso de trabajo.

El gobierno federal usará ese número para determinar la cantidad de ingresos que acumularás durante tu vida productiva, al igual que el número de años que habrás trabajado en el país. Cuando decidas retirarte (jubilarte), o si en algún momento de tu vida laboral necesitas activar el programa de beneficios por incapacidad (*disability*), el gobierno usará la información recopilada de tus contribuciones al fondo del Seguro Social para determinar tu idoneidad y calcular los pagos que recibirás a través de esa administración.

Para obtener un número de seguro social, tienes que completar el formulario SS-5[25] (*Application for a Social Security Card*) y presentar el documento en una de sus oficinas en la ciudad o condado donde vives. Junto con este formulario, también debes adjuntar documentos originales que demuestren tu «Autorización de empleo» (*Employment Authorization*) —tarjeta verde, formulario I-94, pasaporte americano, entre otros—, edad e identidad.

Una vez aprobada la solicitud, te entregarán un número de seguro social que será tuyo de por vida (al menos que roben tu identidad; en tal caso, tendrás que gestionar un número nuevo) y lo usarás para propósitos de impuestos, entre otras transacciones gubernamentales y no gubernamentales. Por ejemplo, para abrir una cuenta de banco en Estados Unidos necesitas obtener un número de seguro social.[26] Esta información también se necesita para pedir préstamos federales estudiantiles, solicitar un seguro médico Medicaid o Medicare y otros programas estatales o federales de asistencia pública.

Si estás en el país con una visa de no inmigrante, te otorgarán una tarjeta de seguro social con una limitación indicando que es «válida para trabajar solamente con autorización del DHS». Si eres residente legal permanente (portas una *green card* o tarjeta verde), recibirás una tarjeta igual a la que se le otorga a un ciudadano, es decir, sin restricción alguna.

MANTENER TU RESIDENCIA LEGAL

Como residente legal permanente continuarás con ese estatus inmigratorio a menos que este cambie o lo pierdas, de conformidad con el derecho inmigratorio. Es importante que notes que, con la excepción de residentes con condiciones, el estatus de la residencia legal permanente no expira, es permanente, como su nombre lo indica. Lo que expira es la vigencia de la tarjeta (*green card* o tarjeta verde), la que debe ser renovada antes de su expiración, generalmente cada 10 años.

Una manera de perder tu estatus como residente permanente es abandonándolo, lo cual sucede si sales del país por un período de tiempo largo, si no pediste un permiso especial para reingresar después de ese tiempo, o si viajaste al extranjero con la intención de abandonar tu estatus migratorio.[27] Esa determinación, por lo general, la hace el agente de la Oficina de Aduanas y Protección Fronteriza (US Customs and Border Protection, CBP) en el puerto de entrada, durante tu reingreso al país después de un viaje al exterior. Si toma esa determinación, es posible que te pida completar un formulario I-407, a través del cual renuncias automáticamente a tu residencia legal permanente en Estados Unidos.[28]

Algunos residentes creen que uno puede mantener el estatus migratorio en Estados Unidos (*green card*) siempre y cuando salga y entre al país por lo menos una vez al año, pero esto no es cierto. Puede que un ingreso anual no sea suficiente como para proteger tu estado como residente legal permanente. Al contrario, un solo ingreso puede servir como prueba de que has abandonado tu intención de permanecer como residente permanente y te pueden cancelar la tarjeta de residencia (*green card*). Por lo tanto,

En qué casos puedes perder la residencia

- Si te mudas a otro país con la intención de vivir en él de forma permanente.
- Si permaneces fuera de Estados Unidos por más de un año (365 días) sin haber tramitado previamente un permiso de reingreso. Pero recuerda siempre que cualquier ausencia puede ser reconsiderada.
- Si permaneces fuera de Estados Unidos por más de dos años después de haber obtenido un permiso de reingreso.
- Si no presentaste tu declaración de impuestos durante tu residencia en Estados Unidos.
- Si declaras que no eres inmigrante en tu declaración de impuestos.
- Si firmas un documento llamado «Registro de abandono de estatus de residente permanente legal» (*Record of Abandonment of Lawful Permanent Resident Status*) por medio del formulario I-407, y no ejerces tu derecho a presentarte ante un juez de inmigración para que decida tu permanencia legal en Estados Unidos.
- Si un tribunal de inmigración ordena tu deportación.

es obligatorio que no salgas al exterior por un periodo largo de tiempo, a menos que puedas comprobar que tu viaje fue hecho con propósito temporal. Y si permaneces fuera del país por más de un año (365 días), no podrás utilizar tu tarjeta de residencia para reingresar al país.

En caso de que vayas a estar fuera del territorio estadounidense por un período largo, antes de viajar debes solicitar a la USCIS un «Documento de viaje o permiso de reingreso»[29] (*Re-entry Permit*) por medio del formulario I-131. Ese permiso, una vez otorgado, tiene una validez de dos años y debe ser presentado al reingresar al país después de una larga ausencia. Aunque no te garantiza volver a entrar, facilita el proceso para demostrar que tu intención al viajar fue la de volver como residente legal permanente. Si deseas preservar tu residencia para propósitos de naturalización, también tendrás que completar el formulario N-470, «Aplicación para preservar residencia para propósitos de naturalización»[30] (Application to Preserve Permanent Residence for Naturalization Purposes).

RESIDENCIA CONDICIONADA

Hay personas que reciben una residencia «condicionada». Y aunque gozan de los mismos beneficios y deben cumplir con las mismas obligaciones que otros residentes legales permanentes, adicionalmente tienen que pedir, al término del plazo indicado por la USCIS en la tarjeta verde, que la condición sea retirada para poder permanecer en el país como cualquier otro portador de la *green card*. Si no realizas este trámite perderás la residencia permanente.

Si tienes una residencia condicionada, es muy probable que hayas obtenido la *green card* por medio del matrimonio con un ciudadano estadounidense o por medio de una visa de inversionista tipo EB-5.[31] En ambos casos, la USCIS otorga una tarjeta de residencia con una validez de solo dos años. Si es resultado de un matrimonio, debes completar y enviar a la USCIS un formulario I-751, «Petición para cancelar las condiciones de residencia»[32] (*Petition to Remove Conditions on Residence*). Este formulario debe ser entregado a la

USCIS dentro de los últimos 90 días de la residencia condicional. Si la petición es aprobada, el gobierno emite una nueva tarjeta de residencia, generalmente con una validez de 10 años.

Los criterios de idoneidad para cancelar las condiciones en casos de matrimonio

De acuerdo con la USCIS, el gobierno utiliza los siguientes criterios para remover las condiciones de una residencia (*green card* o tarjeta verde) basada en el matrimonio con un ciudadano estadounidense:

- Si estás casado(a) con el mismo ciudadano(a) estadounidense o residente permanente después de dos años (tus hijos podrían estar incluidos en tu solicitud, siempre y cuando hayan recibido su estatus de residente condicional en la misma fecha que tú o dentro del período de 90 días a partir de esa fecha).
- Si eres menor de edad y no puedes ser incluido en la solicitud de tus padres por una razón válida.
- Si eres viudo(a) de un matrimonio que tuvo lugar de buena fe.
- Si contrajiste matrimonio de buena fe pero este fue disuelto por divorcio o anulación.
- Si te casaste de buena fe pero tus hijos fueron maltratados o sometidos a privaciones extremas por tu cónyuge, que es ciudadano estadounidense o residente legal permanente.
- Si el término de tu estatus como residente legal permanente condicional te causaría privaciones o sufrimiento extremo.[33]

Los criterios de elegibilidad para remover las condiciones en casos de inversión

En caso de haber obtenido la residencia a través de una inversión, debes gestionar una «Petición de empresario para eliminar condiciones»[34] (*Petition by Entrepreneur to Remove Conditions on Permanent Resident Status*) por medio del formulario I-829 dentro de los últimos noventa días del período de dos años otorgado y demostrado por la tarjeta de residencia condicional. Como parte de esa solicitud, hay que demostrar a la USCIS que estuviste activo en la inversión y mantuviste tu participación durante esos dos años. También tendrás que demostrar que creaste —o esperas crear— por lo menos 10 puestos de trabajo durante un período de tiempo razonable.

Al igual que en el caso de residencia por matrimonio, si la USCIS resuelve aprobar tu petición te concederá una nueva tarjeta de residencia legal permanente, generalmente con una validez de 10 años.

CONSECUENCIAS POR ACTOS DELICTIVOS

Estados Unidos es un país de leyes y todo extranjero, sea inmigrante, no inmigrante o indocumentado, tiene que cumplir con las normas establecidas o arriesgar no solamente un proceso penal, sino también una deportación. Aun si eres residente permanente, una condena penal puede tener consecuencias graves en cuanto al derecho de permanecer en el país. Dependiendo del delito, al cumplir una condena y obligaciones bajo el sistema penal, a una persona se le puede detener, deportar y prohibírsele el reingreso al país. También se puede perder la residencia legal permanente y el derecho a obtener la ciudadanía por naturalización.

Cuida tu *green card*: cumple con las leyes

La USCIS advierte que puedes perder tu residencia legal permanente *(green card)* si «cometes un acto que te haga deportable» de Estados Unidos. Si eso ocurre, deberás «comparecer ante una Corte de Inmigración» para que un juez determine tu derecho de continuar como residente permanente.

Si llegas a ser condenado por un tribunal, al cumplir con la sentencia, sea cárcel o *parole*, es muy posible que recibas una notificación del Departamento de Seguridad Nacional (DHS, por sus siglas en inglés) con una cita a un tribunal administrativo para determinar si has perdido o no tus derechos de permanencia en el país.[35] La ICE también puede emitir una orden de detención mientras estás en custodia para asegurar que seas trasladado a su custodia al concluir tu sentencia criminal.

El proceso de deportación

Un proceso de deportación puede involucrar a varias oficinas gubernamentales (federales y estatales) una vez que obtengan información del estatus migratorio de una persona. La principal oficina que ejerce esta función es la Oficina o Servicio de Inmigración y Control de Aduanas (U.S. Immigration and Customs Enforcement, ICE), que es parte del DHS. Esta oficina es la encargada de hacer cumplir las leyes federales que rigen el control fronterizo, las aduanas, el comercio y la inmigración para promover la seguridad nacional y la seguridad pública.

La ICE, creada en 2003, es el resultado de una fusión de las oficinas de investigación del antiguo Servicio de Aduanas de los Estados Unidos y el ya desaparecido Servicio de Inmigración y Naturalización (Immigration Naturalization Services, INS). Es la rama que ejecuta la Ley de Inmigración una vez que determina que ha ocurrido una violación inmigratoria. Esta oficina actúa como policía de inmigración y es la unidad del gobierno federal encargada de supervisar redadas, detener a quienes violan el derecho migratorio y deportar a extranjeros.

El proceso de deportación también se puede iniciar después de una investigación del Departamento de Justicia (Department of Justice, DOJ) o del Departamento del Trabajo (Department of Labor, DOL) si dichas oficinas, después de una investigación, determinan la existencia de personas indocumentadas o sin autorización para permanecer o trabajar en el país. También, como ya indicamos, la policía local, tras un arresto por la violación de cualquier ley del estado, condado o ciudad donde fijaste tu domicilio, puede informar al DHS sobre personas indocumentadas o que hayan cometido actos delictivos que pueden iniciar un proceso de deportación y cancelar una residencia legal.[36]

El proceso en sí generalmente comienza con una notificación o aviso de comparecencia *(Notice to Appear)* del DHS, el cual es presentado ante una corte de inmigración. Esa notificación ordena a la persona presentarse frente a un juez de inmigración, e incluye un resumen de las leyes inmigratorias que han sido violadas. También avisa sobre la posibilidad de conseguir representación legal sin costo para el gobierno y las consecuencias asociadas con un fallo adverso o condenatorio en caso de no presentarse a la audiencia (por ejemplo, puede recibir una orden de deportación en ausencia). Por favor, toma en cuenta que, a diferencia de un caso criminal, no tienes derecho a representación legal.

El tribunal, al recibir la notificación del DHS, programa una fecha para la audiencia con el juez. En este proceso, el DHS es representado por uno de sus abogados (que hace las veces de fiscal), el cual trata de demostrar por qué la persona debe ser deportada de Estados Unidos.[37]

MUY IMPORTANTE

Siempre es recomendable, si recibes una notificación del DHS y te citan a un tribunal o a una corte de inmigración, conseguir un abogado de inmigración para que te aconseje y represente.

En la primera audiencia se programan las fechas, y el juez de inmigración se asegura de que el acusado esté consciente y entienda las violaciones al derecho inmigratorio por las cuales está siendo acusado (cargos). El acusado tiene que aceptar o rechazar los cargos y conceder o luchar el cargo de deportación. El juez da información sobre recursos legales gratuitos en el área y programa una fecha en la cual se presentarán los argumentos del caso. En una futura audiencia, el juez escuchará los argumentos presentados por el DHS y por el abogado del acusado, y luego determinará si la persona tiene derecho a algún tipo o clase de dispensa de deportación.

La Ley de Inmigración proporciona varias opciones o vías de alivio, y en la mayoría de estas audiencias los acusados reconocen que pueden ser deportados de Estados Unidos al perder sus derechos de permanencia, pero solicitan una de las numerosas formas de alivio disponibles. Si demuestran que reúnen las condiciones necesarias para alguno de ellos, el juez puede cancelar la deportación, proveer ajuste de estatus (residencia legal permanente), otorgar asilo, dar la posibilidad de salida voluntaria, u otro remedio legalmente disponible y solicitado por el inmigrante durante el proceso.

Al terminar la audiencia, el juez de inmigración da un veredicto oral, aunque en ocasiones también presenta una decisión o fallo por escrito. Si el juez otorga algún tipo de alivio migratorio, el acusado puede permanecer temporal o permanentemente en Estados Unidos. Si ordena una deportación, el inmigrante puede apelar la decisión del juez mediante una «Notificación de apelación ante la Junta de Apelación de Inmigración de una decisión de un juez de inmigración»[38] *(Notice of Appeal to the Board of Immigration*

Es importante notar que estas son audiencias administrativas y están exclusivamente bajo la jurisdicción del Departamento de Justicia (DOJ), oficina que opera bajo la rama ejecutiva del gobierno federal. Estos jueces no están bajo la rama judicial del gobierno federal, por lo tanto, tienen distintos criterios y procedimientos de los que caracterizan a un tribunal federal.

Appeals from a Decision of an Immigration Judge) por medio del formulario EOIR-26. La Junta de Apelación de Inmigración revisa entonces el expediente escrito para tomar una decisión (en raras ocasiones, este paso se lleva a cabo durante una audiencia). Si el inmigrante no está de acuerdo con la decisión de la Junta de Apelación de Inmigración (BIA, por sus siglas en inglés), puede apelar ante una corte federal, la cual está fuera del proceso administrativo.

Claves para entender los derechos de los inmigrantes en Estados Unidos

- En Estados Unidos quienes portan cualquier tipo de visa, tanto de no inmigrante como de inmigrante, tienen derechos y también responsabilidades.
- Personas indocumentadas también tienen algunos derechos bajo la ley.
- Una vez que vence el plazo de permanencia otorgado por un agente de la CBP en un puerto de entrada, el ciudadano extranjero debe salir de Estados Unidos, a menos que haya pedido una extensión del plazo de estadía.
- Todo ciudadano extranjero que cambia de domicilio debe notificar la nueva dirección a la Oficina de Ciudadanía y Servicios de Inmigración en un plazo de 10 días.
- Los extranjeros no inmigrantes y los residentes permanentes deben declarar impuestos.
- Por lo general, la residencia legal permanente no vence; es permanente. Lo que vence es la tarjeta (*green card* o tarjeta verde) que debe ser renovada aproximadamente cada 10 años.
- Al tercer o quinto año como residente legal permanente (dependiendo de cómo obtuviste tu residencia permanente), tienes derecho a solicitar la ciudadanía estadounidense.
- Si un residente permanece por un largo período fuera de Estados Unidos, puede perder su estatus migratorio.
- Cualquier extranjero que viola las leyes de Estados Unidos, incluso los residentes legales permanentes, puede perder su estatus migratorio y ser deportado.
- Los residentes legales permanentes no tienen derecho a voto.

CAPÍTULO 8

CÓMO ME AFECTA LA POLÍTICA INMIGRATORIA DEL PRESIDENTE TRUMP

Por qué millones de inmigrantes indocumentados se encuentran en la mira de las oficinas encargadas del cumplimiento de la Ley de Inmigración.

Con la llegada a la presidencia de Donald Trump, la Casa Blanca puso en marcha nuevas políticas que afectan a la comunidad inmigrante. De inmediato el gobierno comenzó a cambiar el enfoque migratorio de las oficinas federales a través de las siguientes órdenes ejecutivas:

- Orden ejecutiva del 25 de enero de 2017: «Mejorar la seguridad pública en el interior de Estados Unidos»[1] (*Enhancing Public Safety in the Interior of the United States*).[2]
- Orden ejecutiva del 25 de enero de 2017: «Mejoras en la seguridad fronteriza y cumplimiento de la Ley de Inmigración»[3] (*Border Security and Immigration Enforcement Improvements*).[4]

PUNTOS CLAVE

En este capítulo encontrarás:

- Quiénes son los inmigrantes más impactados por las políticas y reglas del Presidente.
- Por qué los indocumentados fueron declarados como una amenaza a la seguridad pública nacional de Estados Unidos.
- Qué son las deportaciones expeditas.
- En qué consiste la Ley del Castigo.
- La fuerza nacional de deportaciones.
- ¿Tienen derechos los indocumentados durante una redada?
- ¿Qué delitos convierten en deportable a un indocumentado?
- ¿Pueden los agentes federales de inmigración pedir documentos a los pasajeros de un vuelo nacional?

- Orden ejecutiva del 27 de enero de 2017: «Protegiendo a la nación contra la entrada de terroristas extranjeros a Estados Unidos» (*Protecting the Nation from Foreign Terrorist Entry into the United States*).[5]
- Orden ejecutiva del 6 de marzo de 2017: «Protegiendo a la nación contra la entrada de terroristas Extranjeros a Estados Unidos» (*Protecting the Nation from Foreign Terrorist Entry into the United States*).[6]

Comentarios hechos por Donald Trump, tanto en las elecciones como durante su presidencia, han puesto en la mira a más de 11 millones de inmigrantes indocumentados para deportarlos.[7] Una de las razones de este clima de incertidumbre se debe a que, en los cuatro decretos, el Ejecutivo invocó varias secciones existentes de la Ley de Inmigración que, al ser ejecutadas simultáneamente, aceleraron las redadas y los arrestos, al igual que los juicios y deportaciones de ciudadanos extranjeros indocumentados.[8] El Presidente ha hecho énfasis en que las medidas se enfocarán en aquellos con antecedentes criminales.

CINCUENTA CLAVES PARA ENTENDER LAS NUEVAS REGLAS DEL JUEGO

1. ¿Por qué todos los indocumentados son vistos como una amenaza?

De estas acciones ejecutivas, todos «los inmigrantes que entran indocumentados sin inspección o admisión, o dejaron vencer sus visas, representan una amenaza significativa para la seguridad nacional y pública», señala uno de los decretos del presidente Trump.[9] También se establece que la inmigración ilegal (sin autorización o permiso de permanencia) «representa un peligro claro y presente para los intereses del país», por lo que estipula repatriaciones y deportaciones «de forma rápida, consistente y humana».[10]

2. ¿Cuáles son las nuevas prioridades de deportación?

Los decretos migratorios del 25 de enero de 2017 establecen nuevas prioridades de deportación, y cancelan las que había decretado el ex presidente Barack Obama el 20 de noviembre de 2014. Son sujetos de deportación:

- Quienes hayan declarado que fueron condenados por algún delito.
- Quienes han sido acusados de algún delito, incluso cuando el proceso no ha sido resuelto.
- Quienes cometieron actos que constituyen un delito penal imputable.
- Quienes hayan incurrido en fraude o tergiversación deliberada en relación con algún asunto oficial o solicitud ante un organismo gubernamental.
- Quienes hayan abusado de algún programa relacionado con la recepción de beneficios públicos.
- Quienes estén sujetos a una orden final de deportación y no hayan cumplido con su obligación legal de abandonar el país.
- Quienes, a juicio de un funcionario de inmigración, representen supuestamente un riesgo para la seguridad pública o nacional.[11]

El DHS también ha indicado que ninguna clase estará exenta de la aplicación de la Ley de Inmigración. Por lo tanto, cualquier persona puede ser deportada si un agente determina que esta ha violado la Ley de Inmigración.[12]

3. ¿Mediante estas ordenanzas se ordenaron deportaciones expeditas?

Sí. Los decretos migratorios del 25 de enero de 2017 precisan que, «para prevenir la inmigración ilegal», las oficinas involucradas en la seguridad nacional «desplegarán todos los medios legales para proteger la frontera (…) y para repatriar a extranjeros ilegales de forma rápida, consistente y humana».[13] Eso incluye determinaciones expeditas sobre reclamos de derecho de permanencia en Estados Unidos.[14]

Poco después el secretario Kelly emitió un memo el 20 de febrero implementando la expansión del programa de deportación expedita.[15]

4. ¿Qué dice la Ley del Castigo?

La Ley del Castigo, también conocida como Ley de los Diez años, está incluida en la sección 212 de la Ley de Inmigración (INA).[16] Establece que las personas que permanecen sin autorización en Estados Unidos (período generalmente determinado por la fecha de vencimiento de la tarjeta I-94) por más de 180 días y menos de 365 pueden arreglar su estatus migratorio solo mediante una permanencia fuera del país (sin regresar) por un período de tres años. Transcurrido ese tiempo, pueden tramitar una visa. Si la permanencia no autorizada sobrepasa los 365 días, la sanción aumenta a 10 años. En el caso de una persona que entra sin inspección al país, el reloj comienza a marcar el tiempo a partir del día que entra al territorio estadounidense.

La deportación acelerada de indocumentados no es una medida decretada recientemente. En 1996, durante el gobierno de Bill Clinton, el Congreso aprobó la expulsión rápida de inmigrantes indocumentados y negó audiencias ante un juez, excepto en casos de asilo.[17]

Una vez cumplida la sentencia, si el inmigrante quiere regresar tiene que llevar a cabo un trámite en una embajada, pedir perdón, gestionar una visa y, si se la conceden, recibir la autorización de ingreso parte de un agente de la Oficina de Aduanas y Protección Fronteriza *(US Customs and Border Patrol, CBP)* en un puerto de entrada (aéreo, marítimo o terrestre).[18]

PERÍODO QUE HAN DE ESTAR FUERA DEL
PAÍS SIN POSIBILIDAD DE REGRESO:

**La Ley
del Castigo**

Las personas que permanecen en Estados Unidos sin autorización deberán cumplir una sanción para poder regresar.

VENCIMIENTO
TARJETA I-94

DÍA
0

DÍA
180

DÍA
365

En el caso de una persona que entra sin inspección al país, se contabiliza desde el día que entró al territorio de Estados Unidos

5. ¿Liberará el gobierno a los indocumentados detenidos?

Los decretos presidenciales cancelaron la práctica conocida como «detener y liberar» (*catch and release*).[19] Aunque esta política estaba en desuso, su aplicación dependía del criterio del agente que llevaba a cabo un arresto. Ahora, además de la orden presidencial, depende de las nuevas prioridades de deportación.

6. ¿Qué significa la fuerza nacional de deportaciones?

La nueva política migratoria señala que el secretario de Seguridad Nacional de Estados Unidos tomará «medidas adecuadas» para activar, a nivel nacional, la sección 287(g) de la Ley de Inmigración.[20]

El Secretario Kelly también indicó que el DHS, de acuerdo con esta política, estará expandiendo el programa 287(g) en la región fronteriza.[21]

La sección permite al Departamento de Seguridad Nacional (DHS, por sus siglas en inglés) alcanzar acuerdos con los cuerpos locales de policía (estatal y municipal) y otorgarles poderes extraordinarios para que sus miembros actúen como agentes federales de inmigración. Estos acuerdos o asociaciones son la base de la fuerza nacional de deportaciones que el presidente Trump anunció en su campaña electoral.

Entre las facultades otorgadas según estos acuerdos, cualquier policía que opere bajo la sección 287(g) —incluso personal civil de oficinas locales— estará facultado para detener (o entregar) a un individuo si tiene sospecha de que se trata de un indocumentado, y pedirle que documente su presencia migratoria en Estados Unidos.

Si el agente prueba o determina que se trata de un inmigrante indocumentado, entregará al detenido a la Oficina de Inmigración y Control de Aduanas (ICE, por sus siglas en inglés) para que sea puesto inmediatamente en proceso de deportación.

7. ¿Acelerarán los juicios de deportación?

Las órdenes ejecutivas ordenan al fiscal general que tome medidas apropiadas «para establecer pautas de enjuiciamiento» y permitir que los fiscales de inmigración concedan «alta prioridad a los enjuiciamientos de los delitos que tengan nexo con la frontera sur». Es decir, todo indocumentado que haya ingresado por la frontera con México es una «prioridad de deportación».[22]

8. ¿Existe una lista de delitos que hacen que alguien sea sujeto de deportación?

No hay una lista completa, ya que el castigo asociado con ciertos delitos, particularmente a nivel local, varía de estado en estado. Por lo tanto un delito en un estado podría calificar como un crimen que puede hacer a una persona sujeto de deportación mientras que en otros estados no sería así. Los siguientes delitos, de los cuales hablamos en el capítulo 9, te pueden hacer sujeto de deportación, aun si eres residente legal:

- Ser convicto de un delito agravado o crimen violento.
- Ser convicto de una violación de la ley por drogas, con la excepción de una convicción por tener menos de 30 gramos de marihuana.
- Ser convicto de un crimen de bajeza moral (*moral turpitude*), lo cual no tiene definición en el estatuto, pero incluye ciertos crímenes que involucran fraude; la intención de robar; la intención de ocasionar daño corporal (*bodily harm*); ciertas ofensas de carácter sexual, y algunas acciones hechas con malicia, entre otras.

- Uso, distribución o posesión ilegal de armas de fuego.
- Recibir una condena de hasta 180 días en la cárcel.
- Ser convicto de dos ofensas o más, por las cuales el solicitante haya recibido una sentencia de cinco años o más.
- Participar en el negocio de la prostitución.
- Ser alcohólico.
- Participar en el transporte al territorio nacional de personas indocumentadas.
- Dar testimonio falso con el propósito de obtener un beneficio migratorio.
- Participar en juegos de azar ilegales.
- Tener más de un esposo o una esposa.
- El gobierno cree que la persona fue o piensa que se trata de un traficante de drogas.[23]

MUY IMPORTANTE

Las nuevas reglas del juego hacen que cualquier persona con presencia indocumentada no reúna los requisitos, sea por ingreso ilegal (indocumentado) o por vencimiento de los términos de una visa. Con ello, se establece que todos los indocumentados, por el solo hecho de no estar autorizados para permanecer en Estados Unidos, constituyen una amenaza para la seguridad pública y nacional.

9. ¿Eso quiere decir que el gobierno irá a buscar a todos los indocumentados para deportarlos de Estados Unidos?

El gobierno no tiene los recursos (personal, instalaciones —carcelarias y tribunales— y presupuesto) para deportar a 11 millones de personas indocumentadas de manera rápida y expedita. Por lo tanto, el gobierno ha propuesto una lista de prioridades que se enfoca en las siguientes personas:

- Indocumentados con antecedentes penales graves.
- Inmigrantes legales con antecedentes penales graves.
- Indocumentado con órdenes finales de deportación.
- Indocumentados que ingresaron al país hace menos de dos años, aunque no tengan antecedentes penales.

También ha propuesto un aumento dramático en el número de camas (cupos) de detención para poder procesar aún a más personas bajo el proceso de deportación.

10. ¿Puede el gobierno encarcelar a los inmigrantes que piden asilo?

La privación de libertad de los inmigrantes que piden asilo está contemplada en la Ley de Identificación Verdadera[24] *(Real ID Act)*[25] del 10 de abril de 2005. Esa ley, que trata de implementar un sistema uniforme de licencias e identificaciones personales, también incluyó severas condiciones para la implementación de la Ley de Inmigración. Aunque el tema de las licencias ha sido postergado hasta el 22 de enero de 2018, las otras medidas de la Ley de Identificación Verdadera están vigentes y autorizan las siguientes acciones gubernamentales:

- Permite a los cazarrecompensas perseguir y arrestar a inmigrantes prófugos que se encuentran libres bajo fianza en cualquier parte de Estados Unidos.
- Permite la deportación de inmigrantes antes de que concluyan los procesos de apelación.
- Elimina el derecho de utilizar la ley de *habeas corpus*, vigente desde la Guerra Civil.
- Faculta a los agentes del servicio de inmigración para que rechacen peticiones de asilo.
- Somete al ciudadano extranjero a una deportación acelerada (*expedited removal*).
- Evita que los fallos de asilo sean apelados ante una corte de inmigración.
- Expande las razones para deportar a un extranjero.

- Crea un régimen de detención obligatoria de personas responsables de un delito.
- Elimina la suspensión discrecional y establece procedimientos de expulsión acelerada.[26]

Adicionalmente, como resultado de las órdenes ejecutadas en enero del 2017, el gobierno busca reclutar a miles de nuevos oficiales para poder implementar las normas migratorias más recientes.

11. ¿Acelerará el gobierno los juicios de inmigración y las deportaciones?

Los decretos migratorios presidenciales contemplan la búsqueda y envío de recursos para que las cortes de inmigración, dependientes del Departamento de Justicia (DOJ), aumenten la dotación de jueces con el propósito de atender los casos acumulados.[27] Hasta el 28 de febrero de 2017, las cortes de inmigración tenían más de 544,000 casos de deportación atascados y solo contaban con unos 290 jueces. Las primeras citas las estaban dando para mediados de abril de 2020 (demoras de más de cuatro años).

Si la nueva administración lleva a cabo sus planes, que incluyen redadas y deportaciones masivas, el número de casos en los tribunales de inmigración aumentarán considerablemente, y también los retrasos. La solución, plantean las órdenes ejecutivas, es llevar jueces a los centros de detención o celebrar juicios por videoconferencia.

Los abogados temen que estos cambios entorpezcan o limiten el debido proceso migratorio y no garanticen una defensa adecuada al inmigrante que lucha por sus derechos de permanencia en Estados Unidos. Los abogados también han expresado inquietud respecto a la aceleración de los procesos judiciales de los inmigrantes, porque puede disminuir el tiempo para armar un caso, ganar el juicio y contener la deportación.

12. ¿Está el gobierno buscando ampliar su capacidad para detener a inmigrantes indocumentados?

Sí. Las órdenes ejecutivas incluyen la búsqueda de recursos para ampliar la capacidad de detenciones del DHS.[28] Según el gobierno, hasta un millón de indocumentados tendrían antecedentes criminales y serían el principal blanco de redadas, arrestos y expulsiones. Para ello, la ICE necesita ampliar el cupo diario de 39,000 camas autorizado por el Congreso.

13. ¿Afectan las nuevas medidas migratorias a los residentes legales permanentes?

Sí. Los residentes permanentes que no cumplan con sus obligaciones bajo la ley o con las leyes establecidas pueden ser sujetos a una deportación.

14. ¿Publicará el gobierno listas de los delitos cometidos por los indocumentados?

Si. La administración Trump requiere que el Fiscal General de Estados Unidos publique los delitos cometidos por aquellos indocumentados que permanecen libres en las localidades que no colaboran con el gobierno, en el marco del Programa 287(g).[29] La primera lista fue publicada la segunda semana de marzo de 2017, pero la segunda semana de abril se suspendió temporalmente bajo el argumento de que se estaban «analizando y refinando sus metodologías».

15. ¿Qué tipo de faltas pueden hacer que un extranjero sea sujeto de deportación?

La sección 1101 del título 8 de la Ley de Inmigración (INA), invocada en las órdenes ejecutivas migratorias, refiere, entre otras, las siguientes razones por las que un individuo no reúne los requisitos para entrar legalmente a Estados Unidos:

- Haber cometido delitos.
- Haber participado en actos de terrorismo.
- Motivos económicos (convertirse en carga pública).
- Haber entrado ilegalmente al país.
- Haber cometido fraude inmigratorio.
- Estar involucrado en tráfico de personas.
- Haber cometido fraude matrimonial.

- Haber usado documentos o papeles falsos.
- Haber votado ilegalmente.
- Uso o tráfico de drogas.
- Violación a las normas de armas de fuego.
- Crímenes morales.
- Delitos agravados.

En el capítulo 9 hablaremos con más profundidad sobre estas razones.

16. ¿Puedo guardar silencio si soy blanco de una redada de inmigración?

Sí. La Constitución de Estados Unidos otorga el derecho a no contestar preguntas. Y precisa que el negarse a responder a las preguntas no constituye un delito. En caso de ser arrestado, puedes permanecer callado hasta después de hablar con un abogado.

17. ¿Quiénes son los indocumentados que están en mayor riesgo de ser arrestados y deportados?

Según el gobierno, las prioridades son las siguientes:

- Quienes hayan sido condenados por cualquier delito.
- Quienes han sido acusados de algún delito, incluso cuando el proceso no ha sido resuelto.
- Quienes cometieron actos que constituyen un delito penal imputable.
- Quienes hayan incurrido en fraude o tergiversación deliberada en relación con algún asunto oficial o solicitud ante un organismo gubernamental.
- Quienes hayan abusado de algún programa relacionado con la recepción de beneficios públicos.
- Quienes estén sujetos a una orden final de deportación y no hayan cumplido con su obligación legal de abandonar el país.[30]

Sin embargo, como ya hemos explicado, un oficial tiene la discrecionalidad, bajo las nuevas directivas, de deportar a cualquier persona que esté en violación de la Ley de Inmigración.

18. ¿Qué otros delitos o faltas hacen que un indocumentado sea sujeto de deportación?

La lista de delitos o faltas cambia constantemente. Sin embargo, como mencionaremos en el capítulo 9, los siguientes delitos hacen que quien los cometa sea sujeto de deportación:

- Haber dado una declaración falsa durante un trámite migratorio.
- Ayudar a entrar al país a una persona que no reúne los requisitos para hacerlo.
- Violar los términos de una visa.[31]
- Quienes entraron con una visa y cometieron un delito o falta que impida que reúna los requisitos.
- Cualquier extranjero residente legal que haya alentado, inducido, asistido, instigado o ayudado a otro extranjero para entrar o tratar de ingresar al país de manera ilegal.
- Haber cometido cualquier clase de delito de ofensa sexual.
- Falsificar documentos.
- No haber notificado un cambio de dirección al servicio de inmigración.
- Cualquier extranjero que se haya convertido en carga pública.
- Personas que hayan permanecido fuera del país para eludir la inscripción del Servicio Selectivo en tiempo de guerra o en un período declarado por el presidente como de emergencia nacional.

19. ¿Trump creó nuevas leyes que pusieron a los 11 millones de indocumentados en la lista de deportados?

No. No se han creado nuevas leyes. El gobierno invocó las secciones 212(a)(2), (a)(3), (a)(6)(C), 235, 237(a)(2) y (4) de la Ley de Inmigración y Nacionalidad (INA) de Estados Unidos,[32] que ya existían cuando él tomó posesión.

20. ¿Cuándo se iniciará la construcción del muro en la frontera con México?

El muro del que habla el actual gobierno comenzó a ser construido en 2006, durante el gobierno del presidente George W. Bush. Pero solo cubre unas 800 millas en varios tramos. El presidente Trump ha señalado que continuará los trabajos y para ello pidió ubicar fondos, y solicitó al Congreso que apruebe un presupuesto.

La Ley del Muro de 2006 (Secure Fence Act 2006)[33] consiste en una valla física a todo lo largo de la frontera (3,200 kilómetros), que incluye tecnología, iluminación y vías de patrullaje.

21. ¿Pueden los agentes federales de inmigración pedirte papeles en un vuelo nacional?

Los agentes federales de inmigración (ICE y CBP) pueden pedir papeles a los pasajeros de un vuelo nacional si tienen una «sospecha razonable» o «causa probable» para detener a un individuo y pedirle una identificación.[34] Por ello, la recomendación es que siempre portes contigo una prueba de identidad, sea tu pasaporte vigente, tu licencia de manejar o cualquier tipo de identificación válida otorgada por una oficina del gobierno o una embajada.

22. ¿Pueden los indocumentados portar armas?

Legalmente no pueden hacerlo. Aunque la Segunda Enmienda de la Constitución garantiza la portación de armas de fuego, los tribunales de justicia han determinado que los extranjeros sin un estatus legal de permanencia en Estados Unidos carecen de ese derecho. Además, la ley federal no permite que las personas indocumentadas posean armas de fuego o municiones. Los tribunales de justicia han dictaminado que el gobierno federal tiene un marcado interés en impedir que los extranjeros que violan la ley cuando entran al país sin ser inspeccionados y autorizados porten armas de fuego.

23. ¿Qué pasa si firmo una salida voluntaria y no me voy?

Firmar una salida voluntaria significa que la persona admite que no tiene ninguna pretensión legal de permanecer en Estados Unidos.

Es una renuncia automática al derecho de permanencia en el país, que conlleva varios problemas adicionales. Si aceptas una salida voluntaria, las autoridades te concederán un plazo de entre 30 y 120 días para abandonar el país.

Si no te marchas dentro del plazo acordado, la salida voluntaria se convierte automáticamente en una orden final de deportación. Tu nombre es agregado a la lista de prioridades de deportación y, si eres detenido, las autoridades ejecutarán inmediatamente la orden de deportación. No tendrás derecho a ver un juez.

Toma en cuenta que si firmas una salida voluntaria y abandonas el país en la fecha pactada con las autoridades, todavía quedas sujeto a las sanciones de la Ley del Castigo.[35]

24. ¿Cómo puedo saber si tengo una orden de deportación?

Para tener una orden de deportación, debes haber tenido un proceso migratorio, por ejemplo, una detención o la petición de algún beneficio que resultó en una negación. En ese caso, te asignan un número de extranjero que comienza con la letra A. Una vez tengas a mano ese número:

- Llama por teléfono al número nacional 1(800) 898-7180.
- Sigue las instrucciones (hay opción en español).
- Cuando la operadora te indique, ingresa tu número de extranjero.
- Una contestadora automática te dirá el estado de tu expediente, si tienes o no una orden de deportación.

Es recomendable que si tienes una orden de deportación vigente, busques el consejo de un abogado de inmigración para que te indique opciones y encuentre, dentro del debido proceso, si tu caso puede ser reabierto o cancelado, o cualquier tipo de beneficio al que puedas acceder.

Pasos para saber si tienes una orden de deportación

Debes de haber tenido un proceso migratorio previo (como una detención o una petición de algún beneficio denegada). En ese caso, te asignan un número de extranjero que comienza con la letra A.

01

Llama por teléfono al número nacional: 1 (800) 898 7180.

02

Sigue las instrucciones (tienes una opción para escucharlas en español).

03

Cuando la operadora te indique, ingresa tu número de extranjero.

04

Una contestadora automática te dirá si tienes o no orden de deportación.

25. ¿Puede mi esposa ciudadana estadounidense pedir mi residencia legal permanente si tengo antecedentes penales?

Sí, pero es posible que le nieguen la solicitud. En caso de tener antecedentes penales busca un abogado para que te asesore y te diga los pasos a seguir. Si los delitos o faltas cometidas te impiden reunir los requisitos o te hacen sujeto de deportación, te pueden arrestar durante el proceso y expulsarte del país.

26. ¿Puedo quedarme en Estados Unidos si entré con una visa *waiver*?

No. El gobierno de Estados Unidos tiene en la mira no solo a los que entraron ilegalmente y no fueron inspeccionados por las autoridades de inmigración, sino también a los que entraron con visa y se quedaron más allá del plazo permitido por las autoridades de inmigración cuando entraron a Estados Unidos.

27. ¿Puedo regresar a Estados Unidos después de haber sido deportado debido a cargos por manejar en estado de ebriedad?

Para asuntos de inmigración, los cargos por conducir en estado de ebriedad o bajo la influencia del alcohol o drogas (Driving Under

El Programa de Visa Waiver (VWP, por sus siglas en inglés), establecido en 1986, permite a ciudadanos de ciertos países entrar sin visa y permanecer hasta por 90 días; al cumplirse este tiempo deben salir del país. Por lo tanto, el gobierno también contempla aplicar la ley hacia todos los que violan su período de estadía otorgado por el VWP. (En el capítulo 3 hablamos de este programa en más detalle).

the Influence, DUI) son graves y figuran en la lista de prioridades de deportación. No solo afectan el futuro inmediato de los indocumentados, sino también impactan negativamente el expediente de los residentes legales permanentes, quienes no podrán o tendrán serias dificultades al pedir la ciudadanía estadounidense. En el caso de una visa, el DOS la puede cancelar tan pronto se entere de los cargos de DUI.[36]

28. Hace tres años entré a Estados Unidos con una visa de turista B1/B2, me quedé dos años, trabajé y luego regresé a mi país. ¿Puedo pedir otra visa?
Cuando te autorizan a ingresar en un puerto de entrada, ese ingreso se registra en el sistema de entradas y salidas de extranjeros que controla el DHS. Al salir, lo más probable es que el mismo sistema haya registrado el abandono del país.

Por otro lado, cuando vayas a un consulado estadounidense por una nueva visa, deberás llenar un formulario donde tendrás que anotar si has solicitado visa anteriormente, si has estado antes en Estados Unidos y si has violado los términos de tu visa. Con esa información, el consulado verificará tus datos y descubrirá que violaste los términos de la visa anterior y te negarán el trámite. También te informarán que te ha caído encima la Ley del Castigo o Ley de los Diez Años.

Una vez que cumplas el castigo, deberás volver al consulado, pedir perdón y gestionar una nueva visa. Pero el antecedente de haber violado los términos del primer permiso quedará para siempre en el expediente, y puede que ese detalle sea suficiente para que te nieguen la petición, esta vez indefinidamente.

29. Soy un *dreamer* amparado por el programa DACA. ¿Puedo salir de Estados Unidos y regresar?

Sí, siempre y cuando tu DACA esté vigente, por lo menos por los siguientes seis meses, y no tengas antecedentes penales. Si cumples con estos requisitos, puedes pedir un permiso de viaje (*advance parole*) usando el formulario I-131.[37] Con ese permiso puedes salir del país; sin embargo, eso no garantiza que puedas reingresar a Estados Unidos.

Cuando vuelvas y te presentes en un puerto de entrada, un agente de la CBP verificará tu identidad, revisará tu permiso de viaje y será él quien, a su discreción, te dará entrada a Estados Unidos o te la negará. Si te autorizan a entrar, entonces habrás registrado por primera vez una entrada legal a Estados Unidos.

Si sales del país sin que te hayan aprobado la solicitud del permiso de viaje, al momento de poner un pie fuera de Estados Unidos se activa la Ley del Castigo o Ley de los Diez Años. Si tienes una orden de deportación vigente, en ese momento se activa y, por lo tanto, pierdes tus derechos de permanencia en Estados Unidos.

Para poder regresar deberás cumplir el castigo, gestionar un perdón en un consulado de Estados Unidos y tramitar una visa para reingresar, siempre y cuando demuestres una razón humanitaria, de empleo o de estudios.

30. ¿Es cierto que los trámites de inmigración son rápidos?

No, es un mito, aunque sí existe un proceso expedito para ciertas solicitudes enviadas a la Oficina de Ciudadanía y Servicios de Inmigración (US Citizenship and Immigration Services, USCIS). Por lo general, los tiempos de procesamiento en esa oficina toman meses, y hasta años con el Departamento de Estado (Department of State, DOS). En el caso de trámites con la USCIS, el gobierno informa los tiempos de procesamiento de solicitudes en su página web: www.uscis.gov.

Para las solicitudes de visa entregadas en consulados estadounidenses, el proceso se puede demorar de varios días a varios meses, y esa información se puede encontrar en la página digital del Departamento de Estado (www.state.gov).

En el caso de solicitudes de residencia, ese proceso está determinado por la disponibilidad de visas asignadas por ley a cada región del mundo.

Para ver cuánto hay que esperar por una residencia, el gobierno publica un boletín mensual de visas que informa el período de espera, dependiendo de la ciudadanía del solicitante, que también se puede encontrar en la página web del DOS (www.dos.gov).

31. ¿Me darán asilo en la frontera si solo digo que tengo miedo de que me regresen a mi país?

No, el asilo es un proceso complejo. (Lo explicamos detalladamente en el capítulo 5). Debes tener en cuenta que el hecho de vivir situaciones difíciles en tu país no quiere decir que Estados Unidos te concederá asilo de inmediato. Para ser considerado para asilo, deberás demostrarle al oficial que te reciba en la frontera que tienes un miedo creíble en caso de que te vayan a regresar a tu país. Si durante el proceso te envían ante un juez de inmigración, tendrás que mostrar pruebas contundentes y firmes que respalden tus argumentos. Tu palabra no va a ser suficiente.

32. ¿Es cierto que con las nuevas reglas migratorias el servicio de inmigración nunca se equivoca en sus decisiones?

Este es un mito muy común que desanima a muchas personas, millones de inmigrantes que han perdido valiosas oportunidades, porque creen que el gobierno federal estadounidense siempre tiene la razón.

El servicio de inmigración sí se equivoca, porque la Ley de Inmigración es compleja y frecuentemente los agentes la interpretan incorrectamente. Por eso, es importante que te asesores bien con un reputado abogado de inmigración.

33. ¿Qué hago si recibo un «no» por parte del servicio de inmigración?

Si recibes un «no» por parte de cualquier oficina federal, te recomendamos lo siguiente:

- Mantén la calma.
- Busca la ayuda o asistencia de un abogado de inmigración (experto en el tema particular, de asilo, visas de trabajo, deportación, etcétera) para que verifique si hay algún error o fallo y determine las opciones disponibles, por ejemplo, una apelación.
- Si no tienes abogado, pide ayuda a un grupo de asistencia legal a inmigrantes en un centro comunitario.
- Para informarte mejor, consulta nuestra página de inmigración de Univision Noticias http://www.univision.com/noticias/inmigracion/buscador-de-asesoria-legal-para-inmigrantes

34. Si me arrestan, ¿me liberará el gobierno para que pueda continuar luchando y quedarme en Estados Unidos?

No. Como ya hemos mencionado, el gobierno de Estados Unidos eliminó el sistema de capturar y liberar (*catch and release*), la práctica consistente en dejar libres a inmigrantes indocumentados que sean detenidos mientras se resuelve su caso en suelo estadounidense. Eso no significa que no calificas para una fianza que te permita estar libre mientras tu proceso avanza dentro del sistema judicial administrativo. Tendrás que comunicarte con un abogado de inmigración para determinar tus opciones de fianza.

35. ¿Puedo viajar fuera de Estados Unidos si tengo una orden de deportación?

Puedes viajar. Lo que no vas a poder hacer es regresar al país. Si tienes orden de deportación, no viajes, ya que automáticamente pierdes tus derechos de permanencia en Estados Unidos. La USCIS es tajante al respecto: «Un extranjero con una orden de deportación que sale de Estados Unidos de forma voluntaria, aunque reciba un Permiso Adelantado de Reingreso, ejecuta con el acto de salida la orden de deportación», advierte. El problema será reingresar a Estados Unidos.[38]

36. Si me deportan a México y se marcha conmigo mi hijo nacido aquí, ¿pierde la ciudadanía estadounidense?

No. En Estados Unidos hay aproximadamente cinco millones de ciudadanos estadounidenses cuyos padres son indocumentados. Si deportan a la familia, los niños no pierden la ciudadanía. La ciudadanía estadounidense por nacimiento está garantizada por la Enmienda 14 de la Constitución, cuya sección 1 dice: «Toda persona nacida o naturalizada en Estados Unidos, y sujeta a su jurisdicción, es ciudadana de Estados Unidos y del estado en que resida».[39]

37. Soy asilado en Estados Unidos, ¿puedo viajar a mi país?

Sí puedes viajar, pero perderás el asilo. La USCIS ha advertido en reiteradas ocasiones que si los asilados viajan a su país, ponen en duda la causa de asilo y el derecho de permanencia en Estados Unidos. Es decir, si viajas al país del que huiste y Estados Unidos te concedió el amparo, ¿por qué regresas a tu país? Un agente de la CBP puede hasta tomar la decisión de no permitirte el reingreso al país.

Pero si tienes asilo y ya cumpliste un año con ese estatus migratorio, puedes pedir la residencia legal permanente. Cinco años más tarde, tienes derecho a solicitar la ciudadanía y ya como estadounidense podrás viajar por todo el mundo sin problemas.

38. ¿Pierdo mi residencia permanente cuando se vence mi green card?

No. La residencia permanente, como lo indica su nombre, es permanente. Lo que vence es la tarjeta verde (green card) que generalmente la otorgan con una duración de 10 años y debe ser renovada antes de que venza el plazo.

Pero ten en cuenta que sí puedes perder la residencia permanente, ya sea porque cometiste un fraude, por una falta o crimen grave que te haga sujeto de deportación o impide que cumplas los requisitos, o porque te quedaste demasiado tiempo fuera de Estados Unidos y la abandonaste. (En los capítulos 4 y 7 hablamos más sobre este tema).

39. ¿Por qué, si la residencia es permanente, la green card tiene fecha de vencimiento?

Por razones de seguridad nacional. Cuando se renueva, la USCIS toma huellas digitales para revisar los antecedentes penales del solicitante. La USCIS explica en su página de internet que si la tarjeta de residencia venció, «en los siguientes seis meses puedes comenzar el proceso de renovación». Puedes hacerlo por internet llenando el formulario I-90 (reemplazo de la green card) o por correo.

40. Entré con una visa de turista hace cinco años y me quedé después de la expiración del periodo de autorización. ¿Ahora puedo tramitar mi residencia?

No. Los turistas no pueden pedir la residencia ni permanecer en Estados Unidos por más tiempo del autorizado por el agente de la CBP en el puerto de entrada. Para tener derecho a solicitar una residencia, debes mantener un estatus legal en el país. Puede que existan algunas vías, pero tendrás que asesorarte con un abogado de inmigración.

41. Si tengo dudas sobre mi caso o no comprendo bien las nuevas reglas migratorias, ¿igual puedo hacer un trámite o tener contacto con el servicio de inmigración?

No dudes en buscar consejo legal especializado en el tema. Si no tienes abogado, contacta a un grupo de ayuda a inmigrantes, o bien visita la página de Noticias Univision en la sección Inmigración,[40] donde hallarás una herramienta para encontrar asesoría legal[41] cerca de donde vives.

42. ¿Puedo pedir una visa H-1B? ¿Cuántas se entregan cada año?

No. Las visas H-1B solo las pueden pedir empresas en Estados Unidos que necesitan contratar trabajadores especializados extranjeros, siempre y cuando cumplan con ciertos requisitos. Por lo tanto, necesitas que una empresa te pida. (Consulta el capítulo 2, donde explicamos en detalle el procedimiento para gestionar este tipo de visa).

Respecto a la cuota, cada año fiscal se otorgan 85,000 de estas visas, 20,000 de las cuales están reservadas exclusivamente para profesionales extranjeros graduados con una maestría en universidades estadounidenses.

43. Si consigo una visa H-1B, ¿puedo traer a mi familia a Estados Unidos?

Sí. La categoría de visa H-1B te permite traer a tu cónyuge e hijos solteros menores de 21 años de edad, quienes reciben la visa H-4. Generalmente, no se permiten parejas, hermanos, tíos, primos o padres. Lo mismo aplica para el gran número de visas de no inmigrante, que permiten que dependientes acompañen al titular principal de la visa.

44. Entré a Estados Unidos con una visa de turismo válida por 10 años y llevo nueve sin autorización. ¿Me encuentro legalmente en el país?

No. Tú estás ilegalmente en el país. El período de admisión es determinado por la tarjeta I-94 que emite la Oficina de Aduanas y Protección Fronteriza (CBP) cuando un agente te recibe en un puerto de entrada (terrestre, marítimo o aéreo). La visa estampada en tu pasaporte no determina tu período de autorización legal en el país.

En el caso de la visa de turismo, la autorización generalmente no excede seis meses. Por lo tanto, tienes varios problemas que enfrentar ya que llevas probablemente muchos años viviendo ilegalmente en el país:

- Estás sin presencia legal en Estados Unidos.
- Eres prioridad de deportación.
- Si sales del país, te cae encima la Ley del Castigo y deberás permanecer 10 años fuera del país antes de gestionar un perdón y pedir una visa para volver a Estados Unidos y registrar una entrada legal.

45. Estoy casado y protegido desde hace 14 años con estatus de protección temporal (Temporary Protection Status, TPS). ¿Ya puede mi esposa pedir mi residencia?

Sí te puede pedir, pero primero tienes que tomar varias medidas. El estatus de protección temporal (TPS, por sus siglas en inglés) protege de la deportación a inmigrantes de países amparados por este beneficio humanitario, pero siguen siendo indocumentados y se mantiene vigente la orden de deportación. Si estás en esta situación, asesórate bien con un abogado o experto en inmigración.

También toma en cuenta que la administración desea terminar el programa de TPS. Por lo tanto, si puedes arreglar tu situación

---

MUY IMPORTANTE

A finales de marzo de 2017, la Corte de Apelaciones del Noveno Circuito determinó que algunos extranjeros protegidos con TPS pueden pasar a ser residentes legales permanentes por medio de cónyuges o hijos estadounidenses mayores de 21 años. Contacta a tu abogado y fíjate si reúnes los requisitos para recibir este beneficio.

hazlo lo antes posible ya que perderás la autorización de permanecer en Estados Unidos en el momento que la administración cancele el programa.

46. Pedí asilo y tengo cita en la Corte de Inmigración para el 2020. ¿Puedo incluir a mi esposa en este proceso si ella está en el exterior?

No. Para que puedas pedir la protección de familiares inmediatos (cónyuge e hijos solteros menores de 21 años), primero tienes que ganar tu caso de asilo. Mientras no resuelvas este proceso, no puedes hacer nada, solo esperar. El problema radica en la enorme cantidad de expedientes acumulados en los tribunales de inmigración. Como ya hemos mencionado, a finales de febrero de 2017 había más de 544,000 casos pendientes, entre ellos de asilo.

El gobierno de Trump ha solicitado al Congreso presupuesto para los tribunales de inmigración, así como para contratar nuevos jueces y acelerar los procesos para poner fin a las esperas.

47. ¿Puedo pedir la residencia con una visa H-2A?

No. La H-2A pertenece a la categoría de visas de no inmigrante. La tramitan empleadores de Estados Unidos o agentes estadounidenses autorizados para contratar a trabajadores agrícolas. Se pueden pedir hasta dos extensiones de un año de validez cada una, pero al término del tercer año de permanencia el trabajador debe irse de Estados Unidos.

Eso no significa que no reúnas los requisitos para la residencia por otro proceso. (En el capítulo 2 puedes ver qué otras opciones tienes).

48. Estudio en Estados Unidos con una visa J. ¿Puedo pedir la *green card*?

No. Esta categoría de visa no otorga residencia. Si recibes entrenamiento en Estados Unidos bajo una visa J también es posible que seas sujeto al requisito legal de regresar a tu país de origen por un período de dos años antes de poder reingresar al país con una visa de trabajo o visa de inmigrante. Si no eres sujeto al requisito podrías calificar para la residencia por otro proceso, como explicamos en el capítulo 4.

49. ¿Es cierto que la administración del presidente Trump quiere revisar algunos programas de visas?

Sí, sobre todo los programas de visas de empleo. Varias de ellas son parte de la actual discusión política de inmigración, como las visas E, H-1B, L-1, O-1 y TN.

50. ¿Puede el DHS quitarme mi *green card*?

Sí. El presidente, cuando firmó las órdenes ejecutivas invocó varias secciones de la Ley de Inmigración y Nacionalidad (INA) que, juntas, incluyen una larga lista de delitos que hacen que los inmigrantes —tanto dentro como fuera de Estados Unidos, con o sin papeles— no reúnan los requisitos o los hagan sujetos de deportación. Eso incluye a los residentes legales permanentes (portadores de *green card* o tarjeta verde).

Las claves para entender
la política migratoria de Trump

- Las nuevas reglas están contenidas en varias órdenes ejecutivas (decretos) firmadas por el mandatario a los pocos días de llegar a la Casa Blanca.
- Trump decretó que quienes ingresen ilegalmente a Estados Unidos, sin ser inspeccionados o admitidos, representan una amenaza significativa a la seguridad nacional y pública.
- El presidente publicó una nueva lista de prioridades de deportación, poniendo a miles de inmigrantes en la mira de la ICE.
- Trump ordenó acelerar las detenciones y deportaciones de inmigrantes con antecedentes penales.
- Trump invocó la sección 287(g) de la Ley de Inmigración para crear la Fuerza Nacional de Deportaciones prometida durante la campaña.
- La sección 287(g) permite al gobierno hacer acuerdos con los departamentos de policía locales (estatal y municipal) para que actúen como agentes federales de inmigración.
- Los decretos migratorios de Trump no cambian la Ley de Inmigración. Solo invocó secciones que ya existían y la mayoría fueron aprobadas por el Congreso en 1996.
- Las órdenes ejecutivas no tocan el debido proceso inmigratorio.
- A pesar del endurecimiento de la política migratoria, los inmigrantes tienen derechos en Estados Unidos, y pueden y deben ejercerlos.
- Los indocumentados sí tienen derechos en Estados Unidos, incluso durante una redada y en caso de ser detenidos y colocados en proceso de deportación.

AYUDA AL INMIGRANTE

(qué hacer, dónde, cómo)

En los últimos 30 años, que comenzaron en el periodo inmediatamente después de la «amnistía» otorgada durante la administración del presidente Ronald Reagan (1981–1989), el gobierno federal estadounidense ha ido cumpliendo —paulatinamente, pero con mayor severidad— la Ley de Inmigración (INA) en un vano esfuerzo por limitar o disminuir el número de inmigrantes indocumentados en el país. Para ello, se han implementado varios mecanismos.

PUNTOS CLAVE

En este capítulo hablaremos sobre qué derechos tienen los indocumentados, qué hacer durante una redada, el «Plan B» y qué documentos hay que tener siempre a mano. También pondremos el tema en contexto histórico para que entiendas la tendencia actual del gobierno respecto de las deportaciones.

- Las deportaciones en las últimas tres décadas.
- La era Trump.
- Cuáles son las prioridades de deportación.
- La inmigración indocumentada después del 9-11.
- La reforma migratoria.
- Las nuevas reglas del juego.
- Redadas: cómo prepararse.
- Tus derechos: guarda silencio, no firmes nada sin antes hablar con un abogado.
- Todos los inmigrantes, con o sin documentos de estadía legal, tienen derechos en Estados Unidos.
- Qué pasa si utilizas papeles falsos.

Por ejemplo, el gobierno ha aprobado mecanismos para asegurar que los empleadores solo contraten a personas autorizadas para trabajar, ha fortalecido la presencia federal y aduanera en las fronteras (particularmente con México), y ha aumentado el número de agentes para la ejecución de la ley dentro del territorio nacional. Sin embargo, la falta de recursos y los distintos enfoques del sistema migratorio por parte de los gobiernos —al igual que las fuerzas del mercado que impulsan el ingreso de ciertos tipos de trabajadores al país— han creado una situación donde más de 11 millones de personas viven de manera indocumentada en Estados Unidos.

Gobierno	Año	Población de indocumentados
R. Reagan	1986	3,200,000[1]
R. Reagan	1988	1,900,000
George H. W. Bush	1989	2,000,000
George H. W. Bush	1992	4,600,000
Bill Clinton	1995	5,700,000
Bill Clinton	1998	7,100.000
Bill Clinton	2000	8,600,000
George W. Bush	2002	9,400,000
George W. Bush	2008	11,600,000
Barack Obama	2009	11,300,000
Barack Obama	2013	11,300,000
Barack Obama	2016	11,300,000

FUENTE: Departamento de Seguridad Nacional (DHS Yearbook).

El crecimiento de la población de indocumentados ocurrió a pesar del énfasis y los recursos invertidos por el gobierno federal desde la amnistía del presidente Reagan a mediados de los años ochenta. Las estrategias desarrolladas por las oficinas federales encargadas de la seguridad en las fronteras y del control de la inmigración legal no han funcionado como se esperaba. El resultado ha sido que el número de extranjeros que ingresaron sin autorización, sumado a los que después de entrar legalmente al país cometieron delitos y pasaron a ser sujetos de deportación o se quedaron más allá del tiempo autorizado por sus visas, alcanzó cifras históricas.

Simultáneamente, la comunidad inmigrante de Estados Unidos ha visto, en las últimas tres décadas, un incremento en el número de redadas, operativos y deportaciones. Estas acciones fueron llevadas a cabo primero por el desaparecido Servicio de Inmigración y Naturalización (Immigration and Naturalization Service, INS) y más recientemente por la Oficina de Inmigración y Control de Aduanas (US Immigration and Customs Enforcement, ICE), esta última dependiente del Departamento de Seguridad Nacional (US Department of Homeland Security, DHS), creado en 2003.

Los números hablan por sí solos.

- Ronald Reagan (1981–1989): unos 170,000 deportados.
- George H. W. Bush (1989–1993): unos 141,000 deportados.
- Bill Clinton (1993–2001): poco más de 869,646 deportados.
- George W. Bush (2001–2009): poco más de 2.1 millones de deportados.
- Barack Obama (2009–2017): más de 2.7 millones de deportados.[2]

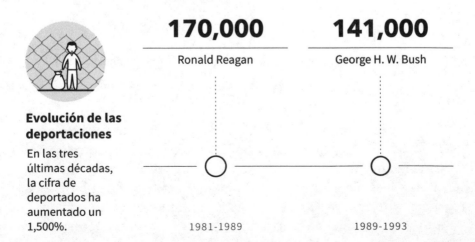

170,000
Ronald Reagan

141,000
George H. W. Bush

Evolución de las deportaciones

En las tres últimas décadas, la cifra de deportados ha aumentado un 1,500%.

1981-1989

1989-1993

La era Trump

El 8 de noviembre de 2016 los estadounidenses eligieron al republicano Donald Trump como presidente de Estados Unidos (el número 45) para suceder en la Casa Blanca al demócrata Barack Obama. El empresario, de 70 años de edad, había prometido durante la campaña que entre sus prioridades se encontraba la deportación de los 11 millones de indocumentados. Sin embargo, cinco días después de ser elegido, el 13 de noviembre durante una entrevista en el programa *60 Minutes* de la cadena CBS, corrigió y aseguró que se enfocaría primero en la expulsión de hasta tres millones de inmigrantes ilegales criminales[3] y luego, una vez asegurada la frontera, vería qué hacer con los otros ocho millones de indocumentados.[4]

Sin embargo, el 25 de enero, al publicar dos órdenes ejecutivas, una cuyos temas abarcan la construcción del muro en la frontera con México y otra que cubre, entre otros puntos, el tema de las jurisdicciones santuario y el alcance del poder del gobierno federal sobre los estados, Trump estableció que los extranjeros que entran ilegalmente a Estados Unidos sin inspección o admisión, al igual que aquellos que se quedan viviendo en el país más allá del plazo establecido por sus visas, «representan una amenaza significativa para la seguridad nacional y pública, por lo que deben ser ubicados, detenidos, arrestados y deportados».[5]

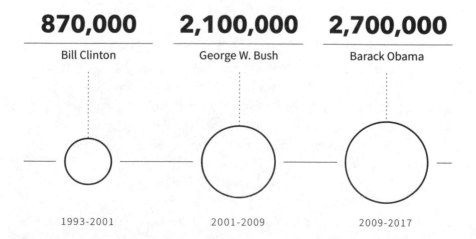

870,000	**2,100,000**	**2,700,000**
Bill Clinton	George W. Bush	Barack Obama
1993-2001	2001-2009	2009-2017

Las órdenes, además, establecieron nuevas prioridades de deportación:

- **Prioridad 1:** quienes hayan sido condenados por cualquier delito.
- **Prioridad 2:** quienes hayan sido acusados de cualquier delito, aun cuando dicho cargo no haya sido resuelto.
- **Prioridad 3:** quienes hayan cometido actos que constituyen un delito penal imputable.
- **Prioridad 4:** quienes hayan incurrido en fraude o tergiversación deliberada en relación con cualquier asunto oficial o solicitud ante un organismo gubernamental.
- **Prioridad 5:** quienes hayan abusado de cualquier programa relacionado con la recepción de beneficios públicos.
- **Prioridad 6:** quienes estén sujetos a una orden final de expulsión y no hayan cumplido con su obligación legal de abandonar Estados Unidos.
- **Prioridad 7:** quienes, a juicio de un funcionario de inmigración, representen supuestamente un riesgo para la seguridad pública o la seguridad nacional.[6]

Las nuevas directrices apuntan hacia objetivos que inquietan a la población inmigrante, que se pregunta si tiene derechos en Estados Unidos, cuáles son y cómo se ejercen. Para responder a estas interrogantes, grupos y organizaciones, entre ellos la Unión Americana de Derechos Civiles (American Civil Liberties Union, ACLU), la Asociación Americana de Abogados de Inmigración (American Immigration Lawyers Association, AILA) y el Centro de Recursos Legales para Inmigrantes (Immigrant Legal Resource Center, ILRC), entre otros, han lanzado campañas y utilizado sus páginas digitales y redes sociales para enseñar a los inmigrantes cuáles son sus derechos en Estados Unidos, por ejemplo, en caso de verse afectados por una redada del servicio de inmigración.

Univision Noticias ha puesto a disposición del público dos herramientas sobre este tema en su página web: una para que los inmigrantes con o sin papeles conozcan sus derechos,[7] y otra para que cualquier inmigrante pueda encontrar ayuda legal sobre inmigración, gratuita o de bajo costo cerca de su casa, con solo escribir un código postal o el nombre de la ciudad donde vive en un buscador para encontrar asesoría legal.[8] En este capítulo te hablaremos de recursos disponibles si te encuentras en una situación que pueda llevarte a una deportación, ya sea que vivas legalmente en el país o seas indocumentado.

MUY IMPORTANTE

Para conocer tus derechos como inmigrante en Estados Unidos, visita la página de Inmigración en Noticias Univision (http://www.univision.com/noticias/inmigracion). También encontrarás consejos sobre qué hacer en caso de una redada, si te detiene la policía en tu automóvil, si agentes vienen a tu casa, si te arrestan, y sobre el «Plan B» que todo indocumentado debe tener listo en caso de emergencia.

Contexto histórico

La inmigración indocumentada después del 9-11

Hasta poco antes del 11 de septiembre de 2001, cuando un grupo de 19 terroristas llevó a cabo ataques en Nueva York, Washington, D.C., y Pensilvania, en los que perecieron unas 2,970 personas, el gobierno del entonces presidente George W. Bush (2001–2009) y el Congreso sostenían conversaciones sobre la aprobación de un proyecto de reforma migratoria que, en resumen, iba a permitir la legalización de unos tres millones de trabajadores indocumentados, principalmente agrícolas. Lamentablemente, los atentados detuvieron en seco un trabajo bipartidista que se venía gestando desde finales del gobierno del presidente Bill Clinton.

Aunque ninguno de los 19 terroristas ingresó ilegalmente al país, los ataques pusieron a los 12.3 millones de indocumentados de aquella época en la mira de las autoridades federales de inmigración. La estadía sin papeles, una falta de carácter civil no criminal regulada por el Departamento de Justicia, pasó a convertirse en un asunto urgente de seguridad nacional. Todo cambió a partir de entonces. Los indocumentados comenzaron a ser vistos como criminales, e incluso potenciales terroristas, abriendo paso a una corriente nacionalista contraria a cualquier posibilidad de que el Congreso aprobara una reforma migratoria integral en un futuro cercano que permitiera legalizar a indocumentados que llevaban tiempo en el país y carecían de antecedentes penales.

Contrario a lo esperado, asomaron planes basados en secciones dormidas de la Ley de Inmigración (INA) para forzar la persecución de la inmigración indocumentada, entre ellas activar la sección 287(g) de la Ley de Inmigración,[9] acelerar las redadas masivas y las deportaciones y criminalizar la estadía indocumentada. También se sancionó de por vida a los deportados que regresan sin permiso y se puso en marcha el Programa Federal E-Verify para la verificación del estatus migratorio de los trabajadores a nivel nacional. Todas estas medidas, juntas, presentan un panorama, aunque legal, desolador para el indocumentado. Y cuando se activan simultáneamente generan temor en la comunidad inmigrante indocumentada que, directa o indirectamente, golpea a la inmigración legal que vive en Estados Unidos.

Los ataques del 9-11 también permitieron el desarrollo de nuevos objetivos políticos, por ejemplo aumentar el nivel de arrestos y deportaciones de indocumentados para disminuir la posibilidad de permanencia de terroristas, y con ello las probabilidades de otro ataque. El principal objetivo de este tipo de medidas es identificar al mayor número de indocumentados posible para demostrar a la ciudadanía el funcionamiento adecuado de la política de seguridad nacional.

A principios de siglo surgió el concepto de «criminalización forzada», similar al que se está empleando hoy en día, y consiste en tratar a todo inmigrante como un criminal y un terrorista en potencia.[10] Simultáneamente, el gobierno presiona para ejecutar programas y proyectos encaminados a poner fin a la inmigración ilegal pero sin una reforma migratoria. Entre sus objetivos, prioriza:

- Construir un doble muro en la frontera con México.
- Aumentar las redadas y acelerar las deportaciones.
- Castigar a las personas que ayuden a los indocumentados.
- Aumentar los castigos a los «coyotes» y traficantes de personas.
- Criminalizar la estadía indocumentada (una falta de carácter civil).
- Deportar a los 11 millones de indocumentados.
- Prohibir a los indocumentados la solicitud de una visa de inmigrante.
- Activar la sección 287(g) para que todos los agentes de policía del país puedan ejercer funciones de agentes federales del servicio de inmigración. Un policía puede detener a cualquier extranjero para pedirle papeles de estadía legal. Si no lo hace, el agente podría perder su trabajo.
- Obligar a los empleadores a verificar el estatus migratorio de sus empleados y enviar la información al DHS. Los infractores serán multados por cada trabajador ilegal hallado en la empresa.[11]

Junto con estas medidas, el actual gobierno sigue adelante con un proyecto ideado a partir de 2003, cuyo objetivo es completar

¿Quiénes están en riesgo?

En 2003, el blanco del recién inaugurado Departamento de Seguridad Nacional eran los mismos que se registran desde enero de 2017:

- Los indocumentados en general.
- Los extranjeros con ordenes de deportación.
- Indocumentados que fueron deportados y regresaron sin autorización.
- Extranjeros que entraron legalmente y se quedaron después de la expiración del periodo autorizado.
- Indocumentados con antecedentes penales.
- Residentes legales permanentes con antecedentes penales que los hacían sujeto de deportación.

la creación de una gigantesca base de datos con información que permita rastrear al mayor número posible de indocumentados. La estrategia —aunada a la firma de acuerdos con los estados y gobiernos locales por medio del Programa 287(g)— ha permitido al Departamento de Seguridad Nacional (DHS, por sus siglas en inglés) acceder a las bases de datos de los departamentos de policía, centros de detención y cárceles para ubicar a delincuentes extranjeros y poder deportarlos del país.

Freno a la reforma migratoria

En junio de 2012 el presidente Barack Obama firmó una orden ejecutiva que le dio autorización de empleo, viaje y protección de deportación a ciertas personas que entraron al país siendo menores. Este programa, denominado DACA (*Deferred Action for Childhood Arrivals*) le dio alivio a los llamados *dreamers* y sigue en vigencia. El 27 de junio de 2013, una década después de la reforma al servicio de inmigración y la creación del DHS, el Senado aprobó —con 68 votos a favor y 32 en contra— el proyecto de ley bipartidista de reforma migratoria (S. 744). Esta iniciativa incluyó una vía hacia la ciudadanía para indocumentados que llevan tiempo en el país y carecen de antecedentes penales.[12] Los favorecidos, tras una severa inspección de sus antecedentes penales, iban a poder tramitar una residencia provisional por 10 años, al término de los cuales reunirían los requisitos para solicitar una residencia legal permanente. Tres años después de recibir el documento, tendrían derecho a solicitar la ciudadanía estadounidense. El plan se estancó en la Cámara de Representantes.

Esta fue la última batalla de la reforma migratoria en el Congreso. Un año y medio más tarde, el 20 de noviembre de 2014, el presidente Obama tomó una acción ejecutiva adicional para proteger de la deportación a unos cinco millones de padres indocumentados de ciudadanos estadounidenses y residentes legales permanentes, además de ampliar los beneficios de la DACA. La iniciativa, sin embargo, fue detenida en los tribunales bajo el argumento de que Obama violó la Constitución al cambiar la Ley de Inmigración sin el consentimiento del Congreso.[13]

En 2017 el escenario es muy parecido al que se vivió después de los ataques de 2001. Y la solución al problema de la estadía de los indocumentados sigue en manos del Congreso, a menos que el Ejecutivo insista en usar su poder constitucional, endurezca la interpretación de la ley y elimine la inmigración indocumentada a golpe de redadas y deportaciones. Así le cerraría la puerta al Congreso para que apruebe una ley bipartidista que, en vez de expulsar, acoja a 11 millones de personas que llevan tiempo viviendo en el país, han formado familias, pagan impuestos y han hecho de Estados Unidos su patria.

El presidente Trump, bajo el argumento de estar cumpliendo sus promesas de campaña y ejecutando la voluntad del pueblo, ha puesto en la mira a los 11 millones de indocumentados al decretar que estos representan una amenaza a la seguridad pública y nacional, y ha ordenado la puesta en marcha de un plan de deportaciones aceleradas dentro del marco legal existente, dejando de lado cualquier probabilidad de discrecionalidad por parte de los agentes federales involucrados en estos procesos. El 25 de enero firmó dos órdenes ejecutivas:

- «Mejora de la seguridad fronteriza e inmigración»[14] (Border Security and Immigration Enforcement Improvements)
- «Proteger a la Nación de la entrada de terroristas extranjeros a Estados Unidos»[15] (Protecting the Nation from Foreign Terrorist Entry into the United States)

Ambas órdenes, además de fijar cuál es la nueva política migratoria, establecieron las nuevas prioridades de deportación, y la primera acción amplió el grupo afectado para incluir tanto al indocumentado que entró ilegalmente al país como al que permaneció después de que expiró su I-94.

Según sus comunicados del 20 de febrero, implementado las órdenes ejecutivas, el Secretario del DHS, John Kelly, indicó que la agencia (ministerio) tiene la autoridad para arrestar y detener a todo extranjero que, según un agente de migración, pueda tener causa probable de que está en violación de la Ley de Inmigración. En otras palabras, toda persona que haya violado las leyes inmigratorias debe ser deportada, y ningún grupo está exento de esta regla. Aprobó además el uso de la deportación expedita de toda persona designada inadmisible por un agente de inmigración, expandió el programa para incluir a quienes son inadmisibles bajo la sección 212(a)(6)(C) o 212(a)(7), e indicó el interés de contratar a 10,000 nuevos agentes para el ICE.

El 15 de junio de 2017 el gobierno del presidente Trump rescindió el programa Acción Diferida para Padres de Ciudadanos Estadounidenses y Residentes Permanentes Legales (DAPA, por sus siglas en inglés). Su eliminación significa que nadie podrá pedirle a un tribunal que revise el DAPA para ponerlo en vigor.

PREPÁRATE PARA LA APLICACIÓN DE LA LEY

Primero que nada, si reúnes los requisitos para ser ciudadano estadounidense, llena y presenta tu solicitud de ciudadanía (formulario N-400) lo antes posible. (En el capítulo 6 hablamos sobre ese proceso). Si ese aún no es tu caso:

- Si estás en el país con una visa de no inmigrante y tienes la intención de permanecer de manera permanente, asesórate bien con un abogado de inmigración para determinar si reúnes los requisitos para solicitar una residencia legal permanente a través de un familiar o un empleador. (Tocamos ese tema en el capítulo 4).
- Si deseas trabajar en el país y cumples con los requisitos para una visa de no inmigrante o, alternativamente, reúnes los requisitos para solicitar un permiso de trabajo o autorización de empleo, hazlo lo más pronto posible. (Cubrimos estos temas en el capítulo 3).

MUY IMPORTANTE

Asesórate sobre cualquier tipo de antecedente penal que tengas para ver cómo te puede afectar cuando solicites un beneficio como la ciudadanía, la residencia legal permanente o un permiso para trabajar en el país.

Hay ciertos antecedentes o faltas que impiden la aprobación de una solicitud, pero hay otros que pueden ser borrados de tu expediente. Para eso, tendrás que asesorarte con un abogado que se especialice en derecho penal o inmigratorio, quien también te podrá explicar cómo un antecedente puede afectar cada una de las solicitudes de beneficios migratorios, ahora o en el futuro.

Si eres un indocumentado con antecedentes penales —estatus que ha pasado a ser prioridad de deportación para el gobierno—, tendrás que preparar un «Plan B» para el cuidado de tu familia en caso de ser detenido por el gobierno federal.

- Primero que nada, deberás crear una lista de personas que puedan hacer cosas por ti.
- Escoge a alguien para que actúe en tu nombre en caso de emergencia si eres detenido. Esa persona puede ser un familiar o un amigo de confianza, pero debe tener sus documentos en regla para que no tenga miedo ni corra riesgo alguno al comunicarse con el gobierno en tu nombre.
- Recopila todos tus documentos importantes y mantenlos en un archivo al que puedan tener acceso tu cónyuge, tus hijos, familiares cercanos o la persona a quien contactar en caso de emergencia. Este archivo incluye, entre otros, documentos médicos, financieros y personales importantes (pasaporte vigente, tarjetas de banco, títulos de propiedad del automóvil, título de la casa, otros bienes). Si tienes acceso a una computadora, mantener un archivo digital es mucho mejor porque lo puedes tener a la mano dondequiera que te encuentres.
- Prepara una lista de obligaciones financieras para que tu familia o el contacto de emergencia estén al tanto de tus obligaciones de alquiler, cuentas personales y cuentas de negocio. Si puedes incluir el número de cada cuenta, o la dirección y número de cada organización con la que tienes una obligación, mejor todavía.
- Si tienes hijos menores de edad, asegúrate de que todos los números de emergencia —entre ellos, el de la persona a quien contactar en caso de que seas detenido— estén al día en la escuela. Consulta con un abogado para preparar una declaración de tutor legal, a fin de que el contacto de emergencia pueda cuidar de tus hijos si tu cónyuge o familiar inmediato no pueda hacerlo. A esa persona también le debes otorgar un poder legal para que pueda tomar decisiones financieras y legales relacionadas con tus hijos y, si es el caso, también pueda manejar tus finanzas y negocios.

- Lleva siempre contigo una tarjeta de teléfono prepagada.
- Por último, te recomendamos que ahorres dinero para que tu familia tenga una red de protección inmediata en caso de que seas detenido.

¿Qué documentos debes de llevar contigo a toda hora?

- Si eres residente legal permanente, asegúrate de llevar contigo tu tarjeta de residencia (*green card* o tarjeta verde).
- Si eres no inmigrante, tienes que llevar contigo evidencia de tu estatus no inmigratorio, el cual se comprueba con el formulario I-94, documento que puedes conseguir por medio del sitio web de la Oficina de Inmigración y Control Fronterizo[16] (US Customs and Border Patrol, CBP).
- Si tienes permiso de trabajo o autorización de empleo (*EAD card*), siempre lleva contigo ese documento como comprobante de tu estatus legal. Por favor, toma nota de que estos documentos son necesarios, además de la licencia de conducir estatal o cualquier otro tipo de identificación emitida por el gobierno de cualquiera de los 50 estados, o la municipalidad.
- Si estás indocumentado, te recomendamos que lleves contigo el número de la persona a quien contactar en caso de ser detenido por agentes del gobierno federal (e incluso por la policía local). También ten siempre a mano el número telefónico de un abogado de inmigración de confianza o, como alternativa, el de una organización sin fines de lucro especializada y con autorización para proporcionar servicios legales de inmigración.

Nunca lleves contigo documentos falsos de identidad o de tu estatus legal en Estados Unidos.

¿Qué hacer si eres indocumentado y eres sorprendido en casa o en una redada u operativo de la ICE?

Los grupos de derechos civiles y las organizaciones que defienden los derechos de los inmigrantes recomiendan que no pierdas la calma en un encuentro con agentes federales de inmigración. Recuerda que en Estados Unidos tienes derechos.[17]

Si las autoridades migratorias llegan a tu casa, no estás obligado a abrirles la puerta. Puedes conversar con los agentes de inmigración[18] a través de la puerta (cerrada) preguntándoles para qué están ahí, qué necesitan y si tienen una orden judicial de cateo u orden de registro firmada por un juez *(arrest warrant* o *search warrant)*. Una

Para tener en cuenta:

Recuerda que los agentes del gobierno no tienen derecho de entrar en tu casa si no cuentan con esa orden judicial firmada por un juez. En esa orden, escrita en inglés, debe estar tu nombre, o el nombre de cualquiera que viva en el domicilio donde estás y ellos anden buscando. Si no es así, simplemente puedes decirles que no das tu autorización para que ingresen si ellos no cuentan con una orden judicial.

Eso sí, si los agentes federales insisten en entrar a tu casa, es muy importante que no opongas resistencia. Simplemente haz notar que no has autorizado la entrada y, si te detienen, informa que ejerces el derecho a guardar silencio y quieres hablar con un abogado. Una vez en tu casa, los agentes federales pueden hablar con cualquier persona dentro del hogar y confiscar materiales como evidencia. Si entran sin orden judicial, anota los nombres de los agentes y haz una lista de los artículos que hayan tomado como evidencia.

01

No estás obligado a abrir la puerta a los agentes de inmigración.

02

Puedes pregúntarles el motivo de su visita a través de la puerta cerrada.

Si los agentes migratorios llegan a tu casa...

03

Pregunta si tienen una orden judicial de arresto firmada por un juez.

04

Pídeles que la deslicen por debajo de la puerta para verificar su contenido.

Recuerda
Una orden administrativa de deportación emitida por el servición de inmigración no es suficiente para abrir la puerta.

orden administrativa de deportación emitida por el servicio de inmigración no es suficiente para que abras la puerta y ellos entren en tu casa. Estos documentos solo están en idioma inglés.

Si los agentes te dicen que cuentan con una orden judicial firmada por un juez, pídeles que la deslicen por debajo de la puerta para verla y verificar su contenido. Si te la alcanzan de esa forma, asegúrate de que haya sido emitida por un tribunal, esté firmada por un juez y contenga tu nombre y dirección.

Recuerda que de ninguna manera debes utilizar o entregar papeles falsos o datos de identidad de otra persona durante un operativo gubernamental. Como hemos explicado anteriormente en este libro, dar papeles falsos o información incorrecta es considerado un delito grave (felonía) en Estados Unidos. Si usas o entregas información falsa (como una licencia de manejar alterada), probablemente te levanten cargos penales. Si esto ocurre, te conviertes en un extranjero inadmisible y pierdes tus derechos de permanencia en el país. Este tipo de falta quedará para siempre en tu expediente migratorio y tus antecedentes penales. Recuerda siempre que el uso de información falsa o el robo de identidad es un crimen grave que se castiga con cárcel y, luego, la deportación.

Si te detienen, tienes derecho a hacer una llamada telefónica en un plazo de 24 horas. Aquí es donde el plan de emergencia del que hablamos antes entra en acción.[19] Adicionalmente, no firmes nada sin primero consultar con un abogado de inmigración.

Si el operativo o la redada de la ICE ocurre en tu lugar de trabajo, recuerda que tienes derechos. No huyas, mantén la calma. Si los agentes buscan a otra persona, es posible que puedas abandonar el área del operativo. En ese caso, hazlo con calma. Si no te dejan salir, no contestes ninguna pregunta que te formulen los agentes. Tampoco les digas dónde naciste ni cómo entraste a Estados Unidos. No firmes nada, ningún documento que te presenten, particularmente una salida voluntaria. Si la firmas, pierdes inmediatamente tus opciones de permanencia en Estados Unidos. Pero, reiteramos, nunca brindes información falsa o papeles falsos. Si lo haces, cometes un delito grave (felonía) que puede terminar en deportación.

¿Qué debes de hacer si eres tú la persona a quien contactar en caso de emergencia?

Si eres el contacto de emergencia cuando haya una detención por parte del servicio de inmigración de Estados Unidos —o sea, si eres el recipiente de una llamada telefónica de un familiar o amigo detenido por agentes federales—, debes estar preparado para actuar inmediatamente para ayudar al detenido. Organizaciones de ayuda al inmigrante recomiendan, específicamente, las siguientes acciones después de recibir ese tipo de llamada:

- A menos de que ya hayan hecho arreglos para representación legal en caso de una detención, tendrás que buscar un abogado para que vea a tu familiar o amigo en el centro de detención donde se encuentra para que lo represente, asesore y ayude.
- No olvides preguntarle dónde está, en qué ciudad o estado (si lo llevan fuera del lugar de residencia).
- Pídele su número de registro (*Alien Number*).

- Llama al consulado del país del detenido e informa de la detención y dónde se encuentra.
- En Univision Noticias cuentas con una herramienta para que encuentres una organización de ayuda a inmigrantes. Ponte en contacto con ellos y pídeles asesoría sobre qué más hacer.
- Reúne a la familia y explícale lo que está pasando.
- Verifica que tengas una carta poder para que tomes decisiones por los hijos y sus bienes.
- Si el detenido tiene hijos, informa a su escuela sobre lo que está ocurriendo con su padre o madre.
- Si los niños de tu familiar o amigo detenido están en la escuela, verifica que tu nombre esté registrado en el establecimiento para que puedas retirarlos.

NUEVE MITOS SOBRE INMIGRACIÓN

1. Si me deportan, regreso indocumentado y me caso con un estadounidense para conseguir la residencia.
2. Si me deportan, el gobierno me quita a mis hijos.
3. Si me deportan, pierdo mis propiedades en Estados Unidos.
4. Si firmo una salida voluntaria, puedo volver a Estados Unidos en cualquier momento.
5. Los abogados nunca mienten y tampoco estafan.
6. El gobierno de Estados Unidos no puede revisar mi teléfono ni tampoco mi computadora.
7. La policía no puede detener a un inmigrante indocumentado.
8. Si estoy indocumentado y salgo voluntariamente del país, puedo regresar legalmente.
9. Los indocumentados deportados pueden pedir inmediatamente una visa en una embajada de Estados Unidos en su país de origen.

- Si tú eres indocumentado, no tengas ningún tipo de contacto con la ICE. Pregunta al abogado o a la organización de ayuda a inmigrantes qué hacer.
- Infórmate sobre tus derechos.

EL CASO DE ANA LIZETTE MEJÍA

El primer fin de semana de enero de 2016, la fuerza de operaciones especiales de la Oficina de Inmigración y Control de Aduanas (US Immigration and Customs Enforcement, ICE) llevó a cabo una serie de redadas en Carolina del Norte, Georgia y Texas, donde arrestaron a un total de 121 inmigrantes centroamericanos, la mayoría de ellos mujeres y niños que habían llegado a Estados Unidos en busca de asilo.

Dos de los detenidos fueron Ana Lizette Mejía, una inmigrante hondureña de 31 años, y su hijo de 10. Ambos habían sido aprehendidos en junio de 2014 en un tramo de la frontera entre Texas y México. «Ella huyó de su país después que le mataron a su esposo y a un hermano; por eso llegó aquí», cuenta su tía, Johanna Gutiérrez, quien la recibió en su casa «para comenzar una nueva vida lejos del peligro». Cuando Mejía fue liberada, las autoridades le colocaron un grillete en el tobillo para asegurarse de que acudiría a sus citas en la corte de inmigración.

Dos años después, los agentes de la ICE llegaron en camionetas sin placas a su residencia entre las cinco y las seis de la mañana del primer sábado de enero. «Vivimos en Norcross, Atlanta, estado de Georgia. Tocaron a la puerta varias veces, muy fuerte. Nos levantamos asustados y preguntamos que quién era. No abrimos. Por una de las ventanas un agente nos mostró un papel con una fotografía y nos dijo que buscaban a un hombre de la raza afroamericana que vivía en nuestro domicilio».

Salvador Alfaro, su esposo, estaba junto a ella. «Pensamos que, como eran policías, a lo mejor teníamos que colaborar con ellos. Venían buscando a una persona de la raza morena, traían un nombre con ellos. Quizás se trataba de alguien que estaba huyendo, no lo sabíamos, así es que abrimos la puerta», cuenta.

El matrimonio explica que cuando entraron al domicilio, los agentes federales, vestidos con pantalón color beige, camiseta negra y un chaleco antibalas también negro y la palabra *Police* escrita en la espalda, «iban fuertemente armados».

«En el segundo piso estaban mis niños, menores de edad, chiquitos, ciudadanos americanos. Nos tuvieron a todos en la sala. Cuando uno de los agentes dijo que la casa estaba asegurada, nos pidieron papeles y entonces preguntaron por mi sobrina, Ana Lizette», agregó Gutiérrez.

La inmigrante explicó a los agentes de la ICE que su sobrina tenía colocado un grillete en el tobillo y una cita en la corte de inmigración para presentarse el 5 de enero. «Pero dijeron que tenían una orden para llevársela. E impidieron que abrazara a mis hijos que estaban llorando. Usted no sabe lo que se siente. Desde el momento en que uno equivocadamente les abre la puerta, ellos le quitan a uno todos los privilegios. Les reclamé por mis derechos y uno de los agentes le respondió que mis derechos regresaban cuando ellos se fueran. Y me levantó la voz para decirme *"Don't move, don't move"*, que no me moviera».

El abogado que llevaba el caso de asilo de Ana Lizette cometió un error que puso a ambos, madre e hijo, en proceso de deportación. «Se llevaron a mi sobrina y a su hijito, y dimos con ellos gracias a una abogada que nos ayudó a encontrarlos. El mismo día de la detención la pusieron en un avión junto a otros 47 detenidos y la enviaron a Texas», relata Johanna.

Anna Lizette y su hijo recuperaron la libertad la segunda semana de febrero tras un recurso interpuesto por abogados *pro bono* de la Asociación Americana de Abogados de Inmigración (AILA), que permitió suspender la orden de detención, y que un juez de inmigración revisara sus casos.

«Todavía estamos esperando que el proceso avance», cuenta Johanna. «Está demorado porque hay muchos casos en espera».[20]

A la pregunta de si los consejos que brindan los grupos y organizaciones respecto a qué hacer durante una redada son adecuados, Johanna respondió: «Es correcto, no hay que abrir la puerta por nada en el mundo. Ese fue nuestro error, creerles lo que nos estaban diciendo a través de la ventana. Llegaron cuando estábamos durmiendo, tocaron muy duro la puerta y nos asustamos. Y cuando les preguntamos quiénes eran y qué querían, nos mostraron un papel con una foto de un hombre moreno y nos aseguraron que estaba aquí, adentro de la casa. Nosotros pensamos que era verdad».

En cuanto al derecho a una llamada telefónica, Gutiérrez dijo que no hay garantía de que lo concedan. «Es un derecho, pero mi sobrina no pudo hacer esa llamada. Aunque nosotros la encontramos al día siguiente. Lo otro es que ella no firmó nada, ningún papel. Ese fue el principal consejo de la abogada, que no firmara nada hasta hablar con su abogado».

Johanna hace una pausa en su relato y luego añade con tristeza: «Si tú los dejas entrar [a los agentes de la ICE a su casa, sin una orden de cateo firmada por un juez], tú y los que viven en tu casa peligran. No hay que abrirles la puerta, sobre todo ahora por las actitudes que están tomando. Si abres la puerta, a partir de ese instante te inmovilizan, no dejan que te muevas ni siquiera para pedir ayuda».

Las claves para entender las ayudas

- Los extranjeros, incluso los inmigrantes indocumentados, tienen derechos en Estados Unidos.

- En caso de una redada, los indocumentados tienen derecho a no abrir la puerta y pedir que les muestren una orden de cateo a su nombre.

- Si te cuestiona un agente federal o eres arrestado, tienes derecho a guardar silencio y pedir hablar con un abogado.

- Tienes derecho a no firmar nada hasta que un abogado te explique de qué se trata el documento.

- A partir del 25 de enero de 2017, el futuro de los indocumentados en Estados Unidos se volvió más incierto. Se quiere identificar a todos los indocumentados y que sea un juez de inmigración quien decida su futuro en Estados Unidos.

- Si tienes antecedentes penales, primero consulta con un abogado antes de entrar con contacto con el servicio de inmigración.

- El reingreso de un indocumentado después de una deportación es un delito federal grave. Pierdes tus opciones de permanencia en Estados Unidos.

- La salida voluntaria es una forma de deportación.

INFORMACIÓN Y CONTACTOS

En la página web de Univision encontrarás mucha información útil sobre el tema de inmigración, por ejemplo noticias, infografías y herramientas. Siempre estamos actualizando la página, así que asegúrate de visitar http://www.univision.com/noticias/inmigracion si quieres estar más informado sobre el tema. En esa página hallarás las siguientes herramientas:

- **Herramienta para buscar asesoría legal para asuntos de inmigración:**
  http://www.univision.com/noticias/inmigracion/buscador-de-asesoria-legal-para-inmigrantes
- **Herramienta para estudiar el examen de ciudadanía:**
  http://www.univision.com/noticias/inmigracion/examen-de-ciudadania?f=1
- **Herramienta en la que se explica qué documentos debe llevar consigo todo inmigrante, ya sea residente legal o indocumentado:**
  http://www.univision.com/noticias/inmigracion/eres-indocumentado-residente-ciudadano-estos-son-los-papeles-que-tienes-que-llevar-siempre
- **¿Tienes dudas sobre tus derechos como inmigrante? Utiliza nuestra herramienta interactiva para aclararlas:**
  http://www.univision.com/noticias/inmigracion/tienes-dudas-sobre-tus-derechos-como-inmigrante-consultalas-en-nuestra-herramienta-interactiva

A continuación, encontrarás información sobre cómo contactar al gobierno federal si estás en proceso migratorio, ya sea como inmigrante o como no inmigrante. También te facilitamos una lista de algunas organizaciones que educan, asisten y abogan por los derechos de los inmigrantes.

OFICINAS DEL GOBIERNO

Directorio de agencias y departamentos del gobierno federal
Web: https://gobierno.usa.gov/agencias-federales/a

Oficina de Ciudadanía y Servicios de Inmigración (US Citizenship and Immigration Services, USCIS)
Atención al cliente: 1(800) 375-8283
Página web: https://www.uscis.gov/

Oficina de Inmigración y Control de Aduanas (US Immigration and Customs Enforcement, ICE)
Teléfono: 1(888) 351-4024
Página web: https://www.ice.gov/
Oficina de detención y deportación: https://www.ice.gov/es/contact/ero
Localizador de detenidos: https://locator.ice.gov/odls/homePage.do?locale=es

Oficina de Aduanas y Protección Fronteriza (US Customs and Border Protection, CBP)
Página web: https://www.cbp.gov/
Teléfonos: 1(877) 227-5511 / (202) 325-8000
Personas con discapacidad auditiva: 1(800) 877-8339
Localizar un puerto de entrada: https://locator.ice.gov/odls/homePage.do?locale=es

Departamento de Estado, Centro Nacional de Visas (National Visa Center)
Página web: https://travel.state.gov/content/visas/en/immigrate-spanish/nvc.html
Dirección de contacto: https://travel.state.gov/content/travel/en/contact.html

Departamento de Estado, página principal
Página web: https://www.state.gov/travel/

Embajadas de Estados Unidos
Página web: https://gobierno.usa.gov/embajadas-de-eeuu

Consulados de Estados Unidos
Página web: https://gobierno.usa.gov/consulados

Departamento de Empleo, Certificación laboral (Foreign Labor Certification)
Página web: https://www.foreignlaborcert.doleta.gov/perm.cfm
Teléfono: 1(800) 487-2365

Administración del Seguro Social de Estados Unidos (Social Security Administration)
Página web: https://www.ssa.gov/
Teléfono: 1-800-772-1213
Personas con discapacidad auditiva: 1-800-325-0778

GRUPOS DE DEFENSA Y ORGANIZACIONES QUE ABOGAN POR DERECHOS PARA LOS INMIGRANTES

Fondo Educativo de la Asociación Nacional de Funcionarios Latinos Electos (National Association of Latino Elected & Appointed Officials, NALEO)
Página web: http://www.naleo.org/history
Teléfono: (213) 747-7606

Latino Justice (LJ)
Pagina web: http://LatinoJustice.org
Telefono: 1(800) 328-2322

League of United Latin American Citizens (LULAC)
Pagina web: http://LULAC.org
Telefono: (202) 833-6130

Hispanic Federation (HF)
Página web: http://HispanicFederation.org
Telefono: 1(866) 432-9832

Mi Familia Vota (MFV)
Pagina web: http://mifamiliavota.org/
Telefono: (619) 228-5332

Asociación Americana de Abogados de Inmigración (American Immigration Lawyers Association, AILA)
Página web: http://www.aila.org/
Servicio de referencia de abogado: http://www.ailalawyer.com/spanish/default.aspx
Email para verificar la membresía de un abogado: ils@aila.org

American Immigration Council (Consejo Americano de Inmigración, AIC)
Página web: https://www.americanimmigrationcouncil.org/
Teléfono: (202) 507-7500

Americans for Immigrant Justice
Página web: http://www.aijustice.org/
Teléfono: 305-573-1106

Unión Americana de Libertades Civiles (American Civil Liberties Union , ACLU)
Página web: https://www.aclu.org/

https://www.aclu.org/issues/immigrants-rights
Teléfono: (212) 549-2500

Unidos US (antes conocido como Consejo Nacional de la raza - National Council of la raza, NCLR)
Página web: http://www.unidosus.org
http://www.unidosus.org/issues/immigration/
Teléfono: (202) 785-1670

America's Voice (Voz de América)
Página web: http://americasvoice.org/
Información de contacto: http://americasvoice.org/about-us/#reach-out
Asian American Justice Center (AAJC)
Página web: www.advancingequality.org
Teléfono: (202) 296-2300

The Leadership Conference on Civil and Human Rights
Página web: http://www.civilrights.org/
http://www.civilrights.org/immigration/
Teléfono: (202) 466-3311

Mexican American Legal Defense and Education Fund (MALDEF)
Página web: http://www.maldef.org/
Teléfono: (213) 629-2512

Migration Policy Institute (MPI)
Página web: www.migrationpolicy.org
Teléfono: (202) 266-1900

Foro Nacional de Inmigración (National Immigration Forum, NIF)
Página web: http://immigrationforum.org/
Teléfono: (202) 347-0040

United We Dream (UWD)
Página digital: http://unitedwedream.org/
Información de contacto: https://unitedwedream.org/about/contact/

GRUPOS DE AYUDA A INMIGRANTES

CASA
Página web: http://casa-us.org
Teléfono: (305) 463-7468

Catholic Legal Immigration Network
Página web: www.cliniclegal.org
Teléfono: (301) 565-4800

SERVICIO A REFUGIADOS

US Committee for Refugees and Immigrants
Página web: http://refugees.org/
Teléfono: (703) 310-1130

Refugees International
Página web: https://www.refugeesinternational.org/
Teléfono: 1(800) 733-8433

AGRADECIMIENTOS

Dedicado a mi esposa, Erika; mis hijas, Natalia y Camila; y a mi madre, Vilma Gloria, quien lo dejó todo para emigrar a este gran país.

Este libro es la culminación de casi dos décadas de trabajo en el área de derecho inmigratorio. Durante mi carrera he contado con el apoyo incondicional de personas maravillosas que me han enseñado principios y me han brindado sabios consejos: Luis Campos, Michael Pegues y Mikki Cantón. También es el resultado de un esfuerzo de equipo en el que colaboraron mis compañeros de Univision Enterprises, Univision Digital, Univision Noticias y el departamento legal y asuntos corporativos de Univision. También agradezco a los abogados de la oficina de Manuela Morais, quienes verificaron el contenido. Y en especial a Penguin Random House Grupo Editorial, un socio extraordinario que apostó por este concepto. Por último, a mi coautor, Jorge Cancino, quien dedicó muchos meses al proyecto. Jorge y yo escribimos *Inmigración. Las nuevas reglas* en nuestro tiempo libre. Su disposición positiva, aún después de un largo día de trabajo, sirvió como constante inspiración.

ARMANDO A. OLMEDO

A mi esposa, Karla, mis hijos y mis nietas. Y a Armando Olmedo, por haberme invitado a formar parte de este proyecto de servicio para la comunidad inmigrante y compartir conmigo sus amplios conocimientos y consejos.

Las respuestas que faltan en este libro se conocerán cuando el Congreso apruebe una reforma migratoria amplia y justa.

JORGE CANCINO

APÉNDICE 1

VISA E

Países hispanoamericanos que tienen tratados comerciales con Estados Unidos.

(según el Departamento de Estado)

País	Clasificación	Fecha de vigencia de la clasificación
Argentina	E1, E2	20 de octubre de 1994
Bolivia	E1	9 de noviembre de 1862
Bolivia	E2	6 de junio de 2001
Chile	E1, E2	1 de enero de 2004
Colombia	E1, E2	10 de junio de 1848
Costa Rica	E1, E2	26 de mayo de 1852
Ecuador	E2	11 de mayo de 1997
España	E1, E2	14 de abril de 1903
Honduras	E1, E2	19 de julio de 1928
México	E1, E2	1 de enero de 1994
Panamá	E2	30 de mayo de 1991
Paraguay	E1, E2	7 de marzo de 1860

APÉNDICE 2

PROFESIONES QUE REÚNEN
LOS REQUISITOS PARA LA VISA TN

Apéndice 1603.D.1 al anexo 1603 del Tratado de Libre Comercio de América del Norte, 8 CFR § 214.6(c).

Profesión	Requisitos académicos o de experiencia
Abogado	Título universitario de derecho (LL.B., J.D., LL.L., B.C.L.) y membresía en una barra de abogados estatal
Actuario (*actuary*)	Título universitario y reconocimiento de una asociación o sociedad actuarial profesional
Administrador de fincas (*Range Manager*)	Título universitario
Administrador de hoteles (*hotel manager*)	Título universitario en administración de hoteles o restaurante, o diploma postsecundario en administración de hoteles o restaurantes con más tres años de experiencia
Ajustador de seguros contra desastres (*disaster relief claims adjuster*)	Título universitario o tres años de experiencia
Analista de sistemas informáticos (*computer systems analyst*)	Título universitario en alguna carrera universitaria o diploma de posgrado con más de tres años de experiencia.
Arquitecto (*architect*)	Título universitario y licencia estatal

Profesión	Requisitos académicos o de experiencia
Arquitecto de paisaje (*landscape architect*)	Título universitario
Asistente de investigación (para trabajar en una universidad) (*research assistant working in a post-secondary educational institution*)	Trabajando en una institución educacional postsecundaria
Bibliotecario (*librarian*)	Maestría en Ciencias Bibliotecarias o título universitario en Ciencias Bibliotecarias.
Consultor en administración (*management consultant*)	Título universitario o cinco años de experiencia laboral en un campo de especialidad relacionado con la administración gerencial, o cinco años de experiencia laboral como consultor en administración
Contador (*accountant*)	Título universitario o alguno de los siguientes títulos de contabilidad: C.P.A.,C.A.,C.G.A. o C.M.A.
Diseñador de interiores (*interior designer*)	Título universitario o diploma postsecundario más tres años de experiencia laboral
Diseñador gráfico (*graphic designer*)	Título universitario o diploma o certificado (postpreparatoria más tres años de experiencia laboral en diseño gráfico
Diseñador industrial (*industrial designer*)	Título universitario o diploma postsecundario más tres años de experiencia laboral
Economista (*economist*)	Título universitario
Escritor de publicaciones técnicas (*technical publications writer*)	Título universitario o diploma postsecundario más tres años de experiencia laboral
Ingeniero (*engineer*)	Título universitario o licencia estatal
Guardabosque (*forester*)	Título universitario o licencia estatal
Matemático (incluye a los estadígrafos) (*mathematician, including Statistician*)	Título universitario

Profesión	Requisitos académicos o de experiencia
Orientador vocacional (*vocational counselor*)	Título universitario
Planificador (*urban planner*)	Título universitario
Silvicultor (*sylviculturist*)	Título universitario
Tecnólogo / científico tecnólogo (*scientific technician / technologist*)	Conocimiento sobre disciplina científica y capacidad para aplicar los principios de las disciplinas a la investigación básica o aplicada
Topógrafo (land surveyo*r*)	Título universitario o licencia estatal o federal
Trabajador social (*social worker*)	Título universitario
Agrónomo *(agronomist)*	Título universitario
Apicultor (*apiculturist*)	Título universitario
Astrónomo (*astronomer*)	Título universitario
Biólogo (*biologist*)	Título universitario
Bioquímico (*biochemist*)	Título universitario
Científico en animales (*animal scientist*)	Título universitario
Científico en aves de corral (*poultry scientist*)	Título universitario
Científico en lácteos (*dairy scientist*)	Título universitario
Criador de animales (*animal breeder*)	Título universitario
Edafólogo (*soil scientist*)	Título universitario
Entomólogo (*entomologist*)	Título universitario
Epidemiólogo (*epidemiologist*)	Título universitario
Farmacólogo (*pharmacologist*)	Título universitario
Físico (incluye oceanógrafo en Canadá) (*physicist, including oceanographer in Canada*)	Título universitario
Fitocultor (*plant breeder*)	Título universitario
Genetista (*geneticist*)	Título universitario
Geofísico (*geophysicist*)	Título universitario
Geólogo (*geologist*)	Título universitario

Profesión	Requisitos académicos o de experiencia
Geoquímico (*geochemist*)	Título universitario
Horticultor (*horticulturist*)	Título universitario
Meteorólogo (*meteorologist*)	Título universitario
Patólogo de plantas (*plant pathologist*)	patólogo de plantas
Químico (*chemist*)	Título universitario
Zoólogo (*zoologist*)	Título universitario
Dentista (*dentist*)	Doctorado en odontología, doctorado en cirugía dental o alguno de los siguientes títulos de odontología: D.D.S., D.M.D.
Dietista (*dietitian*)	Título universitario o licencia estatal
Enfermera (*nurse*)	Título universitario o licencia estatal
Farmacéutico (*pharmacist*)	Título universitario o licencia estatal
Médico (solo como investigador o profesor) (*physician, teaching or research only*)	Doctorado en medicina, título de M.D. o licencia estatal
Médico veterinario (*veterinarian*)	D.V.M., D.M.V. o licencia estatal
Nutricionista (*nutricionist*)	Título universitario o licencia estatal
Psicólogo (*psychologist*)	Título universitario o licencia estatal
Tecnólogo médico (*medical technologist*)	Título universitario o licencia estatal o diploma o certificado (postpreparatoria) más tres años de experiencia laboral como tecnólogo médico
Terapeuta físico / terapia física (*physical therapist / physiotherapist*)	Título universitario o licencia estatal
Terapeuta ocupacional (*occupational therapist*)	Título universitario o licencia estatal
Terapeuta recreativo (*recreational therapist*)	Título universitario
Profesor de colegio universitario (*college professor*)	Título universitario
Profesor de seminario (*seminary professor*)	Título universitario
Profesor de universidad (*university professor*)	Título universitario

GLOSARIO DE TÉRMINOS DE INMIGRACIÓN

A

abogado de inmigración. Para los propósitos de este libro, se refiere a un licenciado en derecho cuyo énfasis son las leyes de inmigración estadounidenses. Da asesoramiento jurídico en el tema de inmigración y está autorizado por una licencia estatal para practicar derecho. Los abogados de inmigración no necesitan una licencia del estado donde radican, ya que el derecho inmigratorio es federal.

acción ejecutiva. Medida o decreto que adopta el presidente, sea para esclarecer funciones de una agencia bajo el poder ejecutivo o para llevar a cabo cambios relacionados con las políticas públicas. Sirve como ley y no necesita autorización del Congreso.

actividad legítima. Toda acción dentro del proceso migratorio, o en el historial de un inmigrante que busca un beneficio migratorio, que no está al margen de la ley, reglamento o procedimiento que emplea en su caso.

admisión. Se refiere al efecto de ingresar legalmente a Estados Unidos bajo un estatus inmigratorio reconocido por la Ley de Inmigración. El ciudadano extranjero que recibe la admisión llega a un puerto de entrada (aéreo, marítimo o terrestre) y, tras ser verificado por un agente federal, es autorizado a entrar y permanecer legalmente en Estados Unidos por el tiempo autorizado.

agente de inmigración. Funcionario federal que labora para una de las oficinas del DHS encargadas del funcionamiento del sistema migratorio de Estados Unidos (USCIS, ICE y CBP).

amnistía de Reagan. Se refiere a la legalización de millones de personas indocumentadas bajo la Ley de Reforma y Control de Inmigración (IRCA) aprobada por el Congreso el 6 de noviembre de 1986. Permitió a unos tres millones de inmigrantes indocumentados, la mayoría de ellos originarios de México, obtener la residencia legal permanente.

antecedente penal. Documento que muestra el historial delictivo de un individuo que ha sido condenado por los tribunales de justicia.

año fiscal. Las oficinas federales, entre ellas las de inmigración, siguen el año fiscal, el cual empieza el 1 de octubre y finaliza el 30 de septiembre del año siguiente.

asilo. Se le concede a un extranjero desterrado o que ha huido de su país por uno de cinco posibles motivos de persecución: raza, religión, nacionalidad, opinión política o pertenencia a un cierto grupo social.

asilo afirmativo. Tipo de proceso de asilo. Disponible para las personas que solicitan la protección del gobierno de Estados Unidos y no se encuentran en proceso de deportación.

asilo defensivo. Tipo de proceso de asilo. Las personas que se encuentran en proceso de deportación pueden solicitar un asilo defensivo ante la Oficina Ejecutiva para la Revisión Inmigratoria (EOIR), dependiente del Departamento de Justicia (DOJ). La USCIS explica que este proceso se convierte en una defensa contra la deportación en el que la EOIR no le garantiza un abogado, y tampoco le puede asignar uno si el solicitante no tiene cómo pagar por sus servicios.

autorización de empleo. Permiso para trabajar legalmente en Estados Unidos (EAD, por sus siglas en inglés). Pueden solicitarlo ciertos ciudadanos extranjeros que reúnen los requisitos para trabajar en Estados Unidos. Se puede conseguir a través de ciertas visas de trabajo. También se puede obtener por medio del formulario I-765 (*Application For Employment Authorization*).

B

Boletín de Visas (*Visa Bulletin*). Documento que publica y actualiza cada mes la Oficina de Asuntos Consulares del Departamento de Estado. Determina cuál es la disponibilidad de visas de inmigrante para las diferentes categorías de peticiones, ya sea por familia o trabajo.

buen comportamiento moral. Se refiere a la hoja de vida (historial) de la persona; debe estar libre de faltas o delitos que hacen que una persona no reúna los requisitos para ingresar a Estados Unidos o que sea sujeto de deportación. Pruebas que corroboran el buen comportamiento legal de un individuo son testimonios de personas, cartas de sacerdotes, religiosos o pastores, estudios, trabajos, pago de impuestos, entre otros.

C

categoría de visa. Tipo de visa para entrar y permanecer en Estados Unidos. Cada una de ellas tiene su propio reglamento, beneficios y responsabilidades.

carga pública. Individuo que se convierte en dependiente del gobierno para su subsistencia, que ha recibido o recibe dinero de los contribuyentes para su mantenimiento. La sección 212(a)(4) de la Ley de Inmigración y Nacionalidad (INA), determina que las personas que se convierten o pueden convertirse en carga pública no reúnen los requisitos para obtener una visa y son sujetas a deportación. Existen excepciones a esta regla.

causa de inadmisibilidad. En el lenguaje migratorio, razón por la que no se reúnen los requisitos para obtener una visa o estatus. Delito y falta de carácter moral que impiden que a una persona le autoricen entrar o permanecer en el territorio de Estados Unidos. Por ejemplo: adicción a las drogas, delitos, terrorismo, espionaje, violar los términos de una visa, narcotráfico, ser deportado y reingresar indocumentado al país, permanencia indocumentada en el país por más de 180 días, practicar o solicitar prostitución, haber pertenecido a un partido nazi, no haberse presentado a una corte de inmigración durante un proceso de deportación, etcétera.

CBP. Siglas en inglés de la Oficina de Aduanas y Protección Fronteriza (US Customs and Border Patrol).

centro de detención de ICE. Centro de detención de inmigrantes (cárcel) de la Oficina de Inmigración y Control de Aduanas (U.S. Immigration and Customs Enforcement, ICE).

Centro Nacional de Visas (National Visa Center). Oficina del Departamento de Estado (US Department of State, DOS) que administra y regula la entrega de visados de inmigrante a Estados Unidos.

certificación laboral (Alien Labor Certification o PERM). Programa federal supervisado por el Departamento de Empleo a través del cual se obtiene un reconocimiento de la necesidad de un empleado extranjero y sirve como primer paso para una residencia legal permanente. El beneficiario puede estar dentro o fuera de Estados Unidos y requiere una oferta de empleo por un empleador estadounidense. Para obtener una certificación, el empleador necesita realizar un proceso de reclutamiento para asegurar que no hay un ciudadano o residente legal que esté capacitado o disponible para la posición.

ciudadanía derivada o adquirida. Se aplica a la persona que nace en el extranjero y adquiere la ciudadanía a través de padres que son ciudadanos estadounidenses.

ciudadanía por nacimiento. Se encuentra amparada en la Enmienda 14 de la Constitución. Indica que cualquier persona nacida en el territorio estadounidense y sujeta a su jurisdicción es un ciudadano del país.

ciudadanía por naturalización. Todo residente legal permanente, una vez cumplidos los requisitos, tiene derecho a solicitar la ciudadanía. El trámite se lleva a cabo a través del formulario N-400.

código inmigratorio. Conjunto de normas legales sistemáticas que regulan unitariamente el derecho inmigratorio de Estados Unidos.

consejo legal migratorio. Consejo que sólo puede ser dado por un abogado de inmigración. La USCIS explica que también una persona puede recibir ayuda de proveedores de servicios autorizados, los cuales pueden ayudar más allá de la preparación básica o la traducción de formularios. Los notarios públicos no están autorizados para aconsejar sobre derecho inmigratorio.

convicto. Reo. Individuo que ha cometido un delito, ha sido procesado, declarado culpable y enviado a una prisión estatal o federal.

criterio de visa. Establecido por el derecho inmigratorio del país, son particulares para cada categoría y autorizan la emisión de una visa.

cupo de visa. Cantidad de visas autorizadas por el Congreso que el gobierno federal entrega cada año fiscal.

D

DACA. Consideración de Acción Diferida para los Llegados en la Infancia (Consideration of Deferred Action for Childhood Arrivals, DACA). Programa creado por el presidente Barack Obama el 15 de junio de 2012. Protege temporalmente de la deportación a unos 800,000 *dreamers* y les concede una autorización de empleo (EAD) renovable cada dos años.

debido proceso. Principio legal. Por medio de este, el Estado está en la obligación de respetar todos los derechos legales y plazos a que tienen derecho todas las personas dentro del territorio de Estados Unidos.

declaración falsa. Falta de verdad o autenticidad. Es considerada un delito grave por los organismos federales de inmigración y negativamente afecta el proceso de inmigración. Mentir durante un trámite migratorio para esconder, por ejemplo, una causa por la que no se reunirían los requisitos o con el propósito de conseguir un beneficio que de otra manera sería imposible.

Departamento de Justicia. Department of Justice (DOJ).

Departamento de Seguridad Nacional. Department of Homeland Security, DHS. Ministerio que tiene bajo su cargo una veintena de oficinas, entre ellas el servicio de inmigración y demás agencias federales involucradas en el proceso inmigratorio.

deportación. Expulsión de un ciudadano extranjero de Estados Unidos, sea por medio de una orden emitida por una corte de inmigración, por la Oficina de Aduanas y Protección Fronteriza (US Customs and Border Patrol, CBP), o por la Oficina de Inmigración y Control de Aduanas (Immigration and Customs Enforcement, ICE) cuando lleva a cabo una detención en la frontera y niega la admisión del extranjero.

deportación acelerada. Expulsión rápida. Toma lugar sin acceso a un tribunal de inmigración.

derecho inmigratorio. Conjunto de principios y normas que regulan la inmigración a Estados Unidos. Es responsabilidad exclusiva del gobierno federal, y los estados no pueden crear leyes que estén por encima de su esfera o jurisdicción.

doble nacionalidad. Condición de ciudadano de dos países simultáneamente.

documentos falsos. Documento incierto y contrario a la verdad, sea de identificación personal o de cualquier otra índole, que se usa con el propósito de engañar para obtener un beneficio.

dreamer. Término usado para describir a ciertos jóvenes indocumentados que entraron a Estados Unidos en compañía de sus padres antes de cumplir los 16 años de edad.

E

entrevista. Conferencia en persona con un funcionario del gobierno, sea consular o de inmigración, para tratar un trámite de inmigración.

EOIR. Oficina Ejecutiva para la Revisión Inmigratoria (Executive Office for Immigration Review). Depende del Departamento de Justicia (Department of Justice) de Estados Unidos.

empleador. Patrón o persona que emplea. En asuntos inmigratorios, un empleador es quien puede pedir a un extranjero para trabajar bajo una de las categorías de visados no inmigratorios de empleo.

empleo. Ocupación u oficio.

estado migratorio. Estatus migratorio. Situación inmigratoria de un extranjero en el país, determinado por el tipo de admisión y el período autorizado de permanencia otorgado por un agente federal de inmigración en un puerto de entrada (aéreo, marítimo o terrestre).

extranjero. Persona que vive en un país que no es el propio. En Estados Unidos, es extranjera toda persona que no tiene la nacionalidad estadounidense y se encuentra en el territorio nacional.

E-Verify. Programa federal que permite a los empleadores verificar el estatus migratorio de sus empleados. La verificación se lleva a cabo por medio del formulario I-9, (*Employment Eligibility Verification*), que administra el Departamento de Seguridad Nacional (DHS). Programa que, en adición al proceso de verificación I-9, confirma a través de documento de identidad y número de seguro social la autorización y potencial de empleo.

F

familiar inmediato. Cónyuges e hijos menores de 21 años y solteros de ciudadanos de Estados Unidos.

fecha de prioridad. Determina cuándo una visa de inmigrante (*green card* o tarjeta verde) está disponible. Se publica mensualmente en el *Boletín de Visas* del Departamento de Estado. Está basada en los números de visas de inmigrante que están siendo procesadas según país, categoría y tipo de empleo.

fraude migratorio. Acción contraria a la verdad que perjudica a inmigrantes. Además de hacer al perjudicado perder su dinero, puede despojarlo de su derecho de permanencia en Estados Unidos.

fuerza nacional de deportaciones. Prometida por el presidente Trump durante su campaña, consiste en poner en funcionamiento nuevamente a nivel nacional la sección 287(g) de la Ley de Inmigración, que permite al Departamento de Seguridad Nacional (DHS) hacer acuerdos con los departamentos de policía locales (estatales y municipales) para que actúen como agentes federales de inmigración en el arresto y deportación de indocumentados.

G

green card. Conocida como «tarjeta verde», es un documento de identificación emitido por el gobierno federal, que indica que la persona tiene residencia legal permanente en Estados Unidos.

I

indocumentado. Persona que entra sin autorización a Estados Unidos, no es inspeccionado por la Oficina de Aduanas y Control Fronterizo (US Customs and Border Patrol, CBP) y no posee documento oficial por el cual se puede identificar como persona autorizada para estar en el país. También se aplica a personas que dejan caducar su autorización en el país y permanecen dentro del territorio nacional después de dicha expiración.

inadmisible. En el lenguaje inmigratorio, persona que ha cometido delitos o faltas que la descalifican para entrar o permanecer en Estados Unidos de manera legal.

ingreso indocumentado. Ingreso ilegal. Acto de entrar sin autorización a Estados Unidos y sin ser inspeccionado por un agente de la CBP en un puerto de entrada.

inmigrante. Persona que viaja a otro país con intención de radicar en él, sea de manera temporal o permanente.

intención inmigratoria. Interés de una persona en radicar en otro país, sea de manera permanente o temporal.

intención de quedarse. Determinación de la voluntad de un ciudadano extranjero de establecerse en Estados Unidos.

inversionista. Persona que viene a invertir dinero en un negocio en Estados Unidos.

J

juez jefe de inmigración. Office of the Chief Immigration Judge (OCIJ). Quien supervisa a cientos de jueces de inmigración que llevan a cabo audiencias administrativas (*removal proceedings)* en decenas de cortes administrativas en todo el país. Es empleado del Departamento de Justicia.

junta de apelaciones de inmigración. *The Board of Immigration Appeals (BIA)*. Instancia judicial dentro del Departamento de Justicia responsable de las apelaciones de fallos, dictámenes, resoluciones o respuestas migratorias emitidas durante un proceso o trámite. Máximo tribunal administrativo en la interpretación y aplicación del derecho migratorio.

L

Ley del Castigo. Creada por el Congreso en 1996, también se le conoce como Ley de los Diez Años; está incluida en la sección 2012 de la Ley de Inmigración (INA). Establece que las personas que permanecen sin autorización en Estados Unidos (período generalmente determinado por la fecha de expiración de la tarjeta I-94) por más de 180 y menos de 365 días, pueden arreglar su estatus migratorio solo mediante una salida del país por un período de tres años fuera sin regresar, al final de cuyo término recobran el derecho a tramitar una visa. Si la permanencia no autorizada sobrepasa los 365 días, la sanción aumenta a 10 años. En el caso de una persona que entra sin inspección al país, el reloj comienza a marcar el tiempo el día que entra al territorio estadounidense. Existe una excepción para menores de 18 años de edad.

Ley de Inmigración. The Immigration and Nationality Act. Aprobada por el gobierno federal en 1965, constituye la ley principal de inmigración.

M

miedo creíble. Temor bien fundamentado de un individuo de que, si regresa a su país, será perseguido por motivos de raza, religión, nacionalidad, pertenencia a un grupo social particular u opinión política. Fundamento legal de una solicitud de refugio o asilo.

muro. Valla física construida en la frontera con México. El muro del que habla el gobierno del presidente Trump comenzó a ser construido en 2006, durante el gobierno de George W. Bush, pero solo cubre unas 800 millas físicas en varios tramos. La Ley del Muro de 2006 *(Secure Fence Act 2006)* consiste en una valla física a todo lo largo de la frontera (3,200 kilómetros), que incluye tecnología, iluminación y vías de patrullaje.

N

nacionalidad. Vínculo jurídico de una persona con un Estado, el cual le atribuye la condición de ciudadano.

naturalización. Condición que se le da a un ciudadano extranjero y le concede los derechos y deberes de los ciudadanos estadounidenses, como si hubiese nacido en Estados Unidos (excepto optar por la presidencia del país).

notario. En Estados Unidos es una persona que obtiene una licencia para notariar (autenticar) documentos. Los notarios no son abogados, no tienen licencia para ejercer como abogados de inmigración, menos aún para representar a alguien ante el servicio de inmigración.

no inmigrante. Persona que viaja a otro país con la intención de visitar de manera temporal.

número de seguro social. Número de identificación otorgado por la Administración del Seguro Social (Social Security Administration). Es único, permanente e intransferible y se asigna para el control del registro de los trabajadores o sujetos de aseguramiento y sus beneficiarios.

O

Oficina de Aduanas y Protección Fronteriza. US Customs and Border Protection, CBP. Organismo federal encargado de verificar y autorizar el ingreso a los ciudadanos extranjeros en los puertos de entrada. Bajo su control se encuentra la Patrulla Fronteriza.

operativo de ICE. Acción llevada a cabo por agentes de la Oficina de Inmigración y Control de Aduanas (US Immigration and Customs Enforcement, ICE) para ubicar y detener a un extranjero. También se conoce como redada.

orden de arresto (orden de cateo). *Arrest warrant*. Documento firmado por un juez competente para que agentes de la ley arresten a un individuo.

orden de registro. *Search warrant*. Documento firmado por un juez competente para que agentes de la ley registren a un individuo o propiedad.

orden de deportación. Fallo emitido por una corte de inmigración después de un juicio dentro del debido proceso. También puede darse como consecuencia de que el procesado no se presente frente un tribunal.

orden ejecutiva. Orden emitida por la Oficina del Presidente de Estados Unidos para asistir a empleados y agencias de la rama ejecutiva federal y gerenciar sus operaciones. Esas órdenes tienen el poder de ley cuando son autorizadas por la Constitución, o son delegadas por el Congreso al presidente para que se pueda ejercer discrecionalidad en la aplicación de la ley. Están sujetas a revisión judicial y pueden ser canceladas por un tribunal si son consideradas inconstitucionales o en violación de ley establecida.

P

país de origen. País de nacimiento de una persona.

parole. Permiso de permanencia temporal otorgado por la Oficina de Ciudadanía y Servicios de Inmigración (US Citizenship and Immigration Services, USCIS).

pasaporte. Documento de identidad que se otorga para poder pasar libre y seguramente de un país a otro.

perdón provisional. Autorización temporal que se le concede a ciertos indocumentados cónyuges o hijos de ciudadanos y residentes legales permanentes para que puedan salir de Estados Unidos para hacer un trámite consular, pedir una visa y regresar legalmente al país. El perdón provisional se pide por medio del formulario 601-A y solo lo pueden solicitar aquellos extranjeros cuyas residencias (*green card* o tarjeta verde) fueron pedidas con anticipación y ya tienen un cupo de visa confirmado por el Departamento de Estado. El perdón provisional anula temporalmente la Ley del Castigo o Ley de los Diez Años para que el beneficiario pueda pedir reingreso a Estados Unidos y recibir la residencia legal permanente.

permanencia autorizada. Permiso otorgado por el gobierno federal estadounidense para permanecer legalmente en el país.

permanencia temporal. Autorización otorgada por el gobierno federal estadounidense para permanecer en el país por un tiempo preestablecido, ya sea por la categoría de visa y la fecha de permanencia anotada en el formulario I-94 o por expiración de pasaporte.

permiso de reingreso. *Re-entry permit*. También llamado documento de viaje (*travel document*). Le permite a un extranjero con restricción de salida de Estados Unidos reingresar legalmente sin perder el estatus migratorio que tenía antes de salir del país.

petición de asilo. Solicitud para pedir asilo en Estados Unidos; se hace por medio del formulario I-589, «Solicitud de asilo y de suspensión de remoción» (*Application for Asylum and for Withholding of Removal*).

petición familiar. Solicitud de residencia legal permanente (*green card* o tarjeta verde) hecha por un familiar inmediato mayor de edad.

petición de visa. Solicitud de un permiso para entrar y permanecer legalmente en Estados Unidos. Se hace en un consulado o embajada por medio de un formulario específico, dependiendo del tipo de visa.

peticionario. Persona que solicita a su nombre o a nombre de terceros (familiares inmediatos) un beneficio de inmigración. También se refiere a un empleador que solicita un permiso de trabajo para un extranjero.

Plan B. Plan de acción recomendado para los inmigrantes indocumentados en caso de enfrentar una deportación de Estados Unidos. Incluye números de teléfono de familiares o amigos que buscarán la forma de proporcionar asistencia legal al detenido y hacerse cargo de sus bienes y propiedades.

presencia física. Estar físicamente presente en cualquier parte del territorio de Estados Unidos.

presencia legal. Estar físicamente presente en cualquier parte del territorio de Estados Unidos, después de haber sido inspeccionado y autorizado a entrar en un puerto fronterizo (aéreo, marítimo o terrestre) por un agente de la Oficina de Aduanas y Protección Fronteriza (CBP) y mantener los requisitos asociados con la autorización otorgada.

presencia no autorizada. También llamada presencia ilícita, se define como la presencia después del vencimiento del período de estancia autorizado por un agente de inmigración (perteneciente al DHS), o cualquier presencia sin ser autorizado a entrar o le hayan otorgado libertad condicional (*parole*).

prioridad de deportación. Lista que establece qué inmigrantes —con o sin documentos— son prioridad para ser expulsados del país cuando cometen un crimen que los haga sujetos de deportación o que represente la razón por la que no reúnen los requisitos para permanecer legalmente en Estados Unidos.

proceso consular. Trámite que lleva a cabo un ciudadano extranjero en un consulado estadounidense para tramitar una visa que le permita ingresar legalmente a Estados Unidos.

programa de intercambio. Se refiere a programas de intercambio cultural o de negocios.

Programa de Visa *Waiver*. *Visa Waiver Program*. Establecido en 1986, permite a ciudadanos de ciertos países viajar a Estados Unidos por turismo o negocios temporalmente sin la necesidad de obtener una visa.

prueba de identidad. Cualquier documento reconocido por el gobierno estadounidense que demuestre la identidad de un ciudadano extranjero. Puede ser un pasaporte o documento de identidad del país de origen, certificado de nacimiento con fotografía, identificación de la escuela o emitido por una institución de las Fuerzas Armadas, o cualquier documento de inmigración o del gobierno federal o estatal que tenga el nombre y fotografía de su portador.

R

reingreso no autorizado. Entrada no autorizada a Estados Unidos de un ciudadano extranjero indocumentado después de haber sido deportado de Estados Unidos.

récord migratorio. Término para referirse coloquialmente al expediente o historial de un inmigrante.

redada. Batida. Operación que lleva a cabo la Oficina de Inmigración y Control de Aduanas (ICE) para detener a indocumentados.

reforma migratoria. Cambios a la Ley de Inmigración y Nacionalidad (INA) por parte del Congreso.

refugiado. Persona que ha abandonado su país de nacimiento y no puede regresar a este a causa de un miedo creíble basado en uno de cinco posibles motivos de persecución. Dicha persona comienza su proceso de inmigración a Estados Unidos desde el exterior.

registro de llegada. Fecha de la entrada legal a Estados Unidos registrada en el formulario I-94.

residente legal permanente. Extranjero autorizado a quedarse de manera permanente en Estados Unidos, siempre y cuando mantenga una residencia en el país.

Reciben una *green card* o tarjeta verde, la cual sirve como identificación oficial de su estatus inmigratorio.

S

salida voluntaria. *Voluntary departure*. Documento que puede firmar un indocumentado en proceso de deportación de Estados Unidos en el cual se renuncia automáticamente al derecho de permanencia en el país.

sección 235. Parte de la Ley de Inmigración (INA). Estipula que todos los ciudadanos extranjeros deben ser inspeccionados al entrar al país, o de lo contrario podrían ser deportados de Estados Unidos.

sección 287(g). Sección de la Ley de Inmigración (INA) que permite al Departamento de Seguridad Nacional (DHS) hacer acuerdos con los departamentos de policía locales (estatales y municipales) para que actúen como agentes federales de inmigración y arresten a inmigrantes indocumentados para ser puestos en proceso de deportación.

sistema judicial de inmigración. El Departamento de Justicia, a través de su Oficina Ejecutiva para la Revisión Inmigratoria (Executive Office for Immigration Review, EOIR) se responsabiliza del sistema judicial de inmigración.

solicitud de ciudadanía. Formulario N-400, «Petición para pedir la ciudadanía estadounidense por naturalización».

T

tarjeta de cruce fronterizo. *Border Crossing Card (BCC)*. También se le conoce como «visa láser». Es una combinación de visa B1/B2 que se emite a los ciudadanos fronterizos que visitan frecuentemente Estados Unidos por asuntos de turismo, negocios o compras. Los portadores de la BCC solo pueden permanecer hasta un máximo de 72 horas y a no más de 25 millas de la frontera.

tarjeta verde. *Green card*. Tarjeta de identificación emitida por el gobierno federal a una persona a quien le ha sido aprobada la residencia legal permanente en Estados Unidos.

tiempo de permanencia. Número de días, meses o años permitidos para estar en Estados Unidos. El tiempo de permanencia lo determina un oficial federal cuando la persona pide ingreso al país y es documentada por la tarjeta I-94 o, en el caso de visa de inmigrantes, una tarjeta de residencia.

trabajador no inmigrante. Ciudadano extranjero que ingresa a Estados Unidos con una visa de trabajo temporal.

trabajador profesional. Trabajador con un título universitario o conocimiento especializado y complejo. En México se le llama profesionista.

Tratado de Libre Comercio de América del Norte (TLC). North American Free Trade Agrement (NAFTA). Tratado firmado en 1994 entre Estados Unidos, Canadá y México para facilitar el intercambio comercial en el continente.

Trump, Donald. Presidente de Estados Unidos. Republicano. Ganó las elecciones presidenciales del 8 de noviembre de 2016 y llegó a la Casa Blanca el 20 de enero de 2017. Su mandato finaliza el 20 de enero de 2021.

turista. Ciudadano extranjero que ingresa a Estados Unidos con una visa B2 solo con el propósito de hacer turismo. La permanencia se determina en el puerto de entrada al país.

U

USCIS. Oficina de Ciudadanía y Servicios de Inmigración (US Citizenship and Immigration Services). Servicio de inmigración de Estados Unidos.

V

viajero en tránsito. Ciudadano extranjero que se dirige de un país a otro, pero hace una escala en Estados Unidos.

visa. Permiso aprobado generalmente en forma de documento sellado o estampado en un pasaporte, que autoriza la entrada a un país bajo dos categorías, inmigrante o no inmigrante. Emitida por una oficina del Departamento de Estado, permite que una persona se presente en un puerto de entrada para pedir autorización de ingreso.

NOTAS Y FUENTES

Te invitamos a consultar www.inmigracionlasnuevasreglas.com donde actualizaremos, cuando sea pertinente, las notas y fuentes, especialmente cuando se refieren a sitios web que puedan ser modificados.

Capítulo 1

[1] Anuario del Departamento de Seguridad Nacional (DHS) (2014). Entre los años fiscales 2005 y 2014, el DHS) registró 1,697,000,000 de admisiones (alrededor de 160,000,000 por año).

[2] La Ley de Inmigración y Naturalización se encuentra en el Código de Leyes de Estados Unidos (United States Code, U.S.C.) La mayoría de estas leyes se encuentran en 8. S.S.C. §§ 1101 - 1178.

https://www.uscis.gov/ilink/docView/SLB/HTML/SLB/act.html

[3] La actual Ley de Inmigración fue creada e implementada en 1952.

[4] El último esfuerzo para aprobar una reforma migratoria se registró el 27 de junio de 2013, cuando el Senado aprobó con 68 votos a favor y 32 en contra el proyecto de ley S. 744. El plan ofrecía un camino para obtener la ciudadanía a millones de indocumentados, quienes debían esperar 10 años para obtener primero la residencia legal. Con tres años más se cumpliría con los requisitos para tramitar la ciudadanía o naturalización. El esfuerzo fue detenido en la Cámara de Representantes.

[5] 8 CFR 1.4.

[6] INA § 212(d)(5)

[7] INA §217; 8U.S.C. §1187; https://www.uscis.gov/tools/glossary/visa-waiver-program

[8] El VWP fue aprobado por el Congreso en 1986 con el objetivo de eliminar barreras innecesarias para viajar, estimular la industria del turismo y permitir al Departamento de Estado enfocar sus recursos consulares en otras áreas. Los viajeros del programa

no requieren de una visa; solo necesitan tener una autorización válida a través del Sistema Electrónico de Autorización de Viaje (ESTA) antes de su viaje, pasar por los filtros de seguridad en el puerto de entrada a Estados Unidos y ser registrados en el programa US-VISIT del DHS. Los países que forman parte del programa son elegidos porque cada año envían a un gran número de hombres de negocio en viajes comerciales de corta duración y hay menos casos de fraude. Los viajeros del VWP solo pueden permanecer por un máximo de 90 días.

[9] https://travel.state.gov/content/visas/en/general/all-visa-categories.html

[10] Las embajadas dependen del Departamento de Estado y son parte de un proceso que también podría involucrar a otras oficinas federales.

[11] https://www.uscis.gov/es/formularios/i-130

[12] https://www.uscis.gov/es/formularios/i-140

[13] https://www.uscis.gov/es

[14] https://www.dhs.gov

[15] https://www.dol.gov

[16] https://www.cbp.gov

[17] https://www.uscis.gov/i-129

[18] https://www.justice.gov/eoir/board-of-immigration-appeals

[19] El 16 de febrero de 2015, una corte de distrito de Brownsville, Texas, detuvo la puesta en vigor de dos programas de una orden ejecutiva del presidente Barack Obama. La ordenanza incluía un amparo de la deportación para unos cinco millones de inmigrantes indocumentados padres de ciudadanos y residentes legales permanentes. El tribunal actuó tras la demanda de 26 estados (24 de ellos gobernados por republicanos), quienes acusaron al mandatario de haber abusado de su poder al cambiar una parte de la Ley de Inmigración sin el consentimiento del Congreso. El 3 de febrero de 2017, un juez federal de Washington suspendió la puesta en vigor de una orden ejecutiva firmada por el presidente Donald Trump que frenaba por 120 días el programa de refugiados, eliminaba el programa de refugiados sirios y detenía la entrada de viajeros de siete países de mayoría islámica (Irán, Irak, Sudán, Siria, Libia, Somalia y Yemen). El 9 de febrero, una Corte de Apelaciones mantuvo el fallo tras dictaminar que el gobierno no pudo demostrar en su recurso de emergencia que la seguridad nacional estaba en juego debido al bloqueo de la prohibición dictada por el presidente. El veto migratorio fue demandado por Washington y Minnesota, que argumentaron el «daño inmediato e irreparable» que podría causar de seguir en vigencia la medida.

[20] Algunas categorías, como la B1/B2, I y TN se tramitan directamente con una embajada o un consulado, y no requieren aprobación de la USCIS. Adicionalmente, algunas categorías de visa, como la H-1B (profesionales extranjeros) o la L-1 (transferencia de ejecutivos), permiten que el inmigrante tramite un cambio de estado, de categoría no inmigrante a inmigrante, cuando está dentro de Estados Unidos.

[21] https://www.uscis.gov/forms/our-fees

[22] El sitio web de la oficina, www.uscis.gov, contiene información referente a los distintos formularios, el costo de cada uno y la dirección donde cada solicitud debe ser enviada.

[23] Cabe destacar que los ciudadanos canadienses aprobados por la USCIS bajo categorías no migratorias necesitan viajar con el formulario I-797 original con la noticia de la aprobación del trámite, ya que ellos no necesitan obtener una visa en el pasaporte para entrar al país. En ciertos casos, como L y TN, son procesados en un puerto de entrada. El formulario I-797 es suficiente para recibir el beneficio inmigratorio otorgado por la USCIS.

[24] https://travel.state.gov/content/visas/en/immigrate/nvc.html

[25] https://www.uscis.gov/i-797-info

[26] https://ceac.state.gov/ceac

[27] https://bit.ly/2exFgr4

[28] https://bit.ly/2gQWGam

[29] INA §§ 212, 214(b), 221(g); 8 U.S.C. §§1182, 1184)(b), 1201(g).

[30] http://bit.ly/2t5Ku8x

[31] http://bit.ly/2sHDH5s

[32] https://www.uscis.gov/es/formularios/i-864

[33] https://www.uscis.gov/es/formularios/i-864a

[34] *Idem.*

[35] https://www.uscis.gov/es/formularios/i-864ez

[36] Las participantes en el programa de Diversidad de Visas no necesitan demostrar esta prueba.

[37] En el caso de viaje por propósitos médicos, el cónsul puede pedir información adicional: diagnóstico médico de un especialista local, carta de un médico o centro médico indicando su interés en tratar la enfermedad y su coosto anticipado costo así como pruebas de que el transporte y gastos médicos y de estadías serán cubiertos.

[38] No hay renuncia (*waiver*) para casos donde se reclamó fraudulentamente la ciudadanía estadounidense.

[39] The Illegal Immigration Reform and Immigrant Responsibility Act of 1996, Division C of Pub.L. 104–208, 110 Stat. 3009-546. La Ley del Castigo, vigente desde 1996, sanciona con tres años fuera si la presencia indocumentada pasa de 180 días, y con 10 años si la permanencia no autorizada supera los 365 días.

[40] https://i94.cbp.dhs.gov/

[41] Una excepción existe en circunstancias donde la persona sale a un país fronterizo y permanece afuera por menos de 30 días. En estas situaciones, el gobierno no emite un formulario I-94 nuevo.

[42] La renuncia es el acto legal unilateral por medio del cual un extranjero manifiesta su voluntad de interrumpir permanentemente un trámite inmigratorio para que en su expediente no quede registrado, por ejemplo, el rechazo de una solicitud de

visa. De esa manera, cuando pida nuevamente un permiso de entrada y estadía a Estados Unidos su expediente no incluirá anotaciones que afecten negativamente el proceso. Además, el rechazo de una petición o trámite de visa puede convertirlo en inadmisible o afectar cualquier tipo de solicitud de beneficio migratorio dentro de Estados Unidos.

[43] https://www.uscis.gov/i-601

[44] https://www.uscis.gov/i-130

[45] http://bit.ly/2tZOcVA

[46] https://www.uscis.gov/i-360

[47] https://travel.state.gov/content/visas/en/immigrate/nvc.html

[48] La INA establece un número de visas de inmigrante que pueden ser emitidas por el Departamento de Estado cada año a extranjeros que piden la residencia. La cantidad de visas de inmigrante para las categorías de preferencia basadas en la familia y empleo es limitada. El Departamento de Estado concede las visas según la categoría de preferencia y la fecha de prioridad del individuo, que cada mes se actualizan en el *Boletín de Visas*. El gobierno también da instrucciones de cómo mantener la aprobación vigente en casos de esperas de más de un año.

[49] Immigration Act of 1965. (Hart-Celler Act). Reemplazó el sistema de cuotas existente desde principios del siglo XX con un sistema que se enfoca en las habilidades laborales y relaciones familiares con ciudadanos o residentes legales permanentes.

[50] https://www.uscis.gov/i-797-info

[51] La CBP también tiene funciones sobre la la implementación de leyes relacionadas con el comercio internacional, la salud y la agricultura.

[52] https://i94.cbp.dhs.gov/

[53] El trámite en línea fue activado por el Departamento de Seguridad Nacional en mayo de 2013 y mejorado en septiembre de 2016. Los visitantes, explica el gobierno, pueden acelerar su entrada al país proporcionando su información biográfica y los pormenores de su viaje, pagando en línea una tarifa de seis dólares y completando el formulario I-94 hasta siete días previos a su entrada.

[54] Sin este número, el extranjero tendrá dificultades para demostrar su condición legal de permanencia en Estados Unidos.

[55] El formulario I-797 no es un documento que el peticionario pueda llenar. Solo lo puede hacer la Oficina de Ciudadanía y Servicios de Inmigración. En el caso de una visa L-1 bajo el «*blanket*», la persona necesita también presentar un formulario I-129S estampado por un consulado o embajada.

[56] Existen excepciones para ciertas personas que ingresan bajo la categoría B1/B2 de negocios y turismo (quienes generalmente reciben un período automático de seis meses), las categorías F-1 para estudiantes extranjeros y J-1 para visitantes de intercambio y ciertos dependientes de personas que tienen visas de no inmigrante, que son otorgadas mediante un sello consular sin tener que obtener una aprobación por parte de la USCIS.

[57] http://bit.ly/2s HXBgo

[58] https://i94.cbp.dhs.gov/I94/#/home

[59] Uno de ellos está contenido en la denominada Ley del Castigo, que sanciona con hasta 10 años la permanencia indocumentada en Estados Unidos cuando pasa de los 365 días. También, la permanencia no autorizada podría ser una razón por la que no le permitan gestionar cualquier otra visa para entrar al país.

[60] https://www.uscis.gov/i-9-central/temporary-i-551-stamps-and-mrivs

[61] Dos de ellas tienen que ver con la construcción de un muro en la frontera con México y las denominadas «ciudades santuario de inmigrantes», jurisdicciones que se niegan a hacer tratos con el gobierno federal para perseguir a indocumentados y luego deportarlos solo por no tener autorización de permanencia en Estados Unidos. Ambos decretos, además, determinaron que la estadía sin papeles es una amenaza a la seguridad nacional y pública. Una tercera orden ejecutiva frenó por 120 días el programa de refugiados, eliminó el programa de refugiados sirios y vetó la entrada al país de ciudadanos de siete naciones de mayoría islámica, tanto aquellos con visas de no inmigrante como de inmigrante, entre ellos los residentes legales permanentes. El 3 de febrero, una corte federal del estado de Washington frenó la vigencia del decreto al poner en duda su constitucionalidad.

[62] https://www.cbp.gov/travel/cbp-search-authority

[63] *Idem.*

[64] *Idem.* La base de datos del NCIC tiene los nombres de todos los indocumentados con orden de deportación final.

[65] *Idem.* El programa IBIS también le permite al gobierno acceder al registro de personas buscadas, vehículos robados, armas de fuego, información sobre licencias, antecedentes criminales e inspecciones federales anteriores.

[66] *Idem.*

[67] Libia, Siria, Irak, Irán, Sudán, Somalia y Yemen.

[68] Washington v. Trump, 847 F.3d 1151 (9th Cir. 2017). El 3 de febrero de 2017, una corte federal del estado de Washington detuvo la puesta en vigor del veto. Los demandantes del decreto (los estados de Washington y Minnesota) argumentaron que las prohibiciones de Trump son ilegales e inconstitucionales.

Capítulo 2

[1] https://travel.state.gov/content/visas/en/visit/visa-waiver-program.html

[2] El Programa de Visa Waiver lo integran 38 países: Alemania, Andorra, Australia, Austria, Bélgica, Brunei, Chile, Corea del Sur, Eslovaquia, Eslovenia, Dinamarca, España, Estonia, Finlandia, Francia, Grecia, Holanda, Hungría, Islandia, Irlanda, Italia, Japón, Letonia, Liechtenstein, Lituania, Luxemburgo, Malta, Mónaco, Nueva Zelanda, Noruega, Portugal, Reino Unido, República Checa, San Marino, Singapur, Suecia, Suiza y Taiwán.

3 http://www.univision.com/noticias/inmigracion

4 http://www.univision.com/noticias/inmigracion/buscador-de-asesoria-legal-para-inmigrantes

5 La visa TN fue creada tras la firma del Tratado de Libre Comercio de América del Norte firmado por Estados Unidos, México y Canadá.

6 INA §101(a)(15)(E), 8 USC § 1101(a)(15)((E), 22 CFR § 214.2(e).

7. Cada entrada equivale a un ingreso. Un extranjero con visa puede salir y reingresar a Estados Unidos varias veces durante un año.

8 9 FAMe 402.9-5(A).

9 INA § 101(a)(15)(E)(i); 8 USC §1101(a)(15)(E)(i), 9 FAMe 402.9-5(A).

10 INA § 101(a)(15)(E)(ii); 8 USC §1101(a)(15)(E)(ii), 9 FAMe 402.9-6

11 INA § 101(a)(45), 8 USC § 1101(a)(45).

12 22 CFR §41.51(b)(1).

13 Id.

14 9 FAMe 402.9-6(E), 8 CFR § 214.2(e)(15), 22 CFR § 41.51(b)(10).

15 8 CFR § 214.2(e)(14)(iii), 9 FAMe 402.9-6(D)(f).

16 INA § 101(a)(15)(H)(i)(b), 8 USC §1101(a)(15)(H)(i)(b).

17 INA § 214(g)(1)(A), INA §214(g)(8)(B)(iv), 8 USC § 1184(g)(8)(B)(iv), 8 USC 1184(g)(8)(B)(iv), PL 10 8-77 y 108-78.

18 INA § 214(g)(5)(C).

19 8 CFR 214.2(h)(4)(iii)(A).

20 Por ejemplo, abogados y ciertas profesiones médicas requieren licencia para poder practicar o ejercer en Estados Unidos.

21 8 CFR § 214.2(h)(4)(iii)(C).

22 20 CFR § 655.700(a)(3).

23 Ver en general 20 CFR § 655.

24 https://www.uscis.gov/sites/default/files/files/form/i-129.pdf

25 https://www.whitehouse.gov/the-press-office/2017/04/18/presidential-executive-order-buy-american-and-hire-american . También vea: http://www.univision.com/noticias/inmigracion/visas-h-1b-que-pidio-cambiar-donald-trump-quien-lo-cambia-y-cuando-se-modificara-el-reglamento

26 INA § 214(g)(1)(A), INA §214(g)(8)(B)(iv), 8 USC § 1184(g)(8)(B)(iv), 8 USC 1184(g)(8)(B)(iv), PL 108-77 and 108-78.

27 INA § 101(a)(15)(H)(i)(c), 8 USC § 1101(a)(15)(H)(i)(c).

28 INA § 101(a)(15)(H)(ii)(a), 8 USC § 1101(a)(15)(H)(ii)(a).

29 INA § 101(a)(15)(H)(ii)(b), 8 USC § 1101(a)(15)(H)(ii)(b).

30 https://www.foreignlaborcert.doleta.gov/h-2b.cfm

31 INA § 101(a)(15)(H)(iii), 8 USC § 1101(a)(15)(H)(iii).

[32] INA § 101(a)(15)(l), 8 USC §1101(a)(15)(l), 8 CFR 214.2(l).

[33] 8 CFR § 214.2(l)(1)(ii).

[34] *Idem.*

[35] *Idem.*

[36] Los procedimientos especiales para ciudadanos canadienses permiten que la petición de L-1 sea procesada directamente en el puerto de entrada y no se requiere la aprobación previa de la USCIS.

[37] Si vienes a establecer una oficina nueva en Estados Unidos de una empresa extranjera, por favor asesórate con un consejero legal. Para establecer la relación entre empresas necesitarás que tu empleador establezca ciertos documentos legales que demuestren la relación entre ellas.

[38] La visa L no requiere de una solicitud de condición laboral como la requiere la H-1B. Por lo tanto, el empleado que entra bajo la L-1 no necesita certificar que un empleo bajo esta categoría cumple con el salario base que otras personas reciben.

[39] *Supra* n. 25.

[40] 8 CFR § 214.2(l)(1)(ii)(c).

[41] 8 CFR § 214.2(l)(1)(ii)(B).

[42] 8 CFR § 214.2(l)(1)(ii)(D).

[43] 8 CFR § 214.2(l)(4).

[44] INA §101(a)(15)(O), 8 USC § 1101(a)(15)(O), 8 CFR § 214.2(o)(1).

[45] 8 CFR § 214.2(o)(1)(ii)(A)(1).

[46] 8 CFR § 214.2(o)(1)(ii)(A)(2).

[47] Apéndice 1603.D.1 al Anexo 1603 del TLC.

[48] *Id.*

[49] INA § 101(a)(15)(A), 8 USC § 1101(a)(15)(A).

[50] INA § 101(a)(15)(C), 8 USC § 1101(a)(15)(C)

[51] INA § 101(a)(15)(D), 8 USC § 1101(a)(15)(D)

[52] INA § 101(a)(15)(F), 8 USC § 1101(a)(15)(F)

[53] INA § 101(a)(15)(G), 8 USC § 1101(a)(15)(G).

[54] El año fiscal estadounidense arranca el 1 de octubre y termina el 30 de septiembre del año siguiente.

[55] INA § 101(a)(15)(I), 8 USC § 1101(a)(15)(I).

[56] INA § 101(a)(15)(J), 8 USC § 1101(a)(15)(J), 9 FAMe 402.5-6(C).

[57] INA § 101(a)(15)(K)(i), 8 USC § 1101(a)(15)(K)(i).

[58] INA § 101(a)(15)(M), 8 USC § 1101(a)(15)(M).

[59] INA § 101(a)(15)(P), 8 USC § 1101(a)(15)(P).

[60] INA § 101(a)(15)(Q), 8 USC § 1101(a)(15)(Q).

[61] INA § 101(a)(15)(R), 8 USC § 1101(a)(15)(R).

Capítulo 3

[1] Los ciudadanos de ciertos países no necesitan una visa sellada en el pasaporte para entrar a Estados Unidos. Hablaremos en detalle sobre el Programa de Visa *Waiver* más adelante en este capítulo.

[2] *Yearbook of Immigration Statistics 2015*, Department of Homeland Security (DHS).

[3] *Idem*. Las cifras se miden por ingresos o entradas legales. En un año fiscal, un ciudadano extranjero puede entrar a Estados Unidos con una visa de no inmigrante una o más veces.

[4] Centro Nacional de Visas del Departamento de Estado.

[5] El año fiscal estadounidense comienza el 1 de octubre y finaliza el 30 de septiembre del año siguiente.

[6] *Idem*. https://travel.state.gov/content/dam/visas/Statistics/AnnualReports/FY2015AnnualReport/FY15AnnualReport-TableXVIB.pdf

[7] https://ceac.state.gov/genniv/

[8] La tarjeta de cruce fronterizo está disponible solo para ciudadanos mexicanos. Pub.L.104-208 Illegal Immigration Reform and Immigrant Responsability Act of 1996, §104.

[9] 9 FAM 401.1-3 (F)(2).

[10] 9 FAM 402.2-2 (B)(a)(1)(b).

[11] 9 FAM 401.1-3(F)(2).

[12] 9 FAM 402.2-2(B)(a)(1)(c).

[13] 9 FAM 402 2-2(C)(a).

[14] INA § 212(a); 8 U.S.C. §1182(a).

[15] INA § 214(b); 8 U.S.C. 1184(b).

[16] INA § 221(g); 8 U.S.C. § 1201(g).

[17] *Supra*, nota 5. Para más detalle sobre las posibles razones detrás de una negación de visa, por favor haga referencia al capítulo 1, donde hablamos en más detalle sobre este tema.

[18] El Departamento de Estado advierte que no existe garantía de que la decisión sea diferente, y que solo una nueva entrevista determinará si te aprobarán o no la solicitud de visa B1/B2.

[19] Esto también depende del país de origen del viajero. Para ciertos países, el gobierno estadounidense solo otorga un número limitado de entradas.

[20] 9 FAM 402.2-6(A). El gobierno está autorizado a otorgar una visa B1/B2 a personas que califican para los dos criterios y cuyo propósito al entrar al país pueda caer dentro de cada clasificación.

[21] 9 FAM 402.2- 5(B).

[22] 26. U.S.C. § 3401(a). Conjunto de leyes, decretos y normas que regulan el funcionamiento del IRS, y los deberes y responsabilidades de los contribuyentes en Estados Unidos.

[23] Matter of Hira, 11 I & N Dec. 824 (A.G. 1966). (Un sastre viajando a Estados Unidos como un visitante de negocios pudo legalmente reunirse con clientes para tomar órdenes y mediciones, ya que el origen de las actividades se basaba en Hong Kong, donde su empleador había contratado con los clientes.)

[24] 2012 Publ 15-A. IRS Publication 15-A.

[25] 9 FAM 402.2-5(C)(4).

[26] 9 FAM 402.2-5(C)(1) a 9 FAM 402.2-5(C)(9).

[27] Generalmente, los pasaportes deben tener por lo menos seis meses de validez antes de la fecha de vencimiento. Ciudadanos de ciertos países solo necesitan tener un pasaporte vigente por el periodo de estadía.

[28] Appendix 1603.A.1 a NAFTA Annex 1603.

[29] *Idem.*

[30] 9 FAM 402.2-4(A)

[31] 9 FAM 402.2-4(A)(6). Estudios deben ser de mínima duración y no ocupar más de 18 horas por semana.

[32] El agente de inmigración puede limitar a su discreción la entrada de la persona por el periodo del viaje.

[33] https://i94.cbp.dhs.gov/I94/#/home

[34] https://i94.cbp.dhs.gov/I94/#/home

[35] El formulario I-94 se obtiene https://i94.cbp.dhs.gov/I94/#/home.

[36] https://www.uscis.gov/i-539

[37] https://www.cbp.gov/travel/international-visitors/i-94-instructions

[38] https://www.uscis.gov/es/formularios/i-539

[39] 8 CFR § 217.

[40] El médico que firme el certificado o informe debe tener una licencia para ejercer la medicina en el estado donde se encuentra.

[41] La sección 9 FAM 402.2 contiene la lista completa de actividades permitidas bajo esta categoría.

[42] *idem.*

Capítulo 4

[1] INA *§*201(b)(2)(A)(i).

[2] *Idem.*

[3] INA *§*201(b)(2)(A)(i).

[4] INA §§ 101(b)(1), 201(b)(2)(A)(i), 8 USC§§ 1101(b)(1), 1151(b)(2)(A)(i).

[5] https://travel.state.gov/content/visas/en/law-and-policy/bulletin.html

[6] Si hay disponibilidad inmediata de visa también se puede pedir un ajuste de estado, lo cual se hace a través de un formulario I-485.

[7] Public Law 107-208, 116 Stat. 927.

[8] INA § 203(b)(1), 8 USC § 1153(b)(1).

[9] INA § 203(b)(1)(A), 8 USC § 1153(b)(1)(A).

[10] 8 CFR § 204.5(h)(3).

[11] INA § 203(b)(1)(B), 8 USC § 1153(b)(1)(B).

[12] 8 CFR § 204.5(i)(3)(i).

[13] 8 CFR § 204.5.

[14] INA § 203(b)(2), 8 USC § 1153(b)(2).

[15] 8 CFR § 204.5(k)(2), 8 CFR § 204.5(k)(3)(i)(B).

[16] 8 CFR § 204.5(k)(3)(ii).

[17] INA § 203(b)(2)(B), 8 USC § 1153(b)(2)(B); *Matter of New York State Dep't of Transp. (NYSDOT)*, 22 I&N Dec. 215 (215) (Acting AC 1998).

[18] *Idem.*

[19] INA § 203(b)(3), 8 USC § 1153(b)(3).

[20] *Idem.*

[21] *Idem.;* 8 CFR § 204.5(l)2).

[22] INA § 212(a)(5)(A), 8 USC § 1182(a0(5)(A); 20 CFR § 655.200 (c).

[23] 20 CFR § 656.10.

[24] INA § 203(b)(4), 8 USC § 1153(b)(4).

[25] 8 CFR §§ 204.5(m)(1)-(4).

[26] https://www.uscis.gov/es/formularios/i-360

[27] INA § 203(b)(5), 8 USC § 1153(b)(5); INA § 216A, 8 USC § 1186b.

[28] 8 CFR §§ 204.6(h)(2), (h)(3).

[29] 8 CFR §§ 204.6(e).

[30] 8 CFR §§ 204.6(e), 8 CFR §§ 204.6(j)(4).

[31] INA § 203(c), 8 USC § 1153(c).

[32] INA § 201(e), INA § 202(a)(2).

[33] https://www.dvlottery.state.gov

[34] INA § 201.

[35] https://www.uscis.gov/i-797-info

[36] *Idem.*

[37] INA § 203(b), 8 USC § 1153(b).

[38] INA § 101(a)(15)(s), 8 USC § 1101(a)(15)(S).

[39] INA § 101(a)(15)(T), 8 USC § 1101(a)(15)(T). No todas las víctimas califican. Hay que demostrar que la persona está en Estados Unidos por causa de tráfico humano. También hay que recopilar un pedido de asistencia por parte de las agencias policiales y hay que demostrar necesidad extrema.

[40] INA § 101(a)(15)(U), 8 USC § 1101(a)(15)(U).

[41] También incluye intento, conspiración o solicitud de cometer alguno de los delitos mencionados previamente u otros delitos (USCIS).

[42] 8 CFR 214.14.

[43] INA § 101(a)(15)(V), 8 USC § 1101(a)(15)(V).

[44] Violence Against Women Act of 1994, PL 103-322, 108 Stat. 1902-55, 8 USC §§ 1151,1154, 1186a. Definida en INA § 101(a)(51); INA §§ 101 204(a)(1)(A)(iii)-(viii), B(ii)-(iii).

[45] *Idem.*

[46] *Idem.*

[47] https://www.uscis.gov/es/formularios/i-360

Capítulo 5

[1] INA § 101(a)(42); 8 U.S.C. § 1101(a)(42).

[2] INA §§ 208)a), 208)(b)(1).

[3] Según ACNUR, hay 4,815,868 refugiados en los países vecinos de Siria. Esta cifra incluye a 2.1 millones en Egipto, Irak, Jordania y Líbano, otros 1.9 millones en Turquía y más de 28,000 refugiados registrados en el norte de África. ACNUR indica que también hay más de 6.6 millones de personas desplazadas internamente.

[4] *Supra*, nota 1.

[5] 8 U.S.C. § 1157(b).

[6] http://bit.ly/2sXsnX7

[7] https://www.state.gov/j/prm/ra/admissions/index.htm

[8] Se estima que 59 millones de inmigrantes —incluidos los indocumentados— han entrado al país desde 1965, cifra que representa 14% de la población total. La población blanca no será mayoría dentro de 50 años, en 2065, señala un estudio del Centro de Investigaciones Pew.

[9] http://www.acnur.org/fileadmin/scripts/doc.php?file=fileadmin/Documentos/BDL/2001/0005

[10] Conferencia de Plenipotenciarios sobre el Estatuto de los Refugiados y de los Apátridas convocada por la Asamblea General de la ONU en su resolución 429 (V), del 14 de diciembre de 1950, y firmada por Estados Unidos en 1951.

[11] http://bit.ly/2ulYK94

[12] https://www.acf.hhs.gov/orr/resource/the-refugee-act

[13] https://2009-2017.state.gov/j/prm/releases/factsheets/2016/264501.htm

[14] http://bit.ly/1nNoPiQ

[15] https://www.uscis.gov/i-730

[16] https://www.medicaid.gov

[17] https://www.uscis.gov/sites/default/files/files/form/i-730.pdf

[18] http://bit.ly/2v3UikB

[19] https://www.uscis.gov/i-9-central/form-i-94

[20] https://www.uscis.gov/i-765

[21] http://bit.ly/2tzPF3P

[22] http://bit.ly/2uabM2g

[23] http://bit.ly/2sWXsKk

[24] https://www.uscis.gov/es/formularios/i-131

[25] INA § 208(b)(1).

[26] ACNUR (http://bit.ly/2u4X6AM)

[27] DHS *Yearbook of Immigration Statistics: 2014 Refugees and Asylees*

[28] https://www.uscis.gov/i-589

[29] https://www.uscis.gov/es/programas-humanitarios/refugiados-y-asilo/refugiado

[30] ACNUR (http://www.acnur.org/a-quien-ayuda/refugiados/quien-es-un-refugiado/)

[31] https://www.uscis.gov/i-589

[32] INA *§§208, 235; 8C.F.R. §208* http://bit.ly/1VRW9SX

[33] https://www.uscis.gov/i-539

[34] 8 C.F.R. *§208.5(b)(2).*

[35] https://www.uscis.gov/es/formularios/i-765

[36] https://www.uscis.gov/es/formularios/i-730

[37] http://bit.ly/2u9JZz3

[38] Las decisiones tomadas por los agentes de la Oficina de Asilo de la USCIS son revisadas por un supervisor de asilo.

[39] http://bit.ly/2t5DE2s

[40] Según datos del American Immigration Council (AIC), en el año fiscal 2015 un total de 33,988 personas demostraron tener miedo creíble de persecución durante las entrevistas, antes de que sus casos fueran remitidos a la corte. El número de casos con miedo creíble se dispararon desde que el procedimiento comenzó a implementarse en 2009, cuando se completaron 5,523 casos. En 2014, el número de casos alcanzó la cifra de 49,607.

[41] https://www.uscis.gov/es/formularios/i-589

[42] En 2013, algunos expertos hicieron llegar al gobierno de Estados Unidos. informes que indicaban que miles de menores originarios de Honduras, El Salvador, Guatemala y México estaban huyendo en dirección a un tramo de la frontera sur de Texas.

En octubre de 2015, el Instituto de Política Migratoria (MPI, por sus siglas en inglés) reportó que más de 102,000 niños no acompañados (*unaccompanied alien children*, UAC) de Centroamérica y México habían sido detenidos por agentes de la Oficina de Aduanas y Protección Fronteriza (U.S. Customs and Border Protection, CBP) entre el 1 de octubre de 2013 y el 31 de agosto de 2015. La mayoría de los niños mexicanos fueron devueltos rápidamente a su país con el consentimiento de los consulados del país vecino. Los demás, en cumplimiento de una ley del Congreso aprobada en el 2008 para la prevención del tráfico humano (William Wilberforce Trafficking Victims Protection Reauthorization Act of 2008), fueron transferidos a la Oficina de Reubicación de Refugiados (Office of Refugee Resettlement, ORR) perteneciente al Departamento de Salud y Servicios Sociales (U.S. Department of Health and Human Services, HHS) para ser procesados en las cortes de inmigración. Otros fueron transferidos al cuidado y resguardo de la ICE (cuando se trata de niños acompañados por adultos).

[43] https://www.dhs.gov/sites/default/files/publications/14_1120_memo_prosecutorial_discretion.pdf

[44] https://www.state.gov/j/tip/laws/113178.htm

[45] https://www.justice.gov/eoir

[46] https://www.justice.gov/eoir/lista-de-abogados-disciplinados-actualmente

[47] https://www.justice.gov/eoir/recognition-accreditation-roster-reports

[48] http://www.ailalawyer.com

[49] www.univision.com/noticias/asilo-politico/mexicanos-tienen-pocas-probabilidades-de-obtener-asilo-en-eeuu

[50] https://www.uscis.gov/es/formularios/i-589

Capítulo 6

[1] Las peticiones de residencia de cónyuges e hijos de ciudadanos de Estados Unidos, por ejemplo, no están sujetas a la cuota anual de 480,000 *green cards* autorizadas por el Congreso.

[2] Ley de Inmigración INA § 301(a).

[3] https://www.uscis.gov/citizenship/teachers/naturalization-information#eligibility-requeriments

[4] Ley de Inmigración (INA) § 328; § 329(b); 8 CFR 329.2(e). La Ley de Inmigración prevé que miembros de las Fuerzas Armadas pueden obtener la ciudadanía sin tener que cumplir con el criterio de residencia. El proceso depende de si el servicio militar tuvo lugar durante época de paz o de guerra.

[5] Philippine Army, South, and Guerrilla Veterans of World War II Naturalization Act of 1997, Pub. L. 105-119, title 1 § 112 (Nov. 26, 1997).

[6] Ley del 30 de junio de 1950, 64 Stat. 316.

[7] INA § 319(c).

[8] Ley de Violencia contra la Mujer permite que ciertos cónyuges, hijos y padres de ciudadanos estadounidenses, así como ciertos cónyuges e hijos de residentes permanentes, presenten su propia petición sin el conocimiento del abusador. Esto permitirá a las víctimas sentirse seguras e independizarse del abusador, a quien no se le notificará de la solicitud. Las disposiciones de esta ley, que se aplican igualmente a mujeres y hombres, son permanentes y no necesita reautorización por parte del Congreso, explica la USCIS en su página digital.

[9] https://www.uscis.gov/n-400

[10] https://www.uscis.gov/n-400

[11] En la página de Inmigración de Univision Noticias contamos con una herramienta interactiva donde los usuarios pueden practicar las 100 preguntas del examen de ciudadanía en inglés y español. http://www.univision.com/noticias/inmigracion/examen-de-ciudadania?f=1

[12] https://www.uscis.gov/n-648

[13] Fiesta católica que se celebra el 2 de noviembre, un día después de la celebración del Día de Todos los Santos.

[14] La «política de pies secos, pies mojados» dejó de existir cuando la administración del presidente Obama la canceló como parte de su apertura política con el gobierno cubano.

Capítulo 7

[1] La Oficina de Ciudadanía y Servicios de Inmigración (USCIS, por sus siglas en inglés) otorga el permiso de trabajo o autorización de empleo por el mismo tiempo de vigencia de la visa.

[2] Ten en cuenta que, por razones de seguridad, algunos empleos están disponibles solo para ciudadanos estadounidenses; por ejemplo, ocupar un puesto en el gobierno federal o en una instalación militar.

[3] Por ejemplo, que la fecha de vencimiento del permiso de manejar sea el mismo de la visa.

[4] Debajo del número de seguro social (*Social Security number*) en la tarjeta, se indicará que es válido para trabajar solo con la autorización de la USCIS, la agencia federal encargada de emitir los permisos de trabajo.

[5] https://www.uscis.gov/i-765

[6] https://www.uscis.gov/i-9

[7] https://www.uscis.gov/i-129

[8] Por ejemplo, una persona en H-1B recibe un máximo de seis años (con excepciones); una persona bajo una L-1B, cinco años, y una persona bajo una L-1A, siete años. En el capítulo 2 hablamos sobre las distintas visas de trabajo.

[9] https://www.uscis.gov/i-129

[10] https://www.uscis.gov/i-797-info

[11] https://www.uscis.gov/i-9-central/form-i-94

[12] https://www.uscis.gov/es/formularios/i-539

[13] https://www.uscis.gov/i-129

[14] Sección 265 de la Ley de Inmigración (INA).

[15] https://www.uscis.gov/es/formularios/ar-11

[16] Ten en cuenta que, por razones de seguridad, algunos empleos están disponibles solo para ciudadanos estadounidenses; por ejemplo, trabajar en el gobierno federal o en una instalación militar.

[17] La USCIS recomienda que todo residente lleve consigo su tarjeta de residencia legal permanente o *green card*.

[18] Sección 265 de la Ley de Inmigración (INA).

[19] También lo puedes hacer en línea a través de internet (https://www.uscis.gov/es/formularios/ar-11).

[20] Se le otorga a ciertos ciudadanos de Iraq o Afganistán que han dado servicio a las fuerzas norteamericanas.

[21] https://www.acf.hhs.gov/orr.

[22] http://bit.ly/2uJjgh5

[23] https://www.ssa.gov

[24] https://www.uscis.gov/es/e-verify

[25] https://www.ssa.gov/forms/ss-5.pdf

[26] Si no puedes obtener un número de seguro social, puedes solicitar un número de identificación para propósitos de impuestos a través del IRS.

[27] Por favor, toma en cuenta que una ausencia de seis meses va a afectar los requisitos de residencia necesarios para una futura naturalización.

[28] Pero aun así puedes negarte a firmar el documento y pedir ver a un juez de inmigración, quien en última instancia decidirá tu futuro en Estados Unidos. Siempre es recomendable no firmar nada hasta consultar con tu abogado.

[29] https://www.uscis.gov/i-131

[30] https://www.uscis.gov/n-470

[31] http://bit.ly/2sHUzcc

[32] https://www.uscis.gov/es/formularios/i-751

[33] http://bit.ly/1ThOC0j

[34] https://www.uscis.gov/es/formularios/i-829

[35] El 25 de enero de 2017 el gobierno del presidente Donald Trump dio a conocer las nuevas prioridades de deportación. Te recomendamos que revises ambos decretos.

[36] La autorización o poder extraordinario está contenido en la sección 287(g) de la Ley de Inmigración. Esta permite al gobierno federal establecer acuerdos con los estados para que sus policías actúen como agentes del servicio de inmigración en

la búsqueda, identificación y arresto de inmigrantes indocumentados. La sección fue habilitada tras los ataques del 11 de septiembre, pero en 2008 fue sustituida por el rompimiento de las relaciones entre la comunidad y las policías a causa de abusos y perfil racial utilizado en las detenciones. El nuevo programa, denominado Comunidades Seguras, funcionó hasta el 2014, dejó un saldo de más de 375,000 detenidos y fue reemplazado el 20 de enero de 2014 por una Lista de Prioridades de Deportación con énfasis en extranjeros criminales que constituyen una amenaza para la seguridad nacional. El 20 de enero de 2017, el presidente Donald Trump anunció nuevas prioridades y decretó la inmigración indocumentada en tu totalidad como una amenaza a la seguridad nacional y pública de Estados Unidos.

[37] Al 31 de diciembre de 2016, las cortes de inmigración tenían más de 533,000 casos acumulados, según un reporte de Univision Noticias citando un informe del Centro de Información de Acceso a Registros Transaccionales (TRAC) de la Universidad de Syracuse de Nueva York. Las primeras citas, según abogados conocedores del problema, las estaban programando para abril de 2010. Las cortes de inmigración tenían en diciembre de 2016 unos 273 jueces.

[38] https://www.uscis.gov/es/formularios/eoir-26

Capítulo 8

[1] http://bit.ly/2jybzNG

[2] E.O. 13768 de ene. 25, 2017; 82 FR 8799.

[3] http://bit.ly/2jgES77

[4] E.O. 13767 de ene. 25, 2017; 82 FR 8793.

[5] E.O. 13769 de ene. 27, 2017; 82 FR 8977. La orden ejecutiva del 27 de enero, cuyo objetivo es detener la entrada al país de ciudadanos de siete países de mayoría musulmana, frenar temporalmente el programa de refugiados y cancelar indefinidamente el programa de asilo para ciudadanos sirios, fue detenida por los tribunales federales.

[6] E.O. 13780 de mar. 6, 2017; 82 FR 13209. La orden ejecutiva del 6 de marzo reemplaza el decreto del 27 de enero que fue detenida por un tribunal federal. El decreto modificado también fue detenido por una corte federal. (http://www.hid.uscourts.gov/files/announcement142/CV17-50%20219%20doc.pdf)

[7] Supra, nota 2.

[8] E.O. 13768 y E.O. 13767, ambas del 25 de enero de 2017.

[9] *Idem.*

[10] *Idem.*

[11] *Supra,* nota 1, Sec. 5.

[12] Kelly, John, Department of Homeland Security Memo (Feb 20, 2017) Enforcement of the immigration Laws to Serve the National Interest.

[13] *Supra*, nota 2.

[14] *Idem.*, Sec. 2(c).

[15] Kelly, John, Department of Homeland Security (Feb 20, 2017), Implementing the President's Border Security and Immigration Enforcement Improvement Policies.

[16] Pub. L. 104-208 Illegal Immigration Reform and Immigrant Responsibility Act of 1996; INA § 212.

[17] *Supra*, nota 11.

[18] Pub. L. 104-208 Illegal Immigration Reform and Immigrant Responsibility Act of 1996; INA § 212.

[19] *Supra*, nota 2, Sec. 6.

[20] *Supra*, nota 2, Sec. 10.

[21] Kelly, John, Department of Homeland Security (Feb 20, 2017), *Implementing the President's Border Security and Immigration Enforcement Improvement Policies.*)

[22] *Supra*, nota 2, Sec. 13.

[23] Esta no es una lista exhaustiva. Solo se trata de los casos de deportación más comunes.

[24] https://www.congress.gov/bill/109th-congress/house-bill/418/

[25] The REAL ID Act of 2005, Pub. L. 109-13, 119 Stat. 302. Vea en la página https://www.dhs.gov/real-id-enforcement-brief el estado de implementación de la Ley de Identificación Verdadera de acuerdo a las explicaciones del Departamento de Seguridad Nacional.

[26] La mayoría de estas autorizaciones están contenidas en las órdenes ejecutivas de Trump.

[27] *Supra*, nota 2, Sec. 5.

[28] *Idem.*

[29] *Supra*, nota 1, Sec. 8; *Supra*, nota 2, Sec. 15.

[30] *Supra*, nota 1, Sec. 5

[31] Trabajar sin una autorización de empleo o quedarse más allá del tiempo autorizado por el agente de la CBP en el puerto de entrada.

[32] 8 USC 1182(a)(2), (a)(3), (a)(6)(C), 1225, y 1227(a)(2) y (4).

[33] https://www.congress.gov/109/plaws/publ367/PLAW-109publ367.pdf

[34] http://bit.ly/2lifS4h

[35] Recuerda que la estadía indocumentada hace que no reúnas los requisitos según la Ley de Inmigración.

[36] 9 FAM 40.11; 9 FAM 41.108. Según el DOS, toda persona a quien se ha cancelado una visa por haber sido acusado de DUI tiene que obtener una evaluación médica antes de recibir una nueva visa.

[37] https://www.uscis.gov/i-131

[38] http://bit.ly/2u5gVbb

[39] U.S. Const. amend. XIV.

[40] http://www.univision.com/noticias/inmigracion

[41] http://bit.ly/2kCyuLO

Capítulo 9

[1] En 1986, el Congreso aprobó una reforma migratoria que se conoce como Amnistía.

[2] http://www.univision.com/noticias/deportaciones/obama-es-el-presidente-que-mas-ha-deportado-en-los-ultimos-30-anos

[3] Esta fue la primera entrevista que Donald Trump concedió como mandatario electo al programa *60 Minutes* de la cadena de televisión CBS.

[4] Si entre las soluciones se ordena que los indocumentados tienen que salir del país para volver a entrar legalmente, la Ley de Inmigración estipula que cuando un indocumentado pone un pie fuera, automáticamente se activa la denominada Ley del Castigo. De ser así, el inmigrante podría ser sancionado hasta con más de 10 años fuera del país antes de poder tramitar un permiso consular para volver a Estados Unidos y regularizar su permanencia. 212(a)(9)(A)(ii)(II).

[5] Las prioridades de deportación durante el gobierno de Obama, dictadas el 20 de noviembre de 2014, eran las siguientes:

- Prioridad 1: quienes sean considerados una amenaza a la seguridad nacional, de la frontera o pública (terroristas, personas involucradas en espionaje, criminales, pandilleros, entre otros).
- Prioridad 2: personas con historial extenso de violaciones de inmigración, quienes hayan cruzado la frontera recientemente (después del 1 de enero de 2014).
- Prioridad 3: personas con DUI, cargos por violencia doméstica, explotación sexual, robo y cualquier delito que tenga más de 90 días como penalidad de cárcel.
- Prioridad 4: inmigrantes con una orden final de deportación fechada a partir del 1 de enero de 2014. (https://www.dhs.gov/sites/default/files/publications/14_1120_memo_prosecutorial_discretion.pdf)

[6] http://bit.ly/2jybzNG

[7] http://bit.ly/2lUi9D8

[8] http://bit.ly/2kCyuLO

[9] La sección 287(g) de la INA permite al gobierno federal alcanzar acuerdos por las policías locales (estatal y municipal) para que actúen como agentes federales de inmigración, y puedan detener a indocumentados y entregarlos para ser puestos en proceso de deportación.

[10] La inmigración indocumentada sigue siendo una falta de carácter civil pese a los esfuerzos legislativos, federales y estatales por criminalizarla.

[11] http://bit.ly/2jybzNG

[12] «S. 744 — 113th Congress: Border Security, Economic Opportunity, and Immigration Modernization Act.» www.GovTrack.us. 2013

[13] *United States v. Texas*, 579 U.S. ____(2016)

[14] http://bit.ly/2jgES77

[15] http://bit.ly/2lwCL4j

[16] https://www.cbp.gov

[17] La Constitución de Estados Unidos protege a todas las personas que están en su territorio, sin excepciones.

[18] Cuando hables con los agentes, mantén una conversación breve y respetuosa. Si no entiendes lo que te dicen, puedes pedirles que te lo expliquen nuevamente.

[19] Cuando hagas la llamada, debes ser breve y preciso. Solo te darán dos o tres minutos como máximo para que te comuniques y digas dónde te encuentras detenido. Si te han dado un número de registro (*Alien Number*), asegúrate también de pasarle esa información a tu contacto.

[20] Al 28 de febrero de 2017, las cortes de inmigración tenían más de 542,400 casos acumulados, según un reporte de Univision Noticias que citaba un informe del Centro de Información de Acceso a Registros Transaccionales (TRAC) de la Universidad de Syracuse de Nueva York.

ÍNDICE TEMÁTICO

G

H

I

J

R